教育福祉学の挑戦

大阪府立大学地域保健学域教育福祉学類
大阪府立大学21世紀科学研究機構教育福祉研究センター
関川芳孝・山中京子・中谷奈津子
編

せせらぎ出版

目 次

はじめに ……………………………………………… 関川　芳孝　5

第Ⅰ部　人々の多様性を尊重する教育福祉的アプローチ

第Ⅰ部について ……………………………………… 田間　泰子　8

第1章　教育の多様性と再方向性　－持続可能な開発と人権との関係で－
　　　　………………………………………………… 伊井直比呂　9

第2章　「社会統合」とソーシャルワークのゆくえ
　　　　　　　－分断を越えて－ ………………… 児島亜紀子　22

第3章　「性の多様性」との共生 …………………… 東　　優子　35

第4章　親密な関係性における暴力（インティメート・
　　　　パートナー・バイオレンス）の多面的検討
　　　　　　　－多様なパートナーへの暴力を含んで－ ……… 山中　京子　49

第5章　自然災害と、人々の多様性の尊重 ………… 田間　泰子　62

コラム　教育学合同ゼミについて …………………… 森岡　次郎　74

第Ⅱ部　生涯にわたり人生を豊かにする教育福祉的アプローチ

第Ⅱ部について ……………………………………… 小野　達也　78

第6章　地域福祉の増進型アプローチ ……………… 小野　達也　79

第7章　新たなセーフティネット構築における課題
　　　　　　　－民間支援団体の人材育成に着目して－ ……… 中山　　徹　92

第8章　社会福祉法人に求められる地域戦略
　　　　　　　－地域包含ケア時代に向かって－ ………… 関川　芳孝　103

第9章　認知症ケアの「新しい基礎知識」と
　　　　近年の政策動向 ……………………………… 吉原　雅昭　117

第10章　健康福祉の充実と健康教育の活用……………… 吉武　信二　134

第Ⅲ部　子ども・家族の生活を支える教育福祉的アプローチ

　　第Ⅲ部について ………………………………………… 西田　芳正　148
　　第11章　子どもの貧困対策をめぐる政府の動向と
　　　　　　スクールソーシャルワーク ………………… 山野　則子　149
　　第12章　「保育」に対するまなざしの変容と保育課題
　　　　　　－1950-60年代の保育抑制策と待機児童問題を手がかりに－
　　　　　　　　　　　　　　　　　　　　　　　……… 中谷奈津子　163
　　第13章　排除型社会の只中で教育の役割を考える …… 西田　芳正　175
　　第14章　社会的養護の子どもたちの教育ニーズと自立支援
　　　　　　　　　　　　　　　　　　　　　　　……… 伊藤嘉余子　188
　　第15章　生活保護制度における子ども・家族 ………… 嵯峨　嘉子　203

第Ⅳ部　障害／健常といった線引きを超える教育福祉的アプローチ

　　第Ⅳ部について ………………………………………… 吉田　敦彦　218
　　第16章　障害者／健常者という枠からの解放 ………… 松田　博幸　219
　　第17章　身体障害者における語りとしての生涯発達
　　　　　　－空間的視点と社会文化的文脈－ …………… 田垣　正晋　236
　　第18章　能力主義と優生思想
　　　　　　－すべての人間が存在するための「社会」－ …… 森岡　次郎　249
　　第19章　〈教育的まなざし×福祉的まなざし〉の複眼的アプローチ
　　　　　　－「もっとよく」と「ありのまま」の間で－ … 吉田　敦彦　265
　　コラム　健康知識の間違いチェック
　　　　　　－その行動は本当に大丈夫？－ ……………… 吉武　信二　278

　　おわりに ………………………………………………… 山中　京子　281

はじめに

関川　芳孝

　大阪府立大学に地域保健学域教育福祉学類が開設され、5年が経過する。昨年3月には、はじめての卒業生を社会に送り出すことができた。卒業生の進路はさまざまであるが、教育福祉学類における学びを大切にし、人間の尊厳を守り、人としての包括的なウェル・ビーイングを支援する人材として、社会で活躍してほしいと願っている。

　教育福祉学類のカリキュラムは、教育のコースと福祉のコースに分けられていない。社会科学的基盤の上に、教育と福祉を統一的にとらえる教育福祉学を学び、多様性を尊重し人の生活と人生を豊かにする社会のあり方や必要な支援の方法を学ぶ課程となっている。教育の問題に主たる関心を持っている学生も、福祉的な考え方や支援の方法をともに学ぶことができる。また、福祉の問題に主たる関心がある学生も、教育学的な考え方やアプローチを学び、ともに議論を深めている。教育と福祉に区別せず、フィールドワークの機会を重視し、他者と議論し協働・連携して行動できる、実践能力に優れた人材の育成に取り組んできた。

　教員の研究も、社会福祉学と教育学が別々に取り組んできた問題について、教育と福祉を融合する視点と方法を共有し、新しい教育福祉学というフロンティアを切り開くことを目指してきた。教育福祉学類は、教育福祉学類の開設に当たって『教育福祉学への招待』を取りまとめ、出版した。これは、教育福祉学類に所属する教員の研究フィールドを「教育福祉学」に関連付けて紹介しようとするものであった。また、大阪府立大学が取り組む「教育福祉学」を周知し、受験生をはじめ多くの方から関心をもってもらおうというのが、出版のねらいであった。

　教育福祉学類は、2015年3月に、教育福祉研究センターを開設している。教育福祉の領域において地域社会が抱えるさまざまな問題解決に関わる研究

をし、教員の研究成果を社会に還元することを目的とするものである。具体的には、教員および福祉専門職を対象とする専門職リカレント教育の実践、教育と福祉を統合した組織から生まれた研究成果である教育福祉的アプローチの周知、この二つが教育福祉研究センター設置のねらいといえる。

　教育福祉研究センターは、各教員の研究成果を「教育福祉学」と関連付けながら新たな知見を展開するため、共同研究に取り組んだ。共同の研究テーマとして、実践的な教育福祉的アプローチの開発を掲げ、4つの研究グループを組織し、研究会を立ち上げた。共同研究によって、教育福祉的アプローチについての研究を深化させ、あらためて教育福祉学のフロンティアを世に問いなおすことを目指した。こうした教育福祉研究センターの研究成果を取りまとめたものが、本書『教育福祉学の挑戦』である。本書の刊行によって、教育福祉的アプローチを、学生をはじめ社会の多くの人に理解していただくとともに、新たなアプローチの提示が教育福祉学のますますの発展のために寄与できるものと信じている。

人々の多様性を尊重する教育福祉的アプローチ

「第Ⅰ部　人々の多様性を尊重する教育福祉的アプローチ」について

田間　泰子

　教育福祉学の理念の中心には、「人」がいる。この「人」は、尊厳をもって生きる権利を有し、教育福祉学はそのより善い生（well-being）の実現を目指している。そのために必要なことは何か。第一部では、〈人々が尊厳をもって生きるために必要なことは、その多様性の尊重である〉という視座から、教育学・社会福祉学・セクソロジー・社会学の論考をまとめた。

　ここでいう多様性（ダイバーシティ、diversity）とは、人やものごとがさまざまに異なった発展方向性を有しつつ共存している状態を意味する。そもそも１人の人間が多様な側面をもち、その組み合わせは百人百様であるから、人は本質的に多様である。人のこのような多様性を尊重する方法は、ただ一つしかない。それは、自身と他者との差異を、一定のカテゴリーに回収してしまわず、常に構築され脱構築される関係性として捉えることである。そして人々は、あまりにも多様であるからこそ比べようもなく、ゆえに平等なのである（平等とは「人々に差異がない」ことではない）。

　他方、人を（また自らを）、たとえば常に「女」や「異性愛者」「外国人」「障がい者」などとして固定的に差異化することは、ときに差別・排除、そして暴力を生み出してきた（セン、2011）。自他の差異化は、同一カテゴリー内の強固な社会的繋がりをもたらしうるが、同時に権力関係を伴い、限りなく分断と「排除」を生み出す（スコット、2004）。たとえば、関東大震災において日本人が在日朝鮮人を大量虐殺した場合のように。第Ⅰ部の各章も、カテゴリーの固定化の弊害を認識として共有している。

　人々の多様性を尊重すること、カテゴリー化の作用を流動的で、それに人々の運命が縛られないようなものにすることは、教育福祉学に関わる諸問題の解決にとって根本的に重要な視座である。また、多様性の尊重に根差した教育福祉的実践は、そのうえで築かれるつながりを、差別も暴力もない、社会的包摂とすることも目指す。人々の自由な未来もまた、もちろん他者の人権を侵害しないということを前提としてではあるが、その多様性の保証によってこそ実現されよう。この社会をそのようなつながりによって築かれるものにするため、第Ⅰ部の論考が役立つことを願う。

文献

セン、A.（2011）『アイデンティティと暴力―運命は幻想である』大門毅監訳、東郷えりか訳、勁草書房。

スコット、J.W.（2004）『ジェンダーと歴史学』増補改訂版、荻野美穂訳、平凡社。

第1章　教育の多様性と再方向性
－持続可能な開発と人権との関係で－

伊井　直比呂

はじめに

　教育の多様性を示すにあたり基本的な二つの問いがある。一つは、教育は誰のための教育か、ということであり、もう一つは教育の「多様性」が必要であることの根拠である。本稿では、これらを説明するにあたり、根源的な人権原理と今日の国際的な「持続可能な開発のための教育」（*Education for Sustainable Development*：以下ESD）の内容から考えてみたい。

　さて、私たちはESDというキーワードをよく耳にするようになった。これは「持続可能な開発」（*Sustainable Development*：以下SD）という、2015年から2030年までの間に世界が共通して取り組なければならない国際的課題に対して、教育を通して実現することを目標とする概念として用いられている。具体的には、すべての人の未来や社会を確かなものにするために、質のある教育・貧困・環境・ジェンダー・健康とWell-Being・平和と公正など、17の目標（*Sustainable Development Goals*：以下SDGs）が示され、その達成に向けたESDが2005年以降継続して実施されている。本稿は、本書が「教育福祉学」の新しい展開を目指して発刊されることを踏まえ、この「持続可能な開発」やESDの接点から初等教育・中等教育における「教育の多様性」を概説する。

1．学校教育における課題の経年構造

1）近年の学校教育上の諸課題を整理する

　今日、あまりに多くの教育上の課題が発生している。これらの中から一端ではあるが深刻な子どもの問題の大きな流れを、時代を振り返りながら整理

してみる。

　この20年あまり、日本の子どもの貧困率は増加の一途を辿り（UNICEF、2012）、子どもの『学力』においても看過できない格差（子どもの貧困白書、2009）を生み出して「平等な教育機会」という教育の大原則そのものが揺らいでいる[注1]。また、「虐待」に象徴される家庭機能の喪失の深刻さは、親世代が学齢期であったころの社会問題や教育問題がそのまま「世代間循環」として表出していることが窺えよう。さらに、この20年で著しく浸透した情報産業による子どもたちへ向けた膨大な「誘惑」は、余りに安易な"つながり"をつくり出し、これまでとは異なった意味で社会的弱者である青少年の心を荒ませて教育荒廃の新たな要因にもなっていよう。そして、子どもの人口減少という、日本社会が抱える避けられない事態に対しては、"地域と学校の連携が教育再生のカギ"として進める政策と[注2]、学校統廃合や学校選択制など、逆に「地域」と「学校」とを遠ざけるような施策が混在してきている（瀧井、2009／安田、2009）。これら矛盾する施策は、縦割り行政により何ら検証されないままに併存している[注3]。

　一方、非行、いじめ、不登校、校内暴力や体罰ほか従来からの学校教育における大きな課題（「教育荒廃」）については、1980年代より30年余り継続的に取り組まれてきていた教育課題である[注4]。しかし、諸成果は一進一退を繰り返しながらも「荒廃」は態様を変えて表出し、1990年代には「校内暴力」や「学級崩壊」という「新しい荒れ」へその表出形態が変化した[注5]。やがて、「不登校生徒」数や「対教師暴力」件数が最高になったり、「いじめ」の態様や「低い自尊感情」の問題が深刻化したりするなど、21世紀の次の世代循環が始まろうとしている今も本質的な問題の解決には至っていない[注6]。そればかりか、最近の警察庁の報告によると小学生の校内暴力事件が継続的に増加している[注7]。そして2016年10月、文部科学省は、いじめの認知件数が過去最高となったことを発表した[注8]。これらを振り返ると、戦後の『教育制度』は70年余りを経てもなお、真に子どもや国民のものとはなっていない、と言えよう。むしろ、何が子どもの成長や教育において優先されるべきか、についての社会的な「理念」や有効な「実践」を持たず、子どもたちの声なき反乱とも言える深刻な「教育荒廃」や「子どもの心の問題」に直面しつづけて来た「歴

史」ではないだろうか。

2）相対的な視座で捉え直す

　さて、このように児童生徒が直接かかわる教育課題を概観する時、私たちはこれらをどのように捉えることができるだろうか。ここで教育の主人公である子どもの視座へ転換すると、これまで「教育課題」は、多くは教師や学校、あるいは大人の側から捉えた「状況」や「子ども観」に基づく認識であり、児童・生徒の側から発した社会認識や問題提起ではない。

　むしろ、社会の子どもへの「眼差し」は、これまで一貫して「児童・生徒が変った」、「児童・生徒が問題」、「キレル子どもたち」、「子どもたちの対人経験が年々細ってきている」など、子どもが背負っている背景や現実を見ることなく『困った子どもの問題』として捉えられてきていたと言えよう。それゆえに、子どもの表見的問題への「対処」に終始し、表面上の「課題」の抑止に教育政策の重心が置かれてきたのではないだろうか。その結果、子どもは無意識のうちに大人にとって好ましい子どもと、好ましからざる子どもに峻別されてきていた。つまり、自尊感情を育むべき重要な時期に自らの力では回避できない論理によって社会の眼差しに晒されてきたと言えよう。学校教育を通じても同じであろう。

　しかし、大人の側からの困った子どもの問題を「学びの主人公」たる児童・生徒側から相対的に捉えると、家庭や学校、そして社会の状況の中で無意識のうちに感じている、「大人の都合や論理」で圧しかかる現実（「抑圧」）によって引き起こされている、あるいは抗する何らかの行動、として捉えることができるだろう。堀尾（堀尾、1998）は早くからこれを「ある意味では、子どもの悲鳴」と表現している。それは、「言葉」を持たぬがゆえの抵抗や発散、また、忌避や自己喪失の顕在化とも言える（福田、1999）。

　私たちは、このような問題の相対化によって、現実の事象、教育制度、学校組織、教員の指導のあり方などを、子どもがおかれている家庭的・社会的状況、そして学校での状況の現実を踏まえて、真に捉え直す（再構成する）必要があろう。では、学校において子どもに向けられる「大人（先生）にとって好ましい子どもと、好ましからざる子どもとの大人からの眼差しの違

い（峻別）」はどのように存在するだろうか。

　たとえば、学校教育において、学校や教師が設定した多くの「一定」がある。具体的に、「一定の時間」に、「一定の内容」を教え、「一定の進度」で「一定の回答（解答）」を引き出しながら、「一定の態度」をも求める授業がある。さらに、この「一定」にどれほど応えたか、あるいは達したか、という「一定の基準」による序列が「評価」として設定される。つまり、子どもを、知らず知らずのうちに「一定」にあてはまる子どもと、「一定」にあてはまらない子どもとに峻別し、その結果、極端な表現をするならば、能力的、社会的、あるいは学校の実績づくりにとって教育効果が高いと思われる児童生徒を選択的に選んできたのではないだろうか。あるいは、手間がかからない児童生徒像を対象とした教育が語られてきていたとも言える。まさに、ここに学校における「多様性」とは異なる現実がある。もちろん、このような表現がまったくあたらない取り組みをしている学校も数多くある中で、指摘通りの「教育」が行われている学校も同様に存在する。具体例として次の象徴的な事例（裁判事例と実際の学校事例）を紹介する。

（事例1）〈最高裁判所　平成7年（行ツ）第74号　平成8年3月8日第2小法廷〉
　高専での体育授業に格技として剣道の授業があった。ある宗教の信者である生徒が、宗教的信条から相手を攻撃する剣道の実技を行うことができない旨申告した。生徒らは剣道の準備運動や座学の講義には参加した一方、実技の部分については見学とレポートの提出などを行うことで代替としてもらうよう依頼した。しかし、高専側は一切の代替措置を認めず、かつ単位を認定しなかった。これにより、生徒は原級留置を繰り返し、最終的に「学力劣等」との判断を受けて退学処分となった。

（事例2）〈神戸地裁　平成3（行ウ）20　平成4年3月13日判決〉
　筋ジストロフィー症の中学生が兵庫県の公立高校の学力検査（入学試験）を受検した。当該中学生は、調査書の学力評定および学力検査の合計点において合格点に達していたが、症状が進行性であったため、高等学校の全課程を無事に履修する見込みがないと判定されて入学不許可（不合格）となった。高校側は「身体的能力が発達しているか否かを入学者の選抜において判断資

料とすることができる」ことを根拠として普通科高校の教育を受けるに値する能力を有しないことを理由とした。

（事例3） ある生徒は母親と二人暮らしである。母は、自分が朝起きる前に家を出て仕事に行くため、小学校の頃から自分一人で起きなくてはならなかった。そして、母は夕方に一旦帰宅して夕食をつくり、その後に再び夜の仕事に出かけて行くため帰宅は深夜になる。自分は寂しくて友達と夜まで遊んでいた。勉強は小学校低学年から高校まで授業についていくことができず、「わかった」という経験がない。九九も家で練習をしたことがない。（この生徒は「どうせ」という言葉を頻繁に使用している）（相談より）

（事例4） ブラジルからの渡日生が小学校に在籍した。この小学生は日本語がわからないまま来日したにも関わらず、週に2回の日本語指導の先生が来るだけで、ほとんどの授業はまったくわからないまま進められていた。そして将来を諦めた話をする。（相談より）

（事例5） 公立高校の教諭が妊娠7ヵ月の3年女子生徒（18）に対し、卒業の条件として体育の（単位取得のための）実技をするよう求めていた。当該教諭は保護者や本人の意向に反し、一方的に休学届の書類を渡して「学業」か「出産」かの二者択一を迫った。この学校の対応に、文部科学省は指導の仕方によって「妊娠と学業は両立できる」ことを明らかにした。（産経新聞2016年6月15日）

3）教育に潜む「一定」という非多様性

以上の事例は学校現場で起こっている現実の一端に過ぎない。今日、これらは特別な事情ではなく、小学校から高校まで類似の事例が日常的に存在する。確認されるべきことは、多くの場合に学校が求める「一定」に添う生徒と、必ずしもその「一定」にあてはまらない生徒とに峻別され、後者の生徒がさまざまな理由をもって大人が言うところの『子どもの困った問題』として片づけられてしまうことである。

これに対して、本来は「教育」が児童生徒の人間的発展を支え、かつそのために、「背景」や「事情」、そして「能力」に応じてどのような教育が可能か、という学習者中心に基づく省察を行政を含めた「教育」に携わる側がた

めすべきではなかっただろうか。

　たとえば、先の（事例1）〜（事例5）の当該学校にはどのような「一定」があり、それによって児童生徒がどのような学びからの疎外状況に至るかを考えてみたい。それは以下のように指摘することができる。（裁判事例は結論も付記した）

　（事例1）では、教員が設定した剣道実技の受講形態に従う場合は単位取得の対象となり、それに添わなければ高専の専門的授業そのものの教育の対象とならない、ということである。最高裁判決では、この対応を否定して退学処分の取り消しを命じた。

　（事例2）では、高校側は、障がいをもつ生徒が入学試験に合格する点数を取っていたとしても、高校普通教育を受ける「能力」を有しないとした事例である。判決では、高校側の不合格処分を取り消し、（すべての障害を有する生徒を前提にしているわけではないが）本件生徒の心身の状況（事情）に適合するように普通教育を行うことを命じた。

　（事例3）では、児童生徒一人ひとりの理解の仕方はもともと異なる。学校では「一定」の児童生徒を対象とした授業となりやすく、当該児童の家庭背景をも含めた生活実態は考慮されない。これでは、当該児童は教育を受ける機会を実質的には有しているとは言えないのではないかと言える。

　（事例4）では、外国籍児童生徒の国際条約上の教育における地位の問題があるが、少なくとも子どもの権利条約28条、29条に示される世界人権宣言に基づいた教育は人権である。しかしながら、日本においては、事実上日本語を話すことができない子どもは特に学習言語を習得していなければ教育から排除されていると言える。

　（事例5）では、生命を授かった生徒の「教育を受ける権利」が、胎児の生命を選択するか、それとも胎児の生命を危険に晒してまで、教師が指定した通りの体育の授業を受けるか、という選択の対象となっている。このような基本的人権をも根本的に否定する選択を迫る「一定」を前提とした学校（教師）教育観が露呈した事例である。これに対して文部科学省は、胎児の成長と本人が可能な体育授業を両立させる旨を当該教育委員会に指導した。

　以上のように、学校や教師にとっての「一定」にあてはまらないと分類

第1章　教育の多様性と再方向性　－持続可能な開発と人権との関係で－

図1-1

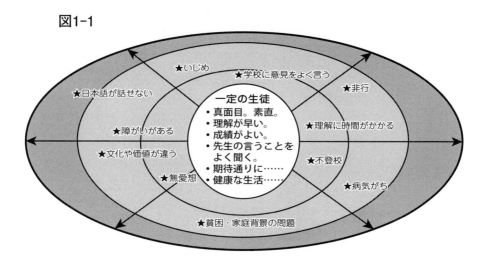

された児童生徒は、学校教育によって「個人の発展や尊厳性」を深めることから排除される状況に至っている。これら典型的な事例だけではなく、他にも、図1-1のように多くの「一定」にあてはまらない児童生徒が、学習において「一定の外」におかれて「教育からの疎外」が起こっている場合がある。過去の研究では、荒れる児童生徒の多くが、小学校低学年頃より学校や社会の中で上記のような「疎外」を経験し、可能性への「途絶」の状態に放置されてきた経験を有している。そして、それゆえに深い心の荒みが治癒されずに苦しんでいる姿があった。この結果、時に自己の意味や存在感を確認できないことが、無軌道な行動や反社会的な行動となって表出してしまうことも事実である（伊井、2003）。しかし、それは「言葉」を持たぬがゆえの抵抗や発散、忌避や自己喪失の顕在化とも捉えることができよう。

2．多様性と教育の人権性

1）多様性の根拠としての「持続可能な開発」概念

では、多くの学校や地域で常態化している「一定」という非多様性の傾向が強い教育に対して、教育の法や制度はどのように多様性を回復し、個々の

尊厳と人間開発の目的を達する教育を取り戻すことができるだろうか。もとより、日本国憲法、世界人権宣言、子どもの権利条約は、教育を受ける権利の宣言とともに、その機会均等などが謳われる。さらに、近年では冒頭に記した「持続可能な開発」という概念と、そのための「持続可能な開発のための教育」(ESD) が上記目的の達成に大きな示唆を与えて、国際的な関心ともなっている。ここでは、まず国際的な潮流から「多様性」に関する論理を紹介する。

　ESDは、「持続可能な社会」を築く教育、「持続可能な未来」のための教育とも言い換えられて使用される[注9]。この概念は、概念の進化を経て、人と人、人と自然、人と社会、あるいは自然、社会、経済との関係で、いのちや自然、文化、尊厳などの持続性が現在や未来にわたって実現し、同時に将来世代の人たちに等しく備わることを言う (UNESCO、2005/2012)。では、この「持続可能な社会」や「未来」とは誰にとっての「社会」であり、誰にとっての「未来」であるのだろうか。私たちはこの基本的な問いから考える必要がある。確かに言えることは、「未来」は、「すべての人」にとっての未来であるはずであり、「社会」は現世代を生きる「すべての人」が等しく参画していなければ、自己や社会的な幸福追求への未来は拓かれない。また、これから生まれる将来世代にとっての「未来」も同様である。すなわち、貧富の差や格差社会の中で経済的・社会的強者に位置する人たちにのみに開かれた「未来」や「社会」という意味であってはならず、構造的に低くらいに置かれる人たちを前提としてなりたつ「社会」や「未来」ではないはずである。同時に、将来世代にとっても社会と自然から現世代同様の利益が享受できることをも意味する。この、「ある特定の人」ではなくすべての人、つまり一人ひとりにとっての持続可能な未来や社会を考えるからこそ、特に「教育」が重視されて「持続可能な開発のための教育」(ESD) という世界共通の教育概念が形成された。以上のように、「一人ひとり」とは、「特定の人」とはまったく逆の立場にたつ概念であり、一人ひとりの集合体は当然に多様性そのものである。それは、「一定」や「特定」の基準に合う人を対象とする教育概念とは異なる。

　特に、この視座は義務教育段階ほどその要請が強く、ESDが2005年から

開始されるまでユネスコが継続的に進めてきていた「Education For All」（万人のための教育）は、近年「ESD For All」と言い換えられる。このように教育の人権性に基づく国際的な取り組みや理念からも学習者が一人ひとりの生を豊かにする教育への「再方向性」（UNESCO、2014）が世界共通の行動プログラム（Global Action Program）として広がっている。

2）多様性を支える教育の人権性

ここで、教育の人権性の概念について整理する。

元来、人権概念は、一人ひとりのかけがえのない存在。つまり、生命だけでなく一人ひとりの自由な精神的営みなどが他の人と代わりえない個人の存在の尊厳性を明らかにし、このことに価値を置く（浦部、2016）。同時に、この精神などの自由権（自由権的基本権）が前国家的基本権として位置づけられ、個人が国家から公正かつ平等に尊重される地位にする。そして、他の人と代わり得ないかけがえのない個人をより明らかにすると同時に、社会的、政治的、経済的な権利と責任に基づく社会参加を実質的に可能にする。それゆえに、何人も「教育」の対象から漏れたり疎外されたりすることがあってはならず、まさに教育が人権として捉えられる理がここにある。それは、人として生きるために必要な諸能力が発展していくプロセスそのものである。まずは、以上のような教育の人権性が確認されよう。特に、自らを発展させる手立てが極めて乏しい義務教育段階の児童生徒はこの要請は高い。

次に、このような人権と教育の考え方は、日本国憲法や法律にどのように反映されているだろうか。日本国憲法は、国家の基本原理として「個人の尊重」を置いている（憲法13条：すべて国民は個人として尊重される）。そして、26条第1項は、「すべて国民は、法律の定めるところにより、その能力に応じて、ひとしく教育を受ける権利を有する」と定め、当然に一人ひとりの「能力に応じて」教育を受ける権利があることを宣言する。そもそも、教育を受ける権利とは一人ひとりにそれぞれの能力があり、その能力にあった教育を受ける権利である（浦部、2016）。では、この「能力に応じて」をどのように理解すればよいだろうか。「能力」を偏差値や入試学力としてのみ考える人はいないだろう。元来、公教育での入学試験は教育を受けるに値す

る人物であるかどうかを選別する意味ではない。つまり、能力のある人が教育を受ける資格があり、ない人はその資格がない、という意味ではない。ここに根源的な**教育の多様性**が前提となっている。たとえば、**学校教育法45条**には「**中学校は、小学校における教育の基礎の上に、心身の発達に応じて、義務教育として行われる普通教育を施すことを目的とする。**」また、**学校教育法施行規則54条**には、「**児童が心身の状況によって履修することが困難な各教科は、その児童の心身の状況に適合する**ように課さなければならない。」（高校もこれが援用される）とあり、「能力に応じて」の一つの意味は、「心身の発達」や「心身の状況」に応じて、と捉えることができる。また、先の事例1〜事例5からは、「身体的事情に応じて」、「障がいの状況に応じて」、「自由権の内容に応じて」、「理解の仕方やわかり方に応じて」というように捉えることができるだろう。

次に、日本も批准している、18歳未満の子どもを対象とする子どもの権利条約からも教育の人権性を確認することができる。権利条約29条の「教育の目的」には、以下のように記される。

第29条1項：締約国は、子どもの教育が次の目的で行われることに同意する。

(a) 子どもの人格、才能ならびに精神的および身体的能力を最大限可能なまで発達させること。

(b) 人権および基本的自由の尊重ならびに国際連合憲章に定める諸原則の尊重を発展させること。

(c) 子どもの親、子ども自身の文化的アイデンティティ、言語および価値の尊重、子どもが居住している国および子どもの出身国の国民的価値の尊重、ならびに自己の文明と異なる文明の尊重を発展させること。

(d) すべての諸人民間、民族的、国民的および宗教的集団ならびに先住民間の理解、平和、寛容、性の平等および友好の精神の下で、子どもが自由な社会において責任ある生活を送れるようにする。（以下略）

以上の条文には、大前提として**教育における多様性**が含まれ、どのような背景や事情、そして属性を有する学習者であっても、その能力を最大限に発

展させることが教育の目的となっている。国連子どもの権利委員会は、「子どもの権利条約；一般的意見第1号；第29条1項：教育の目的」：(b) 第29条1項の機能」（2001年1月25日第26会期採択：CRC/GC/2001/1）の中で、子どもに「教育に対する独立した主体的権利」があることを次のように示している。

「『すべての子どもは独自の特性、関心、能力および<u>学習上のニーズ</u>を有している』という認識に立った、個人としての子どもの人格、才能および能力の発達である。したがって、カリキュラムは子どもの社会的、文化的、環境的および経済的背景や子どもの現在のおよび将来のニーズに直接関連するものでなければならず、かつ、子どもの発達しつつある能力を全面的に考慮にいれたものでなければならない。教育方法はさまざまな子どものさまざまなニーズに合わせて調整されるべきである。」（国連子どもの権利委員会、2001）（傍線筆者）

以上のように、子どもは、個人としてそれぞれに特性や関心、能力、学習上のニーズを有していることが大前提であり、その上でそれぞれの才能や能力の発達を可能にすることが学校教育の大きな役割である。

まとめ

以上のように、教育における多様性とは、ある障害者などのCategorizeされた事情に対する受け入れの態様をもってのみ実現されるものではなく、基本的な学校での学習規範と諸制度を保持しつつも、個々の学習者がそれぞれの能力や事情・背景を前提として学習できる「環境」や「制度」そのものが多様性の本旨となる。しかし、既存の教育制度の中で、一見すると通常の教育的営みや風景であっても、その中に「権利の保持者（教育の主人公）」と「義務の提供者（直接的に教育行政や学校）」との主客が転倒した教育活動が行われていることがある。それは、学校教育において見えにくい態ようで常態化しており、憲法等が要請する「能力に応じて」とは異なる硬直的な「一定」を前提とした教育、と本来捉えられるべきことであろう。重要なことは、誰もが学びたい、成長したいと思って過ごしてきた学齢期に、家庭や社会的にさまざまな事情から、「一定」に入ることができずに諦めることしか

できなかった子どもたち、また「一定」圧力の中で学校に対する無言の不信となって反社会的な態度に至った子どもたちから、疎外をいかに取り除くかということである。そのための理論と諸制度の整備が法学、教育学、そして国際的な取り組みである「持続可能な開発」の枠組みから構築され再構成が行われている。特に、公正な持続可能な未来、社会づくりの根幹である教育において、子どもの権利条約の条文解釈から学習カリキュラムや学習方法が学習者のニーズに合わせて調整されるべきことが示されており、疎外状況に至らないようにする国際的な展開が進みつつある。

注
1 調査報告「高校生の進路と親の年収の関連について」、東京大学大学院研究科大学経営・政策研究センター、2009年7月9日。報告によると、年収400万円以下の家庭の進学率は約31.4％。対して年収1000万円以上の家庭の進学率は62.4％と報告された。
2 文部科学省　教育振興基本計画（平成20年7月1日閣議決定）
3 文部科学省　平成24年度調査（小中学校における学校選択制の実施状況について）では、新規導入を開始した地区は平成18年度に比べて減少している。（平成24年10月1日文部科学省HP）
4 1980年代の認識：臨時教育審議会の第1次答申（1985年6月30日）に「教育荒廃」が教育政策の柱に位置された。「（略）第1部　教育改革の基本方向　第1節　教育の現状　我が国の教育は諸外国と比べて初等中等教育の水準が高い。他方、国際化の対応の遅れ等の問題があり、制度、運用の画一性、硬直性による弊害が生じている。受験競争、いじめ、青少年非行等の教育荒廃は憂慮すべき事態で、その根は、学校・家庭・社会の在り方などに絡み合っている。（略）」
5 1997年12月23日　朝日新聞（朝刊）「「新しい荒れ」全国にむかつき爆発　先生「非行ではなく奇行」」
6 たとえば、読売新聞2005年9月23日「小学校の校内暴力最悪－対教師32％増－」他、朝日、毎日、産経各新聞社が一面で報道した。その後、文部科学省の統計によると調査方法を変えて実態を把握し、その後の傾向として横ばい状況が続く。平成23年度『児童生徒の問題行動等生徒指導上の諸問題に関する調査』について」、文部科学省初等中等局児童生徒課、平成24年9月11日参照。
7 警察庁生活安全局少年課「少年非行情勢」平成27年2月
8 2016年10月27日「毎日新聞」（朝刊）「いじめ認知　最多22万件」
9 「環境白書・循環型社会白書」本文では「持続可能な社会」と表されている。日

文献一覧（伊井直比呂　第1章　教育の多様性と再方向性）

外務省・訳（2015）「我々の世界を変革する：持続可能な開発のための2030アジェンダ」宣言4（第70回国連総会．2015年9月25日，採択国連文書（A/70/L.1）

UNICEF (2012), *Report Card —Meaning of Child Poverty, New league tables of child poverty in the world's rich countries—*. UNICEF Innocent Research Centre. pp 4

子どもの貧困白書編集員会編「子どもの貧困白書」，明石書店，2009年，pp.52-64.

調査報告「高校生の進路と親の年収の関連について」，東京大学大学院研究科大学経営・政策研究センター，2009年7月9日.

瀧井宏臣（2009）「広がる学校選択制見直しの動き」『世界』786号，2009，pp.243-244.

安田隆子（2009）「学校統廃合－公立小中学校に係る諸問題－」『調査と情報』640号, p.9.

伊藤　進（1992）「公立中学生いじめ自殺」『教育判例百選』第3版 有斐閣　p.166.

福田年宏（1999）「思春期は訴える」築地書館　p.45.

堀尾輝久（1998）「『教育改革』はどこへ　－21世紀に向けて－」『日本教育政策学会年報』第5号日本教育政策学会編　p.19.

伊井直比呂（2003）「「教育困難校」から見える日本社会と国際理解教育の役割　－途絶と向き合う学校文化の中で－」『国際理解』34号, p.136.

浦部憲穂（2016）「憲法学教室」日本評論社　p.42.

M.Verheyde, (2006), *Article 28: The Right to Education*: A.Alen, J.Vande Lanotte, E.Verhellen, F. Berghmans and M.Verheyde (Eds.) *A Commentary on the United Nations Convention on the Right of the Child*. Martinus Nijhoff Publishers, Leiden. p.11

UNESCO, (2014), *UNESCO Roadmap for implementing the global Action Programme on Education for Sustainable Development*, Paris. UNESCO. p.33.

RIO+20 United Nations Conference on Sustainable, (2012), *The future we want*, 19 June 2012. A/CONF 216/L.1, p.25.

UNESCO, (2005), *UNESCO and Sustainable Development*, Paris. UNESCO.p.5

UNESCO, 2012, *Education for Sustainable Development SOURCE BOOK*, Paris. UNESCO. p.5.

判　決

最高裁判所　平成7年（行ツ）第74号　進級拒否処分取消、退学命令処分等取消請求事件　平成8年3月8日第2小法廷判決　最高裁判所民事判例集50巻03号469頁

神戸地方裁判所　平成3（行ウ）第20号　入学不許可処分取消等請求事件　平成4年03月13日判決　判例時報1414号

行政資料等

文部科学省 教育振興基本計画（平成20年7月1日閣議決定）

文部科学省「小中学校における学校選択制の実施状況について」平成24年度調査報告

第1章 教育の多様性と再方向性 －持続可能な開発と人権との関係で－

本ユネスコ国内委員会教育小委員会 持続発展教育（ESD）の普及促進のためのユネスコ・スクール活用に関する検討会が発した「持続発展教育（ESD）の普及促進のためのユネスコ・スクール活用について提言」（平成20年2月）では、「社会」「未来」の両方の表現が用いられる。

第2章 「社会統合」とソーシャルワークのゆくえ
― 分断を越えて ―

児島　亜紀子

はじめに

　このところ、生活保護受給者バッシングや、テレビ出演した貧困女子高校生への中傷など、「貧困者いじめ」ともいうべき状況を目にすることが増えてきた。また、「年金の充実か、奨学金などの若者支援策の整備か」が二者択一的に語られる傾向があり、高齢者と若者の間で世代間対立が深まっているかのような言説が流布している。かかる状況からも明らかなように、社会の分断がこれまでになく深刻化しているという懸念が、多くの人びとの間に広がっている。このような問題意識に基づき、本稿では「社会統合」に関する考察を中心に行う。福祉国家の解体が声高に叫ばれるなか、統合という理念もまた掘り崩されていったといわれるが、それは何を意味していたのか。また、福祉国家における統合は、どのようになされていたのか。この章では、かかる検討に加え、社会統合の機能を担ってきた専門職であるソーシャルワーカーにも目を向ける。ソーシャルワークの社会統合機能をめぐる言説を点検しつつ、社会の分断はソーシャルワーク研究者が考えてきた以上に、利用者を規格化し統制するものでもあることを明らかにしたい。最後に、ソーシャルワークと呼称される実践が、分断と排除を乗り越えて連帯の契機を形成することは可能か、その方向性を展望して締めくくる。

1．社会統合の機能をめぐる言説

　わが国は、福祉国家としてもともと弱体であったが、近時その綻びがさまざまな形で噴出している状況にある。ネオリベラリズムの台頭とグローバル化という課題を抱えて、いかにポスト福祉国家を構想しうるかということ

は、わが国のみならず各国共通の関心事であるといってよい。この間、福祉国家の解体・再編にかんする論議が展開されるとともに、社会統合をめぐる言説のありようも変容してきた。なかには、人びとを社会に統合するといった理念はおろか、われわれを社会に統合されたものとして見なすような表象もリアリティを失ったのではないかという指摘さえある。福祉国家がなぜこんにちのような危機的状況に陥ったのかにかんしては、すでに多くの優れた先行研究があるので詳細はそちらに譲るが、標準的男性稼得者世帯の崩壊、労組の衰退、フォーディズムといわれる蓄積体制の変容、グローバル化による国家自律性の浸食など、およそ考えつくだけの多様な事柄が指摘されてきたという[注1]（新川、2004）。いずれにせよ、社会統合にかんする言説は福祉国家再編という問題意識を基盤として編成されており、福祉国家の危機を社会統合の危機として捉えることは衆目の一致するところである。

　ここで取り上げる社会統合とは多義的な概念であるが、まずもって当該社会の成員が法的・政治的に等しい権利を有し、平等に社会参画をはたしうる状況にあることを前提に、国家によって提供される諸サービスを成員が利用できることを意味しているといってよい。これらに加え、現在では特に多文化主義の観点から、「文化的多様性の活力を活かしつつ、社会的平等とそれを生み出すための一体性はいかにして可能か」（安達、2009）という課題に接続されて論じられることも多い。社会統合は、安達智史のいうように、成員に「所属」と「安全・安心」という、両立しがたい課題を両立させるための方策でもある（安達、2009）。社会統合とは人びとを包摂する「場を与える」という局面において理解することが重要であると、ひとまずはいえるだろう。

　齋藤純一は、社会統合を「消極的には、成員が社会の一員であるという意識をもちえている（中略）関係性、より積極的には、成員が社会の基本的な規範や制度を正当なものとして受容／支持し、それらを通じて相互の役割を保障し合い、相互の生活を支え合うことに自覚的にコミットする関係性が成り立つ状態」を表すものと規定する（齋藤、2008）。ここから、統合が消極的には包摂に、積極的には連帯に親和的な概念であることが明らかになろう。また、遠藤美奈は、1995年にアイルランドで実施された貧困調査の中間

報告を下敷きとして、以下のように統合概念を整理する（遠藤、2004）。すなわち、統合とは「帰属、個人のあるがままの受容、個人のもつ権利の他者による認識、人々が必要とする他者との関係や支援の享受、特定の社会において人々がノーマルであるとみなすことがらの享受」であると。かかる統合のプロセスやメカニズムが混乱し、機能不全に陥ったときに生じるのが排除である。遠藤の整理によれば、統合のプロセスおよびメカニズムには4つのシステムがあり、それらは①市民的統合を促進する民主政治のシステムおよび司法システム、②経済的統合を促進する労働市場、③社会的統合を促進する福祉国家システム、④人間相互間の統合を促進する家族およびコミュニティ・システムであるとされる（遠藤、2004）。ここからも、社会統合が福祉国家と緊密に結びついた概念であることがわかる。なお、ここで統合は排除の対概念とされており、したがって統合と包摂とはほぼ互換的である。

　社会統合を、福祉国家が行う生活保障政策の機能として説明することも一般的である。たとえば古川孝順は、生活保障の一翼を担う社会福祉に、社会制御的機能と社会統合的機能があるとし、「社会的弱者集団や社会的不利益集団、少数者集団への社会への統合や参加を促進」させることをもって「社会それ自体の求心力を高め」ることが社会福祉には期待されており、かかる機能を「社会統合的機能」と呼称した[注2]（古川、1995）。

2．統合と同化、利用者の主体化

　ここまで、社会統合のポジティブな側面を概観してきた。しかしながら、社会統合には当該社会の成員を包摂するという局面とは別の貌がある。それは「統合」の名のもとに、成員の集合的アイデンティティの同質性を高めようとすること、換言すれば、ビオスの複数性を抑圧する方向へ社会が編成されるという可能性を、この概念は排除できないということである。要するに、社会統合は成員をある特定の価値規範のもとにまとめ上げるという「同化」の機能を有しているのだ。

　社会統合概念が孕む、かような2面性を人びとが敏感に感じ取るのは、自力で居場所を得られない人びとにソーシャルワーカーが場を与える時だろう。ソーシャルワークは、福祉国家の成員の社会関係を修復し、成員と制度

第2章 「社会統合」とソーシャルワークのゆくえ －分断を越えて－

との接触を媒介する。それ自体が集合的で政治的な役割であり、ソーシャルワークの最終目的は（このことをワーカーは認めたくないかもしれないが）社会への統合を促進させることである（Castel、2009=2015）。個人的なサービスを提供しつつ、そのことを通じて社会統合を推進するという、まさにその両義性がソーシャルワークの特徴である。バンクスは、ソーシャルワークが社会的利他主義（ケア）と社会規範（コントロール）の双方に向けて貢献するため、介入に失敗すれば無能者として世間のバッシングに晒され、その一方で権威主義的な抑圧者として非難されてきたと述べる[注3]（Banks、2012=2015）。この点にかんしては、児童虐待の防止に失敗したソーシャルワーカーや、生活保護申請にやってきた人びとに素っ気ない対応をする行政官吏への世間の反応を思い起こせばよい。

　ソーシャルワーカーのもつ社会防衛的な機能はしばしば世間の批判の標的になる。その際、ソーシャルワーカーが専門知を足がかりに、脆弱な人びとや道徳的でないとレッテルを貼られた人びとを支援することは、それらの人びとが「まっとうな人間になるよう」働きかけることと表裏一体であるという言い方がしばしばなされる。ソーシャルワーカーが人びとをまとめ上げるかようなやり方は、フーコーのいう「主体化」を想起させる。自立／自律した理性的な個人、社会に参加する能動的な個人という「主体像」に基礎づけられたソーシャルワークは、かかる価値を体現したソーシャルワーカーによって利用者を「主体化」する過程でもある（児島、2004）。ワーカーのもつイデオロギー、価値、専門知は、利用者の生きがたさを何らかの「問題」として規定するであろうし、ワーカーの支援は時として利用者を「マジョリティの価値」に沿うよう方向づけるものとなる。ワーカー自身も、利用者もともに「デカルト的主体」という人間像を規範として内面化しているのであるから、利用者を主体なる価値に同一化させるべく働きかけることは、原理的には難しくないはずだ。

　意外に思われるかもしれないが、1990年代のソーシャルワーク研究者はフーコーの摂取に熱心であった。わけても彼ら／彼女らは、規律訓練を通した主体化のプロセスや、知と権力という問題系に魅入られ、さかんに援用した。フーコーの理説は、従来からソーシャルワークに向けられてきた批判、

つまり権力装置／抑圧者としての側面をより鮮明に暴き出すものであったから、フーコー摂取がソーシャルワークにとってある種の自己批判であったことは間違いない。1990年代以降のソーシャルワーク研究の関心は、福祉国家危機の時代におけるソーシャルワークという知の再編成に照準していたと思われるため、フーコーの理説への傾斜もそうした文脈で捉える必要があろう。

3．分断という問題系

　ソーシャルワークの機能としての「主体化」という議論は、社会統合における「同化」の過剰、ないしパターナリズムという負の側面を描出するものであった。ここでもう一つ、別の観点から社会統合の難点を導出したい。それは、統合が排除もしくは分断というモメントを内包しているということである。

　フェミニストらは、統合の前提となってきた福祉国家というフレームが、性差別的なものであることを喝破してきた。そもそも福祉国家は、完全雇用と性別役割分業を基礎とする近代家族モデルという2つの神話を基盤にしてきた（堅田ら、2011）。このため、福祉国家体制が比較的安定していた時代にあっても、パートタイム労働者やシングルマザーなど「神話」の形態から逸脱する人びとは福祉国家の生活保障システムから疎外されがちであった。

　堅田らは、この点に関連し、福祉国家による生活保障に大きな2つの分断線があったことを指摘している（堅田ら、2011）。

　そのひとつが、社会保険と社会扶助の分断である。福祉国家において所得保障の中核をなす社会保険は、周知のごとく保険料の拠出に応じて給付を受け取る仕組みとなっているが、これに対して社会扶助は労働市場からも社会保険からも排除された場合のセーフティネットである。保険の対象者と扶助の対象者は、いわば「一般市民」と「それ以外」に序列化されていることに加え、かかる序列（分断）が男女に不均衡に配分されていることに堅田らは注意を喚起している。すなわち、わが国における年金の例を見れば明白なように、保険が職域別・賃金比例で編成されているため、労働市場において不利な者——低賃金で周辺的な労働の担い手——は、保険の受給も低くならざ

るを得ない。わが国の場合、雇用保護は周辺部労働市場の男性労働者にまで及んでいた一方、教育や住宅にかんする公的支出が抑えられていたために、家庭にいた女性たちは男性稼ぎ主の稼得を補完すべく、パートタイム労働を選択することになった（宮本、2011）。

　　こうして女は、労働市場において相対的な不利を経験しているにもかかわらず、というよりむしろそうであるがゆえに、福祉国家の所得保障においても相対的に不利な位置に置かれるのだ。したがって、「一級市民」向けの保険給付は男に、「二級市民」向けの「補完」としての扶助は女に、不均衡に配分されることになる（堅田ら、2011）。

　さらにもうひとつ、女のあいだに引かれた分断線ともいうべきものが存在する。前述したように、福祉国家は性別役割分業を行う近代家族を前提としている。そのことを反映して、わが国における児童扶養手当や生活保護の母子加算は「母」役割を引き受けた女性に、遺族年金や第3号被保険者の年金は「妻」という身分を引き受けた女性に支給される。いわば期待されるジェンダー・ロールを遂行した女性に給付がなされ、しかもそれらは男性が受け取る給付の水準よりも相対的に低い水準に留め置かれている（堅田ら、2011）。つまり、福祉国家給付において、「母」や「妻」という役割を引き受けた女性とそうでない女性との間に分断が生じているのである。

　ここに指摘された状況は、福祉家の解体や危機が喧伝される現在もなお変わることがない。福祉国家というフレームは、「政治空間をいびつに区割りする強力な不正義の道具」（Fraser、2008=2013）であったということになるのだろうか。福祉国家における統合が、女性たちを排除し分断することで存続してきたという面があったことは否定できないのである。

　屋嘉比ふみ子は、女性の貧困が深刻化しているにもかかわらず、「ない」ことにされてきた理由のひとつが、「女性が働くことにおいての公平さを問う運動が、極めて少数派の女性によってしか担われてこなかった」ことにあるという（屋嘉比、2011）。このことはわが国に固有の事態でないのかもしれない。フレイザーは、まさにネオリベラリズムが台頭しつつあったとき、

フェミニストらが政治経済の問題（再分配の問題）から、文化の問題（承認の問題）へと視点を移行させていたことを悔やんでいる。フェミニストらは資本主義社会の男性中心主義を暴き、福祉国家のもつ平等主義のエートスを階級からジェンダーへと広げようとした。しかしながら、やがて彼女らは権利要求を行うにあたって、フレイザーが承認の文法と呼ぶもの、すなわち男性中心主義的な文化的価値のパターンや地位のヒエラルヒーによって生じる危害を標的にするようになったのである（Fraser、2008＝2013）。しかし、政治経済の状況からすれば、彼女らはより再分配への関心を高める必要があった。「再分配から承認への移行」とフレイザーが呼ぶ状況は、したがって、まことにまずい時期に展開されたということになる。

　ここまで、社会統合が当該社会の凝集性を高めるために同化に傾斜する傾向があること、ソーシャルワークはまさにそのような機能を体現する側面があること、統合が排除や分断のモメントを内包していることを述べてきた。

　統合は安定した社会構造に人びとを編入させることによって形成されてきた（Castel, 2009＝2015）。しかしながら、20世紀の最後の4半世紀以降、ネオリベラリズムとグローバリズムが猛威をふるい、その結果、国内にあっては既存の伝統的紐帯が失われ、労働市場は流動化し、リストラによる失業が常態化して格差が拡大した。統合の前提となる安定した社会構造が失われたことで、統合モデルのリアリティは毀損されたともいわれる。現在では、統合モデルの基盤となってきた国家に、給付の充実を迫って統合を促進させるという方向でなく、より現実的で実効性のある包摂の舞台として、コミュニティを設定する議論がさかんである（たとえば松宮、2012を参照）。その一方、リベラリズムの陣営では、差異の承認が分裂と分断を招来しないような新たな統合のありかたを探る理論が展開されている（たとえば齋藤、2008を参照）。

　社会統合という理念が問題含みであることは以上の行論からも明らかであるが、では、社会における同化のモメントには、福祉国家の退潮に伴って何らかの変化がみられたのだろうか。この間の秩序編成に影響を与えてきたネオリベラリズムとグローバリズムが、自己責任／自助という特定の価値観を広げ、「自己責任論への同化」言説が巷にあふれていることからも想像でき

るように、依然として「同化」への圧力はわれわれの社会において働いているといわざるを得ない。ネオリベラルのアジェンダに適合した新たな「同化」は、それが叶えられない者たちをあからさまに排除するという特徴をもっているだけに、より深刻である。

4．分断を乗り越える──ソーシャルワークによる連帯

かかる状況にあって、ソーシャルワークには何ができるだろうか？　実践家も研究者たちも、この間ソーシャルワークの置かれた状況を危機的なものとして捉え、専門職としてのありようを模索してきた。ネオリベラリズムの席捲によって、ここ20年ほどの間にソーシャルワークは変容を迫られてきた。わが国における介護保険制度とケア・マネジメント実践の主流化からも明白なように、近年ソーシャルワークは準ビジネス化される傾向にあり、リスク管理がワーカーの重要な責務となっている。財政資源管理統制主義（managerialism）によって統制されたサービス供給のもとでは、ワーカーはサービスの仲介者として立ち現れることになる。もっとも多くのソーシャルワーカーは、国家と（消費者としての）サービス利用者との間を取り持つ単なる媒介物として自分たちを捉えて欲しくないと思っている。伊藤文人が指摘するように、ソーシャルワーカーらは自分たちがどのように社会のなかで存在意義を持ち、どのような社会的な機能をはたすことによって市民から承認されるのか、その方法を「省察的な習熟によって身体化しつつ」、適切なかたちで利用者と市民に示す方途を模索している（伊藤、2016）。

その方途のひとつは、財政資源管理統制主義と結びついた現行の福祉政策やサービス供給に対し、ソーシャルワーカーが毅然として異議申し立てを行うことであろう。たとえば近年の英国では、脆弱性＝ヴァルネラビリティ（vulnerability）という概念が「リスク管理」と接続されたことで、利用者個人よりも当該個人の外側にある諸要素に目が向けられるようになっている（児島、2015）。リスク管理の観点から、ワーカーが「ヴァルネラブル」だと看做した利用者の行動が制限され、その結果利用者の社会関係が損なわれるのみならず本人の自己肯定感までが低下したという実際の事例を挙げながら、フォーセットは、リスクアセスメントが利用者を自己決定のプ

ロセスから排除するとともに、排除を正統化する口実にもなりうることを批判している（Fawcett、2010）。このことは、利用者とは「一般市民ではない」人びとだというカテゴリー化をすることになるだけでなく、利用者に「普通」（normality）の市民になるよう、努力をさせることにもつながりうる（ibid.）。かかる事態は、統合の負の側面である「同化」、ないし「主体化作用」の復活にほかならないであろう。

　何人かのソーシャルワーク研究者は、フーコーの「分割／分断する実践」（dividing practice）という概念にも着目してきた（Crinall、1999／Jessup and Rogerson、1999）。フーコーは、人間が「彼自身の内部で引き裂かれているか、他者から引き裂かれているか」いずれかの作用によって主体として変形させられていくとする（Foucault、1982＝2001）。当初、この概念は人びとを──利用者を──「言説の主体」として編成する主体化の過程を示すものとして、ソーシャルワーク研究者たちによって実践を反省的に捉え直すために用いられた。だがこんにち、ネオリベラルのアジェンダに適合した言説実践が、「若者／高齢者」「住む家のあるもの／住む家のないもの」「健常者／障害者」「男性稼ぎ主のいる世帯／シングルマザー世帯」など、あらゆるところに分断線を引き、人間をあちら側とこちら側に振り分けている。かくして、障害者・ホームレス・シングルマザー・非正規労働者など、マージナルな側に振り分けられてしまった者たちは、マージナルなアイデンティティを強化せられ、まっとうな「ひと」としての地位から放逐されてしまう（児島、2012）。人びとは自己決定と責任の主体として、「人的資本を最大限効果的に管理する」よう徹底的に強いられるのだ（Fraser、2003＝2011）。ソーシャルワークサービスにおいて「参加」と「選択」を不断に迫られる利用者もまた、「参加し、選択ができる者」とそうでない者に振り分けられ、後者はよりヴァルネラブルであるという理由によって統制の対象にされる。ソーシャルワーカーは、かかる「分断する実践」がソーシャルワーク本来の目標からかけ離れていることをふまえ、ワーカーの価値と倫理という原点に帰って、政策主体が設定したアジェンダを批判的に捉え直す作業に着手しなければならない。

　いまひとつ、ソーシャルワーカーに求められるのは、特定の福祉削減に抗

議するためだけでなく、グローバルな資本主義に依拠しているネオリベラルな政策アジェンダの基調路線に対し、異議申し立てを行うさまざまな組織や人びととのネットワークと連帯することである（Banks、2012=2016）。かかる方向性は、英国におけるラディカル・ソーシャルワークの伝統に連なるものでもある。ラディカルなソーシャルワークは、これまでもソーシャルワーカーと貧困や抑圧の経験をもつ人びとに関わる組織との間に同盟関係を要求してきた（ibid.=2016）。これに対し、わが国ではミクロな実践がソーシャルワークにおいて中核的であり、ソーシャルアクションが相対的に弱いという特徴がある。しかしながら、ソーシャルワークの基盤である倫理や価値を有効に実践につなげるには、ソーシャルワークが社会変革という政治的な行為を目的に掲げていることを改めて認識することが重要である。

　バンクスが述べるように、サービスの標準化や市場価値の支配などの潮流に対抗し、「分断」に手を貸すことのない実践を行うには、ソーシャルワークの価値に立脚した実践を強力に押し出すことに加え、利用者や当事者を含むネットワークとの連携を図ることが欠かせない。ソーシャルワークは、ジェンダー、階級、人種、民族などにおける不均等な資源分配と不寛容に挑戦し続けることによって、ポスト福祉国家を切り拓く専門職として、人びとの承認を得ることができるはずである。

　バンクスは、「ソーシャルワーカーが達成できることについて非現実的にならないことが重要であると同時に、悲観的になり過ぎず、受け身にならないこともまた重要である」（ibid.=2016）と述べた後、パウロ・フレイレの『世界を変える権利と義務について』の一節を紹介している。フレイレは、次のようにいう。「私にとって政治闘争とは、倫理の名のもとに引き受けるべきものだ。それは明らかに市場の倫理ではない……。むしろ人間の普遍的な倫理である。つまり、人間性を剥奪するような不正義に打ち勝つべく、必要とされた社会変革の名のもとに引き受けるものなのだ（Freire、2004　ただしBanks、2012に依拠）。」

おわりに

　この章では、福祉国家の危機によって顕在化した「社会統合」の課題と、

新たな分断状況について概観してきた。統合と分断は二項対立的に捉えられるものでなく、統合のなかにも分断のモメントがある。福祉国家は分断と統合を別々の次元で編み上げた形成物だったともいえよう。

　福祉国家において社会統合機能を実質的に担ってきたソーシャルワーカーたちは、現在ネオリベラリズムの台頭のなかで苦戦しているが、倫理や価値に基礎づけられたラディカルな実践者として、利用者をはじめネオリベラルな政策アジェンダに対抗的な組織と連帯することによって分断を打開する道を切り開くことは可能だと考える。そのためにも、ソーシャルワークが単なる「人助け」ではなく社会変革を志向する政治的かつ倫理的な実践であるという認識を、より多くの実践者と市民、そして専門職を希望する学生の間に広めていくことがわが国においては急務である。

注
1　新川敏光によれば、福祉国家危機の原因論のうち、もっとも多くの論者によって指摘され、かつ異論が少ないのが、人口の高齢化を要因だとする見解であるという（新川、2004）。
2　後年、古川は社会福祉の機能を「社会的機能」と「福祉的機能」に大別し、前者に社会制御的機能と社会統合的機能が含まれるとするようになった。古川は、社会福祉が社会に対して一定の規整／規制をする機能を持つことを期待されてきたと強調する一方、それとは別の位相にある具体的な社会福祉の機能／役割として、媒介調整や自立生活支援、社会参加といった、現在のわが国において実施されている社会福祉関連諸制度の役割を列挙し、それを「福祉機能」と呼称している。社会機能と福祉機能は、位相の異なる機能である。社会福祉士養成講座編集委員会編（2009）『現代社会と福祉』中央法規、p.49を参照。
3　しかし、このことは福祉国家のもつ基本的に矛盾した諸原理に由来しているといえるだろう。福祉国家は、経済システムを受け入れつつ、同時にそれを管理しようとしている。また、福祉国家は責任主体としての個人という観念を擁護する一方で、個々人の生活条件の多くが、個人にはコントロールできない外的要因に起因することを容認してもいる。Banks前掲書pp.28-29、邦訳 p.34を参照。

文献
安達智史（2009）「ポスト多文化主義における社会統合について——戦後イギリスにおける政策の変遷との関わりのなかで」『社会学評論』60（3）, 433-448.
Banks, S.（2012）Ethics and Values in Social Work（4th）, Palgrave Macmillan.＝石

倉康次・児島亜紀子・伊藤文人監訳『ソーシャルワークの倫理と価値』法律文化社。
Castel, R. (2009) La *montée des* incertitudes: travail, protections, statut de I'indivudu, Seuil＝2015、北垣徹訳『社会喪失の時代——プレカリテの社会学』明石書店。
Crinall, K. (1999) 'Challenging victimization in practice with young women', in Pease, B. and Fook, J. (eds.) Transforming Social Work Practice, Routledge, 70-83.
遠藤美奈（2004）「『健康で文化的な最低限度の生活』の複眼的理解——自立と関係性の観点から」齋藤純一編著『福祉国家／社会的連帯の理由』ミネルヴァ書房所収、155-186。
Fawcett, B. (2010) 'Vulnerability: Questioning the Certainties in Social Work and Health', International Social Work, 52(4), 473-484.
Fraser, N. (2003) 'From Discipline to Flexibilization?: Rereading Foucault in the Shadow of Grobalization', Constellations: An International Journal of Critical and Democratic Theory, Vol. 10 No. 2, 160-171. ＝2011、関口すみ子訳「規律化から柔軟化へ？——グローバライゼーションの影の下でフーコーを再読する」『思想』No. 1051、岩波書店、60-77。)

——— (2008) Scales of Justice: Reimagining Political Space in Globalizing World, Cambridge, Policy Press. ＝2013、向山恭一訳『正義の秤－グローバル化する世界で政治空間を再想像すること』法政大学出版局。
Foucault, M. (1982) 'The Subject and Power', Beyond Structuralism and Hermeneutics, Chicago, The University of Chicago Press, 208-226. ＝2001、渥海和久訳「主体と権力」『ミシェル・フーコー思想集成Ⅸ』筑摩書房所収、10-32。)
古川孝順（1995）『社会福祉学序説』有斐閣
伊藤文人（2016）「監訳者解題」サラ・バンクス著 石倉康次・児島亜紀子・伊藤文人監訳『ソーシャルワークの倫理と価値』法律文化社所収、273-295。
Jessup, H. and Rogerson, S. (1999) 'Postmodernism and the teaching and practice of interpersonal skills', in Pease, B. and Fook, J. (eds.) Transforming Social Work Practice, Routledge, 161-178.
堅田香緒里・白崎朝子・野村史子・屋嘉比ふみ子（2011）「現代社会における女の位置付け」堅田香緒里・白崎朝子・野村史子・屋嘉比ふみ子編『ベーシックインカムとジェンダー——生きづらさからの解放に向けて』現代書館所収。
児島亜紀子（2004）「主体・主体化あるいは専門知」『社会問題研究』54(1)、1-20。
——— (2012)「ポストモダン社会におけるソーシャルワークの『主体』論」古川孝

順監修、社会福祉理論研究会編『社会福祉の理論と運営——社会福祉とは何か』筒井書房所収、57-75。
―――(2015)「倫理としてのヴァルネラビリティ」『関西社会福祉研究』 1 、19-30。
松宮朝(2012)「コミュニティと排除」『人間発達学研究』 3 、43-52。
宮本太郎(2011)「レジーム転換と福祉政治——包摂と承認の政治学」大沢真理編著『承認と包摂へ——労働と生活の保障』岩波書店所収、191-214。
齋藤純一(2008)『政治と複数性——民主的な公共性にむけて』岩波書店。
新川敏光(2004)「福祉国家の危機と再編——新たな社会的連帯の可能性を求めて」齋藤純一編著『福祉国家／社会的連帯の理由』ミネルヴァ書房所収。
屋嘉比ふみ子(2011)「女性労働問題の課題と展望」堅田香緒里・白崎朝子・野村史子・屋嘉比ふみ子編『ベーシックインカムとジェンダー——生きづらさからの解放に向けて』現代書館所収。

第3章 「性の多様性」との共生

東　優子

1．はじめに．

　21世紀は「人権の世紀」だと言われる。未曾有の悲劇と破壊をもたらした第二次世界大戦の経験と反省を踏まえ、1948（昭和23）年12月10日、人権および自由を尊重し確保するために、「すべての人民とすべての国とが達成すべき共通の基準」を宣言した世界人権宣言が第3回国連総会で採択された。その後、人権保障の基盤となる国際人権法の分野は急速な発展を遂げ、人種差別、女性の人権、子どもの人権など、個別課題を担うさまざまな条約が採択されている。近年、交通手段の発達、経済活動のグローバル化、インターネットの普及などにより、ヒト・モノ・情報の国際的移動が加速している。異なる文化・価値観が立体的に交錯する状況において、「多様性との共存・共生」は、今後ますます重要な課題となる。

　本章が主題とするのは、近年の国際社会および国内がこれまでにない関心を注ぐ「SOGIと人権」である。SOGIとは、性的指向（Sexual Orientation）とジェンダー・アイデンティティ（Gender Identity）の略語を組み合わせた用語で、昨今の国際社会で「性的マイノリティ」にかえて積極的に使用されている。世界では、SOGIを理由とする深刻な差別や暴力が起こっている。しかし、これを人権課題として論じることは、長く「国連のタブー」とされてきた（Mingst, et al., 2016）。実は、国際人権保障システム最大の弱点は、マイノリティの保護に関する消極性と制度的不備にあるとも言われる（元、2010）。障害者権利条約が国連で採択されたのも21世紀に入ってからのことであり、民族的・宗教的・言語的マイノリティに関する人権条約は未だ存在していない。それでもなお、現在まで過去20年ほどの間に「性的マイノリティ」に係るさまざまな声明・宣言、決議が採択されており、2012（平成

24)年の国連人権理事会でも、これが「我々の時代において極めて重大で、無視されてきた人権上の課題」であることが改めて確認され、問題解消に取り組んでいくことが宣言された。

ところで、本章のタイトルに登場する「性の多様性」に「　」をつけていることには意味がある。人権の文脈で「性的マイノリティ」について論じられる際に強調される「性の多様性」というのは、実はそれほど「多様」な存在を扱っているわけではない。今日的議論における「性的マイノリティ」の射程はかなり狭い。まずは、理由の説明を兼ねて、性をめぐる抑圧と解放の歴史が刻印された用語の変遷から見ていくことにしよう。

2．「性的マイノリティ」とは誰か

「（多数に対しての）少数・少数派」という意味であるminoritiesを「マイノリティ」とカタカナで表記する際、「数」に注目した話をしているわけではない。アパルトヘイト時代の南アフリカ共和国における白人層などは、黒人と比して数は少なくとも、「マイノリティ」とは呼ばれない。逆に、人口の半分を占める女性をして「マイノリティ」と呼ぶこともある。ここでいうマイノリティとは、社会構造的に差別・抑圧を受けている集団であり、主権を奪われ、機会と処遇における不平等を強いられ続けている人びとのことである。

人権用語としての「性的マイノリティ」は、さらに限定した意味で使用されている。字義からすれば「性のありようにおいて、多数派とは異なる人びと」を意味するが、実際の運用においては「性的指向もしくは性行動・実践において、支配的な異性愛パラダイムとは異なる人びと」（UNESCO、2011）を指す。国内外の諸文献では、その定義の詳しい説明よりも、具体的例として、レズビアン（Lesbian）、ゲイ男性（Gay）、バイセクシュアル（Bisexual）、トランスジェンダー（Transgender）などが紹介されることが多い。昨今、国内でもよく聞かれるようになったLGBTは、これらの頭文字を組み合わせたものである。

性的マイノリティの語源は、スウェーデンの精神科医が60年代に著した*The Erotic Minorities: A Swedish View*（Ullerstam、1967）の書名にある

「エロティック・マイノリティ」である。当時、LGBTを指す用語には「異常性愛者」や「性的倒錯者」などしかなく、これを遺憾に思った著者が、戦後の人権運動で使用されていた「エスニック・マイノリティ」をヒントに造語したという（Lennerhed、2014）。19世紀以降の近代精神医学・精神分析学によって人間の性愛や性行動が類型化された結果、LGBTのありようもまた「異常性愛」として病理化され、スティグマ化されていた。エロティシズムは人間の性（セクシュアリティ）を構成する要素の一つに過ぎないため、より包括的な意味である「性的マイノリティ」という用語に変更されたわけだが、変わったのは単語だけではなかった。つまり、この言葉の「生みの親」が同情を寄せたのは、マジョリティとは異なる性のありようゆえにスティグマ化されていた存在すべてだったが、「性的マイノリティ」や「性の多様性」に関する今日の議論においては、小児性愛やSM（サディズムとマゾヒズム）など、現代精神医学で「パラフィリア症候群」（日本精神神経学会、2014）に分類される存在はそこに含まれていない。ゲイ男性を中心とする当事者運動に始まるLGBTの人権擁護がメインストリーム（主流）化するプロセスにおいて、「性的マイノリティ」の定義は狭く絞り込まれていった。

　実は、昨今の国連会議や刊行物では、「性的マイノリティ」という用語さえあまり使用されなくなってきている。その理由のひとつは、この用語の広義概念にある。LGBTの権利を人権として認めない反対勢力は、「共在において否定的な社会的アイデンティティをもつ者」（ゴッフマン、1963）を広く捉える概念を利用として、議論を紛糾させることがある。そこで、「誰」や「何」の話をしているのかを明確にするためにLGBTやSOGIといった用語が使用されるようになったのである。（別の理由については後述する。）

3．「性の多様性」をめぐる不都合な事実

　性（セクシュアリティ）をめぐる議論には、異なる文化・価値が激しく対立するのが常である。性の権利は、性教育者である山本直英（1997）の言葉を借りれば「人類最後の人権」なのである。たとえば、「性と生殖に関する健康と権利」という概念が初めて公式に提唱された1994（平成6）年の国連人口・開発会議（通称カイロ会議）は、「カイロ行動計画」の採択をめぐって

紛糾し、議論は難航を極めた。「生殖に関する権利」には、子どもをもつかもたないか、もつとすればいつ、何人もつかを決める自由の保障などが含まれる。つまり避妊手段や人工妊娠中絶へのアクセス、婚姻関係にある夫婦と嫡出子に限定されない「多様な家族」のありようなどに言及するものであるが、これらは特定の宗教における教義に反する。そこに「性の権利」を重ねるともなれば（本来、性の権利は生殖の権利を包括する上位概念なのだが）、性的自己決定や同性愛などが含まれることになるため、さらに強い反発を招く。同会議の成果物として「カイロ行動計画」を採択するにあたり、草案の段階では「性と生殖に関する健康と権利」という文言が提唱されていたが、最終的には「生殖に関する健康と権利」に変更されることになった。「性の権利」概念に反対する勢力との調整がつかず、削除されることになったのである（東、2008）。

こうした状況のなかで、「国連のタブー」を破り、SOGIを理由とする暴力や差別の解消に取り組んでいくと宣言されたことがいかに画期的なことであったかは、強調するまでもない。前項で触れた「排除」の問題は、そもそもこうした合意形成が困難な「性の権利」をめぐる状況に加えて、以下に述べる事情が複雑に絡んでいる。

「精神科医のバイブル」の異名をとる米国精神医学会のDSM（精神障害・疾患に関する診断と統計マニュアル）は、世界中で参照され強い影響力をもつものである。最新版であるDSM-5（American Psychiatric Association、2013）には「パラフィリア症候群」という章があり、小児性愛障害、フェティシズム障害、異性装障害などはここに記載されている。これとは別に「性同一性障害」改め「性別違和」に関する章もある。皮肉を込めて言うならば、DSMに記載されている限りにおいて性別違和は「立派な」精神疾患である。同性愛もかつてはDSMに記載された疾患概念・診断名だったのであり、「治療」という名のもとで、長期にわたる精神療法、嘔気をもよおす薬物を投与する「嫌悪療法」、あるいは電気ショックやロボトミーが行われてきた。（現在では、こうした異性愛に「転向」させることを目的とするあらゆる介入について、国内外の主要専門機関・学会がこれを有害とする非難声明を発表している。）精神医学における分類概念が細分化されるまでは、同性愛も、性転換症も、

異性装症も、小児性愛も、すべては同じ「性嗜好異常」だった。

今日、同性愛という「性的指向（orientation）」が「性的志向（intention）」や「性的嗜好（preference）」と明確に区別して語られる背景には、こうした暗黒の歴史がある。「性的指向」が論じられる際には、Born This Way（生まれつきこうなんだ）という言葉を伴って、暗にそれが先天的要因に規定されていることが強調されることも多いのだが、それは科学的知見というより、政治的戦略や感情的反応によるところが大きい。実際のところ原因に関する科学的な結論は出ていないのであって、性の多様性は先天的要因と後天的要因の複雑な交互作用の結果である、というのが最も科学的な説明である。つまり、「性的嗜好」と言われるものにしても、それが先天的要因の影響を受けたものであってもおかしくないのだが、小児性愛と同一視されることへの嫌悪感・拒絶感はLGBTコミュニティ内でも非常に強く、それゆえに「自分たちは」Born This Wayなんだということがことさらに強調される。

世界にはまだ、同性愛や同性間の恋愛・性行為を犯罪化している国が約80ヵ国も存在しており、その約1割に相当する国では、最高刑に死刑が言い渡されることもある（国連人権高等弁務官事務所、2016）。異性装や異性役割行動に対して罰金や禁錮刑を科す国や地域も、イスラム圏を中心として多く存在しており、深刻な人権侵害事件は後を絶たない（Health Policy Project et al., 2015）。「神への冒涜」あるいは「不自然・異常」といった非難の存在は、イスラム圏に限らない。根強い差別偏見を解消し、人権擁護を推進していくためには、少なくとも他者への人権侵害事例（とくに性的虐待）を引き起こす原因や存在とは明確な区別が必要となる。小児性愛を例にとれば、「性的同意年齢」（性行為への同意能力があるとみなされる年齢の下限）に満たない子どもを相手にした性行為は犯罪である。たとえ実際の行為を伴わない空想を楽しむだけであっても、その対象が子どもであることは強い感情的反応を伴う倫理的・道徳的非難を引き起こす。LGBTの人権擁護をめぐる議論、あるいは「性の多様性」をめぐる議論が、実はそれほど「多様な存在」を扱っているわけではないという背景には、複合的スティグマをめぐる問題が関係しているのである。

4．専門家主義 vs. 当事者主権

　LGBTのTにまだ馴染みの薄い日本では、「トランスジェンダー（性同一性障害者を含む）」といった説明をよく見かける。しかし、これは二つの意味で間違いである。まず、日本では「性同一性障害者」という自称が定着しており、そうした当事者の間には「自分たちはトランスジェンダーではない」という主張がある。諸外国で「性同一性障害者」という言葉を聞くことはないが、日本の当事者が尊厳とプライドを込めた「性同一性障害者」という自称に他者が勝手な説明を加えることはできない。「主体的な名のり」を尊重するというのは、人権的アプローチの基本である（これが、国連がLGBTを採用しているもうひとつの理由でもある）。次に、トランスジェンダーという自称は、自分たちのありようを病理化し続ける社会を批判する当事者運動から生まれたものである。つまり、性同一性障害という疾患概念とは「水と油」の関係にあるのであって、この二つを混ぜることはできない。

　諸外国では、トランスジェンダーの病理化こそが偏見・差別・スティグマの原因であるとの主張が繰り返されている。国際的診断基準であるDSM-5の改訂に際して世界規模のStop Trans Pathologization（トランスを病理化するのをやめろ）キャンペーンが始まり、現在はもうひとつのWHO国際疾病分類（ICD-11）が改訂作業中であることから、引き続き展開されているところである。補足しておくと、同性愛が1970年代に脱病理化をはたしたのに対して、「性同一性障害」や「性別違和」といった診断概念が存在し続ける理由のひとつは、ホルモン療法や手術といった医療サービスへのアクセス、あるいは保険制度の利用を確保する必要があるという点にある。そこでトランスジェンダーの健康に関わる主要学会や国際NGOは、大幅改訂されるICD-11について、Gender Incongruence（ジェンダーの不調和、の意）という新名称を提案した上で、現在の精神疾患という位置づけから移動させる先として、「性の健康に関する状態」という新カテゴリーを設置するよう提唱している（Winter et al., 2016）。美容整形の例を挙げれば、医療サービスを受けるために消費者が「診断」を受けなければならないということはない。「健康」というのはウェルビーイング（well-being）な状態にあることであり、

「疾病や障害の有無にかかわらず、その人がその人なりによりよい状態にあること」（芦野、1998）という言葉に置き換えるとわかりやすい。これが阻害されている場合に、その個人が必要とする医療サービスへのアクセスを保障していけるようにしようというのが、新カテゴリー設置の趣意である。

　こうした当事者団体や専門家の声に敏感に反応して、国連諸機関が刊行するLGBTの人権啓発資材には「性同一性障害（者）」という文言が（診断概念の説明を除いて）使用されず、トランスジェンダーで統一されている。しかし、1990年代半ばの埼玉医科大学倫理委員会の答申（性別適合手術を性同一性障害の正当な医療行為として認めたもの）を嚆矢として医学モデルに依拠した支援システムを構築してきた日本では、かなり事情が異なる。「性同一性障害（者）」が行政や支援者が使用する用語としてはもとより、前述したように当事者自身の自称として、あるいは当事者団体の名称として使用されている。自分自身にとっても、他者との関係性においても、自身の状態を説明あるいは「翻訳」する言葉として、この医学用語が便利かつ有効なのだろうと想像する。しかし、こうした「性同一性障害大国」ともいうべき状況は、SOGIの多様性が不可視化されやすく、さまざまな取り組みがスローガンに掲げる「多様性の尊重」が虚しい響きを帯びるという負の作用も否定できない。医学モデルや専門家主義の問題点は、当事者の苦悩や生きづらさを個人に帰属させ、社会の側にこそある問題を隠蔽してしまう点にある。さらに、専門家という「門番」の影響力の強さに比例して、「診断」や「審判」を受ける側に立たされる当事者の主権（パワー）が弱体化されてしまう危険もある。脱病理化運動や以下に紹介する性別承認をめぐる新しい潮流は、そうしたありようを変えていこうとする取り組みなのである。

　日本における性別承認は、2004（平成16）年に施行された「性同一性障害特例法」に基づいて行われており、最高裁判所の発表では、2015（平成27）年12月末までに6,021名が戸籍の変更を行っている。しかし、これを申請するにあたっては、性同一性障害の診断を受けていることに加えて、断種（不妊化）を目的とした手術などの医学的介入を含めた「5要件」を満たさなければならない。一方、アルゼンチンやデンマークなどでは簡易な自己申告で性別変更ができるようになっており、国内の現行法が要件とする「専門家に

よる診断」も「意見書」も、「ホルモン療法・手術療法」も必要としない。日本より一足早く性別承認法が施行された英国でも、性別変更に「ホルモン・手術」は必要ない。

　身体の自律（autonomy）と完全性・統合性（integrity）は、国際法が保障する基本的人権である。2007（平成19）年に提唱された「性的指向と性自認の問題に対する国際法の適用に関するジョグジャカルタ原則」の第3原則には、「各個人の自己定義された性的指向やジェンダー・アイデンティティは人格に不可欠であり、自己決定、尊厳、自由の最も基本的側面の一つである。性別適合手術、強制的な不妊手術などの断種、ホルモン療法を含め医療処置を受けることを、自認する性別への法的変更の要件として強制してはならない。既婚である、親であるといったいかなる立場も、ジェンダー・アイデンティティの法的承認を妨げるものにはならない」と明記されている。さらに2014（平成26）年、WHOなど複数の組織は共同声明を発表し、不妊手術などの断種を条件として要求することは、身体の保全、自己決定、人間としての尊厳の尊重に反するものであり、トランスジェンダーの人々に対する差別を生み、永続化させるものである」と明確に非難している（OHCHR et al., 2015）。この共同声明では、「十分かつ自由な説明に基づく同意（full, free and informed consent）」という文言が繰り返し登場する。医療サービスを受けようとする者については、外部からの制限や同調圧力を受けることのない環境で十分な情報と選択肢が与え、その上でその医療サービスを受けるかどうかを自己決定できるように保障すべきである、という意味である。

5．多様性の尊重とインクルージョン

　日本では、10年以上も前から、法務省人権擁護局が発表する人権課題の重点項目として「性的指向を理由とする差別」および「性同一性障害を理由とする差別」が挙げられてきた。日本政府は、世界人権宣言60周年にあたる2008（平成20）年の第63回国連総会に提出された「SOGIを理由とする暴力やハラスメント、差別、社会的排除、恥辱、偏見を批難する声明文」に署名し、国連のLGBTコアグループ[注5]に参加するアジア地域で唯一の国でもある。さらには、近年の国連人権理事会で相次いで採択された、SOGIを理由とす

る差別の撤廃に関する2つの決議についても支持を表明している。

　しかしその一方で、日本政府は、2008（平成20）年の国連人権理事会の人権状況審査により、SOGIに基づく差別を撤廃するための措置を講じるよう勧告されており、その6年後にも、日本の状況を審査した自由権規約委員会によって、同じく状況改善を求められている。日本は、性的指向や性別自認を理由とした差別を禁止した法律を持たず、婚姻の平等を保障していない（同性婚あるいは、国家レベルでパートナーシップ制度を公認していない）先進国で唯一の国なのである。日本の現状と課題を調査した国際人権団体は、次のように批判している。「日本のLGBTの人々はその他の人びとと平等な立場にあるとは言えない。平等でないばかりか、その存在がまるで見えないように世間で扱われている。性的指向やジェンダー・アイデンティティに基づく人権侵害からの保護、あるいは侵害に対する補償を明記する国内法は存在しない。」（ヒューマン・ライツ・ウォッチ、2016）

　東京オリンピックの開催が決まり、国際社会との協調を意識せざるをえない状況を迎え、国内の動向がにわかに活発化している。2014（平成26）年に発表された内閣府「自殺総合対策大綱」には、「自殺念慮の割合等が高いことが指摘されている性的マイノリティについて、無理解や偏見等がその背景にある社会的要因の一つであると捉えて、理解促進の取組を推進する」と明記された。文科省は『性同一性障害や性的指向・性自認に係る、児童生徒に対するきめ細かな対応等の実施について（教職員向け）』（2016）と題した資料冊子を刊行し、それ以前の2010（平成22）年と2015（平成27）年にも、全国の教育委員会等に児童生徒の心情等に十分配慮した対応を要請する通知を発令している。また同冊子には、2014（平成26）年に同省が実施した初の全国調査の結果も反映されている。

　大阪市淀川区の「LGBT支援宣言」をはじめとして、SOGIを理由とする困難の解消に取り組む地方自治体も増えている。2015（平成27）年11月には、日本で初めて、渋谷区と世田谷区が同性同士のカップルが「結婚に相当する関係」にあることを認める証明書の交付を始め、同様の動きが三重県伊賀市、兵庫県宝塚市、沖縄県那覇市、札幌市など、複数の自治体に広がっている。さらに、2013（平成25）年12月には、「男女雇用機会均等法」第11条

1項の解釈の基準を示した厚生労働省の指針が交付され、同性間の言動もセクシュアル・ハラスメントになることが盛り込まれた。2016年12月1日に人事院が発令した規則ではさらに明確に、「性的指向若しくは性自認に関する偏見に基づく言動」が国家公務員におけるセクシュアル・ハラスメントに含まれることが明記されている。2015(平成27)年には、超党派による「性的少数者問題を考える国会議員連盟」が発足し、LGBTの人権に関する包括的な法律の制定に関する検討も始まった。[注6]

SOGIを理由とする差別をおこなった者への処罰の必要性は、日本政府が署名した「SOGIに関する声明」にも明記されている事柄であり、諸外国には差別禁止法の例がいくつもある。国家レベルの例を挙げれば、フランスの「差別禁止法」(2008)第1条には、「それが真実のことであれ、仮定的なことであれば、その者が民族若しくは人種に属していること又は属していないこと、そのものの持つ宗教、心情、その者の年齢、障害、性的指向又は性別を理由として、その者が比較可能な状況において、他の者が扱われるよりも不利益に取り扱われる場合に直接差別が生じる」とあり、その他にもスウェーデンの「差別禁止法」(2008)、ニュージーランドの「人権法」(2008改正)イギリスの「平等法」(2010)などの例がある。日本には、こうした「差別禁止法」のような上位法は存在していないが、2016年4月に施行された「障害を理由とする差別の解消の推進に関する法律」(いわゆる「障害者差別解消法」)の例などがある。この法律に倣って、「差別の禁止」という文言を明記し、SOGIを理由とする差別の解消の推進に関する基本的な事項、行政機関等および事業者におけるSOGIを理由とする差別を解消するための措置等を定めた法律を制定することは不可能ではない。

ダイバーシティ(多様性)の推進という観点からみても、これを推進しようとしても、組織の構造や意識が変わらない限り個人の十分な活躍は制限され、暗示的な排除の集団内力学が人材流出を招くことになる。長年の経験を教訓として、企業活動においても、「D&I(ダイバーシティ&インクルージョン)推進」が盛んに唱えられているところである(堀田、2008)。障害者福祉分野ではよく知られた、この「インクルージョン」や「合理的配慮」の理念と教訓は、それぞれに異質でかけがえのない存在が共存・共生する社会の実

現には、多様なニーズに応じたさまざまな調整が必要になってくるということにある「生きづらさ」というのは、仮に当人はまったく変わらなかったとしても、社会的環境が変われば、その量も質も変わってくる。

6．さいごに

本章では、冒頭でSOGIという新しい概念を紹介した。これが、アイデンティティ・ラベルとは独立したものであることによって、より多様な存在（個々の差異）を顕在化させることができる。そして、個々の差異に注目することによってマジョリティ／マイノリティという価値の序列が解体されるとき、「多様性と共生する社会」への道が開かれることが期待される（津田、2000）。SOGIという概念を、LGBTなどマイノリティを語るためだけに使用するのでは、もったいない。これは異性愛者やシスジェンダーなど、マジョリティのありようを相対化するための言葉でもある。そうして、「理解」という言葉が、他者（マイノリティ）についての知識を深めることについてではなく、むしろマジョリティや社会が自分たち自身を捉え直すためにある言葉として使われるようになるとき、共存・共生社会の実現に大きく近づくのかもしれない。

注
1 人種差別撤廃条約（1965国連採択／1995日本加入）、国際人権規約・自由権規約（1966国連採択／1979日本批准）、国際人権規約・社会権規約（1966国連採択／1979批准）、女性差別撤廃条約（1979採択／1985締結）、拷問等禁止条約（1984国連採択／1999日本加入）、子どもの権利条約（1989国連採択／1994日本批准）、移住労働者権利条約（1990国連採択／日本未締結）、障害者権利条約（2006国連採択／2014日本批准）、強制失踪者保護条約（2006国連採択／2007締結）
2 SOGIにジェンダー表現（Gender Expression）のEを追加したSOGIEや、インターセックス（Intersex）のIを追加したSOGIIといった表記も使用されている。
3 性的マイノリティの定義のその他の例としては、「性的マイノリティとは、性的指向およびジェンダー・アイデンティティのありようが、異性愛規範によるセックス、セクシュアリティ、ジェンダーに関するカテゴリー、あるいは男性／女性および異性愛／同性愛といった二項対立的な捉え方の範疇外にある人びと」（Grace, 2009）など。既存の文献のなかでは、SGM（Sexual and Gender

Minorities）として捉え直したPark（2016）による説明がもっとも詳しい。
4 性科学における「性（セクシュアリティ）」の定義は以下の通りである。「人間であることの中核的な特質の一つであり、セックス、ジェンダー、セクシュアルおよびジェンダー・アイデンティティ、性的指向、エロティシズム、情動上の愛着または愛情、および生殖を含む。セクシュアリティは、思考、幻想、欲望、信念、態度、価値、活動、習慣、役割、関係性などにおいて経験され、あるいは表現される。セクシュアリティは生物学的、心理学的、社会・経済的、文化的、倫理的、宗教的あるいはスピリチュアルな諸要素の相互作用がもたらす結果の一つである。セクシュアリティはこれらの側面のすべてを含みうるが、これらの特性すべてが経験され、表現される必要はない。我々のセクシュアリティは、我々のありようや、我々が感じ、考え、行なうことにおいて経験され、表現される。」(PAHO et al., 2000)
5 「LGBTコアグループ」とは、アルゼンチン、ブラジル、クロアチア、EU、フランス、イスラエル、日本、オランダ、ニュージーランド、ノルウェー、米国と国連人権高等弁務官、さらに2つの国際NGOが参加する地域横断的なグループのこと。
6 本章執筆の段階では、「理解増進」と「差別禁止」をめぐって与野党の意見が対立し、膠着状態に陥っている状態にある。野党案が「差別禁止」を明記しているのに対して、政府与党案では、「勧告の実施や罰則を含む差別の禁止とは一線を画し、あくまで社会の理解増進を図りつつ、当事者の方が抱える困難の解消」（自民党、2016）を図ることが、目指すべき方向性であるとの考え方が示されている。

引用文献

芦野由利子（1998）リプロダクティブ・ヘルス／ライツ概論．北村邦夫編著『リプロダクティブ・ヘルス／ライツ』メディカ出版．pp.10-22.

国連人権高等弁務官事務所／UNHCHR（2016）『みんなのためのLGBTI人権宣言：国際人権法における性的指向と性別自認（BORN FREE AND EQUAL）』山下梓訳、合同出版.

ゴッフマン A.（1963/1970）『スティグマの社会学―烙印を押されたアイデンティティ』石黒毅訳、せりか書房．

自由民主党（2016）「性的指向・性自認の多様なあり方を受容する社会を目指すためのわが党の基本的な考え方」自由民主党政務調査会性的指向・性自認に関する特命委員会（2016年4月27日）.

津田英二（2000）「『障害文化』概念の意義と課題：共生の社会教育のための理論構築に向けて」神戸大学発達科学部研究紀要7（2）：87-100.

日本精神神経学会精神科病名検討連絡会（2014）DSM－5病名・用語翻訳ガイドライン（初版）. 精神神経学雑誌 116(6)：429-457.

東優子（2008）リプロダクティブ・ヘルス／ライツと性的少数者：「健康」概念を取り込む戦略の行方．北九州市立男女共同参画センター"ムーブ"編『ジェンダー白書6』明石書店．
ヒューマン・ライツ・ウォッチ（2016）出る杭は打たれる．Retrieved from http://www.hrw.org
堀田恵美（2008）ダイバーシティに代わる注目のキーワード「インクルージョン」．企業と人材 41(926)：39-41．
山本直英編著（1997）『セクシュアル・ライツ：人類最後の人権』明石書店．
文部科学省：性同一性障害や性的指向・性自認に係る，児童生徒に対するきめ細かな対応等の実施について（教職員向け）Retrieved from http://www.mext.go.jp/
American Psychiatric Association (2013) Diagnostic and Statistical Manual of Mental Disorders, Fifth Edition, DSM-5. American Psychiatric Association, Washington, D. C.
Grace, A. P. (2009) Still Much Work to Do: The Institute for Sexual Minority Studies and Services at the University of Alberta. In Proceedings of Queer Issues in the Study of Education and Culture: A 2009 Canadian Society for the Study of Education (CSSE) Pre-Conference (Carleton University, Ottawa, May 22, 2009)：6-9.
Health Policy Project, Asia Pacic Transgender Network, and United Nations Development Programme (2015). Blueprint for the Provision of Comprehensive Care for Trans People and Trans Communities. Washington, DC: Futures Group, Health Policy Project.
OHCHR, UN Women, UNAIDS, UNDP, UNFPA, UNICEF and WHO：Eliminating forced, coercive and otherwise involuntary sterilization, 2014.
PAHO／WHO／WAS (2000). Promotion of Sexual Health: Recommendations for Action. 松本清一・宮原忍監修『セクシュアル・ヘルスの推進：行動のための提言』日本性教育協会、2003．
Park, A. (2016) A Development Agenda for Sexual and Gender Minorities. The Williams Institute.
Winter S., De Cuypere, G., Green J., Kane R., and Knudson G. (2016) The Proposal ICD-11 Gender Incongruence of Childhood Diagnosis: A World Professional Association for Transgender Health Membership Survey. Archive of Sexual Behavior 45(7)：1605-1614.
Lennerhed, L. (2014) "Sexual Liberalism in Sweden" in Hekma, G. and Giami, A. (eds.) Sexual Revolutions (Gender and Sexualities in History). Palgrave Macmillan: 25-45.
Mingst, K., Karns, M., and Lyon, A. (2016) The United Nations in the 21st

Century (Dilemmas in World Politics). Westview Press.
OHCHR, UN Women, UNAIDS, UNDP, UNFPA, UNICEF and WHO：Eliminating forced, coercive and otherwise involuntary sterilization, 2014.
PAHO／WHO／WAS (2000). Promotion of Sexual Health: Recommendations for Action. 松本清一・宮原忍監修『セクシュアル・ヘルスの推進：行動のための提言』日本性教育協会、2003.
Ullerstam, L. (1967) The Erotic Minorities: A Swedish View. London: Calder & Boyars.
UNESCO (2011) Human Rights Protections for Sexual Minorities in Insular Southeast Asia: Issues and Implications for Effective HIV Prevention. Retrieved from http://unesdoc.unesco.org.
Winter S., De Cuypere, G., Green J., Kane R., and Knudson G. (2016) The Proposal ICD-11 Gender Incongruence of Childhood Diagnosis: A World Professional Association for Transgender Health Membership Survey. Archive of Sexual Behavior 45(7)：1605-1614.

第4章　親密な関係性における暴力（インティメート・パートナー・バイオレンス）の多面的検討
　－多様なパートナーへの暴力を含んで－

山中　京子

1．はじめに

　現代社会が直面している人に対する重大な人権侵害の一つに、ドメスティック・バイオレンスがある。ドメスティック・バイオレンス（以降DVと略記する）とは、英語のdomestic violenceをカタカナで表記した言葉であり、日本語に直訳すると「家庭内暴力」となる。だが、DVという言葉は、家庭内という場所でおこる暴力全般を指すのではなく、もう少し限定的に異性愛の配偶者間あるいは恋人間という親密な関係性でおこる暴力を、そしてさらに配偶者や恋人のうちでも特に女性配偶者や恋人に対する男性配偶者や恋人からの暴力を示す概念として広く世界中で認識が定着してきた。

　しかし、近年欧米を中心に研究者や支援の実践家の中から従来のDVという概念に代わり、配偶者あるいは恋人間という親密な関係性に起こる暴力という視点に焦点づけたインティメート・パートナー・バイオレンス（親密な関係性における暴力）（以降IVPと略記する）という概念を用いて、異性愛の女性パートナーに対する男性パートナー（以降本論では法的な婚姻関係にあるかないかに関わらず親密な関係にある相手をパートナーとして記述する）からの暴力はもちろん、それ以外のさまざまな立場のパートナーに対する暴力を視野に入れ、研究や実践を行う動きが見られる（Humpton、2005／Mitchell、2009／Allen、2013）。

　また、従来用いられてきた意味でのDVではなく、この言葉の原義である「家庭内」という視点を重視し、家庭内の間柄でおこるさまざまな暴力（配偶者間暴力、子ども虐待、子どもによる家庭内暴力、高齢者虐待など）をすべて包含したファミリー・バイオレンスという概念で研究を展開する研究者も現

れている（井上、2005、2015／山西、2005）。

　著者は、配偶者間あるいは恋人間などパートナー間の親密な関係で起こる暴力、特に女性パートナーに対する男性パートナーからの暴力にここ10年ほど研究と実践の両面で深い関心を寄せてきた。調査研究、分析や理論化、実践のどの面においても、親密な関係の中でも女性パートナへの男性パートナーからの暴力に関するその蓄積は分厚い。そこで、本論ではまずこの分析や理論化の成果を今一度振り返り、ここまでの研究においてパートナー間の親密な関係について解明されてきたことを検討する。その検討を踏まえ、IVPという枠組みでさらに多様な関係性におけるパートナー間の暴力の問題を指摘したいと思う。その多様性には、女性パートナーから男性パートナーへの暴力やゲイやレスビアンの同性愛カップルにおける暴力を含める。また、最後にIVPを含むカップルや家族などの個人的な関係でおこるさまざまな暴力を包含し、分析することの今後についても若干言及したい。

2．異性愛における女性パートナーへの男性パートナーからの暴力

1）日本における現状

　現在日本で配偶者などの親密な関係性で起こる暴力を規定する法律は「配偶者からの暴力の防止及び被害者の保護等に関する法律」（平成13年制定、以降DV法と略記する）である。この法律はその前文で「配偶者からの暴力は、犯罪となる行為をも含む重大な人権侵害である」とあり、この暴力が「夫婦喧嘩」といった個人的な問題ではなく、人権に対する重大な侵害であるとの考えを示すとともに、「配偶者からの暴力の被害者は多くの場合女性である」ことに言及し、この法律の名称では「配偶者」と性別を特定しない表現を用いてはいるが、実際には暴力の被害者として積極的に女性を認識していることを示している。

　実際、日本で実施された配偶者間での暴力に関する調査研究では、平成26年度の内閣府「男女間の暴力に関する調査」（2016）によれば、女性では、配偶者（事実婚、別居中の夫婦、離婚した配偶者を含む）から何らかの暴力（身体的暴力、心理的攻撃、経済的圧迫、性的強要）を受けた経験のある者は、23.7％に及んでおり、女性の約4人に1人が暴力を経験している結果となっ

第4章 親密な関係性における暴力(インティメート・パートナー・バイオレンス)の多面的検討
－多様なパートナーへの暴力を含んで－

ている。

2）ジェンダー論そして権力構造の視点からの暴力の分析

女性パートナーへの男性パートナーからの暴力の歴史は長く、近代以前のはるか古代にまでさかのぼると考えられているが、この暴力に関する詳細な研究はようやく1970年代より欧米で始まった。もはや古典といえる研究が、アメリカの心理学者であるレノア・ウォーカーによる一連の研究であり、その代表的な著作が「バタードウーマン　虐待される妻たち」(1979) である。これらの研究は1960年代後半に始まり女性の人権の尊重を目差して展開した女性解放運動（フェミニズム）の潮流に現れた成果の一つに位置づけられる。女性パートナーへの男性パートナーからの暴力は、女性に対する暴力という文脈のなかで可視化されてきたのである。

本節では、「バタードウーマン　虐待される妻たち」(1979) で示された女性に対する暴力の詳細な諸相、暴力の女性被害者と男性加害者の心理社会的特徴をまず見ていきたい。ウォーカーは、この著作で、多くの女性被害者への面接調査の結果に基づき、いまやDVを理解する上での常識となっている「暴力のサイクル理論」や被害者に見られる「学習性無力感」などの概念を初めて提示した。また、調査結果から従来から信じてこられた暴力に関する神話を解体し、現実に起こっている状況を明らかにした。その分析において、ウォーカーは、暴力被害女性の特徴として、彼女らがもっている伝統的な性別役割意識を描き出している。それらはたとえば、家事をうまくこなすこと（料理など）は女性の役割である、家庭内のいろいろな事柄（家計、育児など）をうまく管理することは女性の役割である、夫の感情をうまく受け止めることは妻の役割である、女性は家の外で働くより家にいるのがふさわしい、女性が社会で自立することはいろいろな面で難しいといった性別役割意識である。そして、また彼女らの心理・社会的特徴として、自己評価が低下している、加害者の行為について自らの責任を感じている、罪悪感を抱いているが自分自身が恐怖と怒りを感じていることを否定するといった点を指摘している。

ウォーカーが指摘した彼女らの性別役割意識と心理・社会的特徴は相互作

用しながら、被害者が親密なパートナーとの間の暴力関係・暴力生活を受け入れ、それを継続していくことつまりドDVという現象が生じることに寄与していると考えられる。たとえば、家事をうまくこなすことは女性の役割である→女性としてこの役割を充分にこなせなければならないがそれができていないから加害者からの暴力が起こる→できていない自分が悪い→もっと自分が努力したら事態は変化させられる→だから努力し続け、その結果暴力のある生活にとどまり続けるという相互作用を起こしていく。

　ウォーカーは、この著作の中で、個人的な領域でおこる個人的問題とされ、長い間社会的問題として顕在化されてこなかった女性パートナーへの男性パートナーからの暴力について、その暴力の特徴を詳細に分析しただけでなく、この暴力が生じる原因にわれわれの社会が持つ伝統的な性別役割意識が大きく関わっていることを明確に指摘した点で画期的であった。

　ウォーカーに続き、女性パートナーへの男性パートナーからの暴力について現在までに多くの研究が行われてきた。それらの研究の中に、この暴力の本質をわかりやすく示す概念枠組みとして、1984年にアメリカのミネソタ州ドゥルーズ市のDV介入プログラムが開発し、提唱した「権力と支配の車輪」と呼ばれる概念枠組みがある。この枠組みでは、女性パートナーへの男性パートナーからの暴力の本質とは、身体的暴力以外にも性的暴力、精神的暴力、経済的暴力、社会的暴力、子どもに対する暴力など多様な暴力形態があり、それらの具体的な暴力が被害者の自尊感情・心理的な安定や社会的な立場などさまざまなものを奪い、その結果として加害者が被害者を管理し、支配していくことであると説明している（ペンス＆ペイマー、2004）。つまり、さまざまな具体的な暴力は被害者を管理する手段であり、被害者への支配を実現するための方法なのである。またさまざまな具体的な暴力が作動する以前にすでに加害者と被害者の間には権力の差が存在しており、権力を持つ加害者がその権力を背景に暴力を作動させるとも指摘している。その権力として、戒能（2006）は、男性加害者の持つ社会的地位、経済力、体力などを指摘している。それらの他に対人的コミュニケーションにおける説明能力の高さが対人的コミュニケーションにおいては権力として機能することも考えられる。それらの元々持っている権力を背景に、さまざまな暴力を作動さ

第4章 親密な関係性における暴力(インティメート・パートナー・バイオレンス)の多面的検討
――多様なパートナーへの暴力を含んで――

せ、その結果として被害者の行動、思考、心理、社会的関係などを支配していくこと、そして、その過程で被害者の人間としての権利の重要な構成要素である自由な行動、思考、心理、社会的関係が奪われていくことが女性パートナーへの男性パートナーからの暴力の本質であるといえる。

　また、「権力と支配の車輪」という概念枠組みでは、伝統的な性別役割意識が持つこの暴力への影響はどのように考えられているのだろうか。「権力と支配の車輪」の説明図では、精神的暴力、経済的暴力、社会的暴力と並び被害者を支配する手段として「男性の特権を振りかざす」ことを挙げており、男性が女性よりもさまざまな特権を持つ存在(たとえば、重要な決定は男性が行うなど)だという性別役割意識がさまざまな暴力を肯定する源泉となっていることを示している。またペンス＆ペイマー(2004)はドゥルーズ市のDV介入プログラムに参加する加害男性へのインタビュー調査などから加害男性に共通する信念として、「女は男に支配されたがっている。」、「男はパートナーが誰とつきあうか決める権利がある。」といった男性優位の性別役割意識があることを報告し、加害者の更生プログラムの経験からこの信念が暴力の行使を容認させる根拠となっていることを指摘している。

　このように女性パートナーへの男性パートナーからの暴力に関する可視化と分析では、その動きが始まった当初よりわれわれの社会が維持してきた性別役割意識とそれらを背景として生じている男女間の権力構造をその暴力の大きな要因とするジェンダー論の立場からの分析が主流となり、それらは現在にまで引き継がれ、この暴力に関する検討を牽引してきた。

3）人間関係そして個人的要因の視点からの暴力の分析

　長い間女性パートナーに対する男性パートナーからの暴力についてジェンダー論に基づく社会構造の視点からの分析が主流であったが、一方でウォーカーの頃より男性加害者の特徴的な対人関係や心理状態は記述されていた。その分析は2000年以降男性加害者研究として本格化し、ジェンダー論とは異なる立場で女性パートナーに対する男性パートナーからの暴力の要因を検討している。

　カナダの心理学者であるドナルド・ダットンは、加害者の心理的特徴と

パーソナリティーについて一連の研究を行っている。ダットンは、『なぜ夫は妻をなぐるのか？』(2001)において、男性加害者が女性のパートナーに暴力をふるう要因を医学、ジェンダー論、社会学習論の3つの視点から論じている。まず一つ目は医学的な説明である。暴力行為が発作的に起こることやその抑制が難しい点から加害者は脳に何らかの神経学的欠陥があるのではないかとの身体医学に原因を求める説が従来からある。これはウォーカー(1979)も言及していることである。しかし、ダットンはこの説は脳の神経組織に何らかの欠陥がある人がなぜ女性パートナーだけをそれもプライベートな場所で選択的に攻撃するのかに答えてはおらず、脳の構造的欠陥説ではこの暴力のすべてを説明できないと指摘する。続いて二つ目の説明として、ダットンは加害者がわれわれの社会がいままで男性という性別に求めてきた性別役割意識や男性らしさへの意識を強くもっており、加害者がその意識に根ざして暴力行為を正当化しているとし、ジェンダー論による説明を肯定している。しかし、一方でこの説ではそのような性別役割意識や男性らしさへの意識がある同じ社会で育ってきたにもかかわらず、暴力をふるわない男性たちがいるという事実をうまく説明できないと批判する。ジェンダー論だけでは男性が女性パートナーに暴力をふるうことを完全には説明できないとし、三つ目の説明として、社会学習論を挙げている。この考え方は認知行動理論を基礎とし、暴力のような習慣的な行動は親などの周囲の他者の観察を通じて習得され、自分が実際に暴力を用いてみて得られた何らかの「報酬」(いかりやいらいらなどの感情への対処として暴力を用い、その結果その感情が落ち着くや自分の考えが通るなどのよいことが起こるなど)によって維持・強化されるとしている。また、親密な関係とは暴力まで受け入れる関係だとの学習も行われると述べている。さらに、ダットン(2011)は、近年暴力の原因を単なる社会的に学習された行為という視点からさらに分析を進め幼年期から成人期に渡って形成される虐待的なパーソナリティー構造により発生するものであるとの見解を示している。

　日本では、臨床心理学者である草柳和之が加害男性への心理臨床の経験を踏まえて加害男性の研究を進めてきた。草柳(2004)は、男性パートナーから女性パートナーへの暴力をDSM-4Rによる「依存」の診断基準にあては

第4章　親密な関係性における暴力(インティメート・パートナー・バイオレンス)の多面的検討
－多様なパートナーへの暴力を含んで－

め、暴力への自己コントロールの喪失、被害者の身体的、心理的な損失や加害者本人の悔恨と罪責感が生じているのもかかわらず持続する暴力、被害者をコントロールすることへの強迫的観念などの点からアルコールなどの物質依存やギャンブルなどの行為依存と並べて分類することが可能な「人間関係への依存」であるとの解釈を提示している。さらに、草柳（2000、2004）は、この依存と加害者の性別役割や男らしさに関する意識との関係に言及し、男性は、何らかの要因で元々自尊感情が低下した状態にあり、そのため自分が信じる「男らしさ」が実現されず、心理的に満たされない状態に置かれている。この心理的に不満足な状態を改善し、また低下している自尊感情を再び強化するために、暴力が手段として用いられ、それに依存していくと説明する。

　この草柳の暴力の人間関係依存論に対して、批判的な立場を取るのが中村正である。中村（2001）は、加害者の暴力を依存で捉えると、暴力の責任を分散し、曖昧にすることにつながりかねず、また暴力の対象となっている被害者にこの暴力の依存を保持させている責任の一旦を担わせる誤った議論にすり替えられていく危険性があると指摘している。

　ここまでで、現在までの女性パートナーへの男性パートナーからの暴力に関する被害者および加害者に関する研究を概観し、この暴力が起こる要因について「ジェンダー論そして権力構造の視点から」と「人間関係そして個人的要因の視点から」の2点から見てきた。しかし、前述してきた複数の研究者もすでに指摘しているように、この暴力は、その要因のどちらかではなく、2つの視点の要因が複数重なり合って生じるとの考え方が現在主流となってきており、その認識は国内外の研究者（American Psychological Association Presidential Task Force on Violence and the Family、1996／中村、2001／バンクロフト、2008／ハーウェイ ＆ オニール、2011）によっても示されている。この要因に関するいままでの議論を踏まえた上で、女性パートナーへの男性パートナーからの暴力から視野を広げ、親密なパートナー間でおこる多様な暴力をみていきたい。

3．異性愛における男性パートナーへの女性パートナーからの暴力

　パートナー間での暴力は、いままで女性パートナーへの男性パートナーからの暴力として可視化が進んできたが、近年、異性愛のカップルにおいて男性パートナーへの女性パートナーから暴力の存在が知られるようになってきている。平成26年度の内閣府「男女間の暴力に関する調査」(2016) によれば、配偶者からのこれまでの暴力の被害経験をきいたところ、被害経験が『あった』と答えた女性は23.7%であったと前述したが、被害経験が『あった』と答えた男性も16.6%となっていた。女性パートナーからの何らかの暴力を受けた男性パートナーが確実にいることが報告されている。女性パートナーからの暴力では、いままで言われてきた伝統的なジェンダー意識に根ざした男性の特権意識が男性の暴力行使を容認するという従来の説明は当てはまらない。女性パートナーからの暴力は、パートナー間の暴力に関して我々がいままである種の「常識」と思ってきたこと、たとえば女性は男性と比べさまざまな権力において常に弱い立場にあるという認識を批判的に見直すことを求めている。ただし、従来の女性パートナーへの男性パートナーからの暴力の分析で示された「暴力の本質は親密な関係における権力の不均衡が暴力を容認し発動させ、権力において弱者であるパートナーを管理し、支配する」という権力構造の視点に立つことでこの暴力を理解することができる。暴力を行使している女性パートナーは、社会的地位、経済力、対人的コミュニケーションにおける高い説明能力、あるいはまた身体的能力などを持ち、それゆえに権力において男性パートナーより上位に立っている可能性がある。また、このような視点からのみならず、男性加害者研究が指摘している人間関係の特性や個人的要因の作用についても女性加害者について検討する必要がある。

　この暴力を検討するにあたりいままでのジェンダー論による分析がまったく無効であるというわけではない。暴力を行使している女性は、一般社会における男女の立場の差や優位性に関する考え方に影響を受け、自分自身の強さや権力を自覚しにくいのかもしれない。また、被害男性について、前述の内閣府調査（2016）で暴力の被害の相談について尋ねたところ、女性は被害

第4章　親密な関係性における暴力(インティメート・パートナー・バイオレンス)の多面的検討
－多様なパートナーへの暴力を含んで－

を経験した人の50.3%が誰かに相談している一方、男性では誰かに相談した人は16.6%にとどまった。相談を躊躇させる理由として、男性らしさに強さや優位性を付与する傾向にある社会の中で、弱さや劣位性を象徴する被害者としての自分を認識し、その立場の自分を親密な関係外の社会的な場面で表出しにくいのかもしれない。

　ここで、支援について見ておきたい。DV法は男性の配偶者もその法律の対象者としている。そのために男性配偶者に対する支援はその枠の中で一定準備される方向にある。女性被害者への支援では、この法律に加え、この法律の制定以前より「売春防止法」が女性への支援の一環として暴力被害への支援を行ってきており、その経緯もあり女性を入所対象者とする一時保護施設や中長期的支援施設が全国的にすでに整備されている。しかし、男性被害者に対しては支援を行う一時保護施設や中長期的支援施設の準備はようやく始まったばかりである。生活困窮者を対象とする救護施設や高齢者の場合には高齢者施設に新たに男性暴力被害者への支援機能を付与して支援を行うと聞く。男性被害者の支援では、相談も具体的な支援も今後の課題である。

　本節の最後に、女性パートナーの暴力を考える際次の点に言及しておきたい。女性解放運動の視点から女性パートナーへの男性パートナーからの暴力の可視化を進めようとする動きに対して、男性側からのその動きへの一種の対抗として「女性だって暴力をふるうではないか」という訴えがあり、それが女性に対する暴力の可視化を阻害する動きとして認識されてきた（信田、2002）。男性パートナーへの女性パートナーからの暴力を可視化することは女性パートナーへの男性パートナーからの暴力を曖昧にすることでもなければ、その可視化を阻害するものでもけっしてない。目指すべきは、男性パートナーそして女性パートナー双方からの暴力を明らかにし、この親密な関係性の中でおこるパートナーに対する人権の侵害をさらに解明していくことである。

4．同性愛のレズビアン・カップルやゲイ・カップルにおける暴力

　本論では、ここまでに異性愛のカップルにおける男性パートナーから女性パートナーへそして女性パートナーから男性パートナーへの暴力について検

討してきた。しかし、親密な関係は異性間だけでなく同性間にも生じる。そして、その親密な関係での暴力も女性同性愛のレズビアン・カップルや男性同性愛のゲイ・カップルでも起こりうるのである。異性間と異なり同性同士であれば、社会が維持してきた伝統的な性別役割意識とそれらを背景として生じている男女間の権力の格差の影響を受けにくいのかもしれない。しかし、たとえ、同性のカップルであっても、両者の間に、社会的地位、経済力、対人的コミュニケーションにおける高い説明能力、身体的能力などに何らかの格差があれば、それらを背景として、権力において上位にあるパートナーが、下位にあるパートナーに対して、異性愛カップルでの分析で見てきたように具体的な暴力を発動させ、被害者を管理し、支配し、その権利を阻害することが起こりうる。

　異性愛の親密な関係における暴力が以前には個人的な領域での出来事であり、社会的問題ではないと認識され、長く可視化されずに来たことはすでに紹介した。同性愛での暴力でもその点は共通であるもののさらに同性愛に対する社会の差別や偏見がまだまだ存在し、同性愛者であることのカミングアウトに抵抗や葛藤があるため、親密な関係性の外の社会に向かって同性パートナーの立場で暴力被害の声が挙げにくいという状況があり、その点での可視化の困難さを抱えている。

　女性同性愛の女性被害者が、同性愛者であることのカミングアウトへの抵抗や葛藤を乗り越え、被害を訴えて支援を求めた場合、異性愛を前提としつつも女性への暴力という視点で現在までの制度が設計されてきたため、その制度を利用する上での困難さは少ない。日本では現在法的な婚姻は異性間でしか認められていないためそれを前提とするDV法では女性同性愛での女性被害者をその対象者にはできない。しかし、DV法成立以前から女性の暴力被害者を支援対象としてきた「売春防止法」の定める女性の保護と支援の枠組みが適用されるため、暴力生活から逃れて安全を確保するための一時保護や生活を再建するための支援を行う中長期的施設への入所やそこでの相談支援が女性同性愛の女性被害者には利用可能なのである。

　一方男性同性愛の男性被害者では状況は異なる。同性愛者であることのカミングアウトへの抵抗や葛藤を乗り越えなんとか被害を訴えて支援を求めた

場合でも、法的には配偶者とは認められないためにDV法の対象者になることはできない。同じ男性でも異性愛の男性がDV法の対象となることと状況を異にする。また「売春防止法」の定める女性の保護と支援の枠組みは性別が異なるために適用されない。そのため、男性同性愛の男性被害者が法的に利用できる制度はないのが現状である。従来女性被害者への支援を行ってきた民間のシェルターのみが制度外の支援ではあるが独自に従来の機能を拡大して男性同性愛の男性被害者に支援を行っていると聞く。

　ここ数年日本では、同性愛のカップルや同性愛のパートナーに対する権利を社会的に保障していこうとの動きが活発化し、同性愛カップルを公的に認める制度が実現され始めた。2016年末現在で東京都渋谷区、世田谷区、三重県伊賀市、兵庫県宝塚市、沖縄県那覇市の5自治体がすでに制度を開始した。この動きの中で、同性愛カップルの親密な関係での暴力も、このカップルが直面している問題の一つであり、その支援が社会として必要であることの認識が広がることを期待したい。その結果、同性愛カップルにおける暴力の実態が調査され、それを踏まえ、なんらかの制度的な対応の実現につながってほしい。

5．おわりに　－この問題における教育福祉学の可能性とは－

　本論は、IVP（親密な関係における暴力）を中心に論じてきた。この暴力は、個人的問題であり、それゆえ社会が関与することではないとの従来の認識を覆して、その社会による検討が進められてきた。同様の状況で検討が進められてきた現象が、子ども虐待、高齢者虐待、障がい者虐待である。家族やカップルという私的空間と社会あるいは公的空間とを明確にわける考え方が支配的だったために、私的空間に対して公的空間にいる者が積極的に入り込み、関与していくことが避けられてきた。しかし、一人ひとりの人の権利を尊重する人権主義の考え方が広がり浸透した結果、私的空間にいる人の権利の保障をその境界を越え公的空間である社会もはたして行く方向に舵を切ったと言える。これらの暴力は、このような人と社会との関係のあり方を、そして、ケアをめぐる立場あるいは社会における立場の非対称性を抱えるメンバーでなりたつ家族やカップルにおいて、その非対称性がありつつど

のようにお互いの人権を相互に尊重しながら平等な関係を築けるのかをわれわれに問うている。それぞれの領域を越境し、これらの問いにともに答えていく営みが今求められている。

教育福祉学では、個人と社会、個人と環境の相互作用を統合的に思考すること、そして各領域の個別の取り組みだけでなく、各領域が連携・協働することで現代社会に起こる課題の解決に取り込むこと、「人間を形成していく教育的視点からのまなざし」と「人間の存在を一人一人尊重していく福祉的視点からのまなざし」をかけあわせて社会問題に迫ることをその重要なキーコンセプトとしている。今後、この暴力の問題を検討する場所として教育福祉学という場所がふさわしいと考えるゆえんである。

引用文献

Allen, M. (2013). *Social Work and Intimate Partner Violence*. Rutledge.
American Psychological Association (1996) "Violence and family: Report of the Presidential Task Force on Violence and the Family."
バンクロフト, L. (2008)『DV・虐待加害者の実体を知る』明石書店
ダットン, D. (2001)『なぜ夫は妻をなぐるのか？』作品社
ダットン, D. (2011)『虐待的パーソナリティー親密な関係性における暴力とコントロールについての心理学』明石書店
ハーウェイ, M., オニール, J.編 (2011)『パートナー暴力－男性による女性への暴力の発生メカニズム』北大路書房
Humpton, M.R.(ed.) (2005), *Intimate Partner Violence: Reflections on Experience, Theory and Policy*. Cormorant Books
井上真理子 (2005)『ファミリー・バイオレンス－子ども虐待発生のメカニズム』晃洋書房
井上真理子 (2015)「ファミリー・バイオレンスの臨床社会学」『奈良学園大学紀要』2巻　pp.11-25
戒能民江 (2006)『DV防止とこれからの被害者支援』ミネルヴァ書房
草柳和之 (2000)「加害者のDV克服支援からの新たな視点：フェミニズムと"加害者臨床"の統合モデルに向けての試論」『国立婦人教育会館研究紀要』4
草柳和之 (2004)『DV加害男性への心理臨床の試み　脱暴力プログラムの新展開』新水社
Mitchell, C. (2009), *Intimate Partner Violence: A Health-Based Perspective*. Oxford University Press
中村正 (2001)『ドメスティックバイオレンスと家族病理』作品社

第4章　親密な関係性における暴力（インティメート・パートナー・バイオレンス）の多面的検討
　　　　－多様なパートナーへの暴力を含んで－

信田さよ子（2002）『DVと虐待－「家族の暴力」に援助者ができること』医学書院
内閣府（2016）「男女間の暴力に関する調査」
ペンス，E.，ペイマー，M.編（2004）『暴力男性の教育プログラム－ドゥルース・
　　モデル』　誠信書房
山西裕美　編（2005）『家庭内で起こる暴力とファミリーサポート－市民サポーター
　　のエンパワメント』中央法規出版

第5章　自然災害と、人々の多様性の尊重

田間　泰子

1．はじめに

　近年、自然災害は私たちの生活にとって身近なできごととなっている。2011（平成23）年3月11日に起こった東日本大震災（気象庁による呼称は「東北地方太平洋沖地震」）は、死者15,894人、行方不明者を含めて1万8千人以上にのぼる（警察庁、2016）。被災地は東北3県（岩手・宮城・福島）と関東地方を含む広大な範囲におよび、震度の最大記録は宮城県で7であった。この地震は津波と原子力発電所事故をともない、被災地はいまだ復興の途上にある。その後も、日本各地で土砂災害などが起き、5年後の2016（平成28）年4月には最大時の震度7を記録する熊本地震が起きた。その被害も癒えない10月、同じ熊本県の被災地に近い阿蘇山で激しい噴火があり、復興に取り組んでいた熊本の地にさらに被害をもたらした。同月下旬には、鳥取県でも震度6弱の地震が発生している。

　もし私たちがこれらの災害を常に忘れずにいられるなら、自然災害がすべての人にとって重要な社会的課題であることを認識できるだろう。しかし、「日常」とはまさに「日々の常」であって、今日も明日も昨日と何の変わったこともない日々、つまり平常であることにほかならない。日常の生活を生きるということは、自然災害がもたらす劇的な生活の変化と対極にあるため、そもそも両立し難い。

　それでも、本章ではあえて自然災害を論じたい。なぜなら、自然災害は、私たちの日常生活の身近にあって、いつ発生するかもしれないからである。できるだけ多くの人々に、災害への関心をもっていただきたい。

　また、自然災害は「自然のできごと」と考えられがちであるが、実は私たちの社会の今のありようを映す鏡である。災害研究から、私たちはこの社会

第5章　自然災害と、人々の多様性の尊重

における多様性の尊重がいかに大切であるかを学ぶことができる。失われてしまった人々の命、そしてさまざまな被害を大切に受けとめ学ぶことで、少しでも未来の被害を減らすことができるよう、私たちの社会のありようを変えていくことが筆者の願いである。

2．世界中で起こっている自然災害

災害となる自然現象は、日本だけでなく世界各地で起こり続けている。

東日本大震災前後からだけを見ても、身近なアジア地域での大地震（モーメントマグニチュード6以上）は、中国（2008年、2010年、2013年、2014年）、台湾（2016年）、インドネシアからスマトラ沖にかけて（ほぼ毎年）、インド・トルコ（2011年）、イラン（2012年、2013年）パキスタン（2013年）、ネパール・アフガニスタン（2015年）などがある。津波や台風・洪水などによる災害を含めればさらに多い。地球の反対側では、日本沿岸にも津波が押し寄

図5-1　インドネシア・ジャワ島プランバナン寺院遺跡群

手前部分に見られるように、多くの建築物が大地震により崩壊したまま。2016年筆者撮影。

たチリの大地震（2010年）のほか中南米で大地震が多く、ハイチでは大地震（2010年）に続いてハリケーン（2016年）が大災害をもたらした。

　先進国も自然から逃れることはできない。2016年にイタリア中部で続けて起きた地震は記憶に新しいが、ニュージーランドでは東日本大震災の前月に大きな地震が起き、2016年11月にもマグニチュード7.8の大地震が起きた。アメリカ合衆国ではアラスカ・西海岸からハワイにおけての地震のほか、ハリケーンと洪水、竜巻、森林火災が起こっている（自然発火や雷による大規模な森林火災は、カナダやオーストラリア、インドネシアなどアジアでも発生している）。また、ヨーロッパでは2016年に豪雨があり、フランスの首都パリのセーヌ川が氾濫した。そのほかにも、世界各地で豪雨・洪水、寒波、旱魃、そして隕石の衝突も起こっている。

3．「自然災害」とは

　このようにみてみると、数え挙げれば限がないほど自然災害が発生しているように思われる。地震だけをみても、日本国内において地震はほぼ毎日どこかで観測されており、世界的にはマグニチュード5以上の地震が年間1,000回以上発生している（USGS、2016）。

　しかし、私たちはそれらすべてを自然災害だとは捉えない。地震や台風などの自然現象は、それだけでは決して「災害」ではないのである。では、自然災害とは何なのか。

　まず確認しなければならないのは、自然災害の「災害」とは、そのできごとが災いであり害をもたらしたという認識を含む点において、社会的意味づけの問題だということである。たとえば、人間における被害（死亡数、けが人数、行方不明者数など）や経済的損害などがどれほどであれば、「災害」なのか。そもそも「災害」を何かの量で測ることができるのか、量的に測りえない質的な要素を含むのか。「災害」としての認識は、個々の人々による認識の水準において論じうるのか、あるいは地域社会や自治体、国などが何らかの制度によって認識し対応することで「災害」とされるのか。

　たとえ現実に、地震や津波、ハリケーンなどによってどれほど人々の死亡や建物の崩壊、飲料水や光熱の供給の途絶などが生じているとしても、災害

研究において、何をもって「災害」とするかという社会的認識の問題を避けてとおることはできない。支援も復興も防災・減災も、この認識の共有に基づいて行われるからである。

また、自然災害の「自然」という表現についても注意が必要である。なぜなら、災害をもたらす原因が決して自然のみというわけではなく、自然と人為は複雑に関係しあって、災害という結果をもたらすからである。人間による環境破壊が地球温暖化や異常気象をもたらし災害に到る場合がある。あるいは、きっかけが純粋に自然であっても、被害を大きくした原因が人間による開発など人為的なものであることもある。たとえば飢饉は自然災害のように思われがちであるが、センによれば、旱魃や洪水など自然のできごとに対して、政府が適切に対応しない場合に餓死などの被害がもたらされ、悲惨な災害になるという（セン、2000）。

よって、自然災害を単純に「自然によって引き起こされた災害」と考えてはならない。そのきっかけとなる「自然」にも、結果となる「災害」にも、人間と社会が深く関わっているため、人間と社会のありようを考えずに「自然災害」を論じることはできないのである。

4．災害研究から学ぶこと──ヴァルネラビリティ

では、自然災害をどのように定義すべきか。海外の災害研究にはさまざまな災害の定義がある（Perry、2007）。従来の（そして現在でも）多くの災害研究は、《人間と社会は自然の力に対して克服すべき弱さをもつ》と考え、人間社会を襲う自然現象に対しての予期、そして人々や社会がもつヴァルネラビリティ（vulnerability、脆弱性、傷つきやすさ）を把握し克服することを重要な課題としてきた。地形や過去の自然災害に学び、さまざまな脆弱性を発見することで、地震対策としての建築物の耐震、津波対策としての防波堤の建築、洪水対策としてのダムの建設など「脆弱性」の克服に取り組む。また、人々については、被災が人々の性別や年齢、階層、カースト、エスニシティ、貧困、障がいをもっていること、あるいは女性世帯主であること、ひとり親世帯であることなど、さまざまな属性と関係があることを明らかにした。できるかぎり「脆弱性」を減じ、あるいは「弱者」への支援の重要性を

認識していくことが、平時の防災においても災害後の復興においても非常に重要な部分を占めている。

　しかし、さまざまな自然災害の研究が蓄積されるなか、《ヴァルネラビリティの把握とその克服》という視点だけでは不十分であるいう指摘がある。

　その理由の一つは、ヴァルネラビリティの固定化と単純化という弊害である。Enarson（2012）は、特に統計的に脆弱な集団を把握しようとする災害研究において、人々を一つの属性にもとづき「特殊な人口集団」視することや、被災の原因やニーズを単純化し一般化する弊害が見られたと指摘する。また、マスメディアが構築する被災者像も、それが映画のようなフィクションであろうと現実の災害報道であろうと、一定の属性をもつ人々を一様に脆弱に描きがちであるという。このような単純化と固定化は、災害時に人々が現実に直面する困難やニーズを正しく把握することを妨げる。

　たとえば、性別がヴァルネラビリティの研究に利用されると、人々は「男」「女」の二つの人口集団に分類され、女性は男性よりも被災しやすい、PTSDを被りやすいといった結論が出され対策が立てられる（Fothergill、1998）。被災は、性別による「差異」として捉えられる。

　しかし現実には、自然災害における女性たちの避難の遅れと死亡率の高さは、彼女たちが男性よりも低学歴であるために情報から疎外されており、あるいは避難に不便な服装をしており、あるいは家にいて子どもたちの面倒をみていなければならないと考えており、家長である男性たちの意思決定なくては自ら屋外に避難することができないからであった（Fothergill、同書）。また5人の娘と1人の息子をもつ父親は、家を継ぐべき息子を助けるために娘たちを次々とサイクロンによる洪水のなかで手放した（Akhter、1992）。女性たちの死亡率の高さは、このようにして生み出される。他方で、情報リテラシー能力が高く、避難するための経済力も自立的な判断と行動の習慣ももつ女性たちは、このようなカテゴリーに当てはまらない。

　つまり被災は、女性という性別によって本質的にヴァルネラビリティが高かったためではなく、性別を理由として日常生活において男性たちとのあいだにつくられたさまざまな社会格差、すなわちジェンダーの働きによるものである。そこで、ジェンダーをエスニシティや階層など、他のカテゴリーと

ともに分析視点に用いることにより、災害研究は人々が置かれた状況の多様性と、そのヴァルネラビリティの多様性を把握することが初めて可能になる。

5．災害研究から学ぶこと—レジリエンス

もう一つの理由として、ヴァルネラビリティの単純化・固定化は、発災後、そして復興において人々が発揮する強さを正しく認識することを妨げるという点を挙げることができる。

発災からの復興への過程において、ヴァルネラビリティだけでは説明できない差異が観察されている。Fothergill（2004）やDavid and Enarson（2012）は、米国でのハリケーン・アンドリュー（1992年）やRed Riverの洪水（1997年）において、「女」や「男」といった単純なカテゴリーでは捉えきれない女性たちの経験の複雑な様相を分析するとともに、女性たちが復興と、それまでのジェンダーの秩序を塗り替えて新しい社会秩序を作り出していく姿を描き出した（世界各地での事例についてはEnarson and Chakrabarti 2009）。

また、コミュニティについては、人々の社会的ネットワークが重要な社会資本[注1]として災害前から復興まで大きな影響を及ぼすことが明らかにされてきた。関東大震災（1923年）、阪神・淡路大震災（1995年）、インド洋津波（2004年）、ハリケーン・カトリーナ（2005年）を事例とし、コミュニティによる復興の違いを経済的復旧や人口の回復を指標にして分析したアルドリッチ（2012）は、現地の人々相互の信頼と相互作用、インフォーマルなネットワークが、コミュニティ内外でのさまざまな介入による社会資本の増減とともに鍵であると指摘している。

よって、災害研究において必要とされる新しい視点は、レジリエンス（resilience）である。レジリエンスとは、ある物が衝撃などを受けた場合に元の形状に復元する力のことであるが、それを災害に遭遇した個人やコミュニティに適用し、人々が再び日常生活に戻る力、平常を築き直し生きていく力を表現するものである。レジリエンスという概念を用いることによって、私たちは、個々の人々と人々が作り上げる社会には、ヴァルネラビリティとともに、レジリエンスという力がある、という前提に立つ。一人ひとりの力

を信じることで、人々をヴァルネラビリティで染められた単純化されたカテゴリーから解放し、「災害弱者」の固定化を拒否し、人々と社会の力を引き出そうとする。

　この視点は人々の多様性を尊重し、ヴァルネラビリティを本質的なものではないと考えることで、ヴァルネラビリティを一人ひとりが発災の時・その場の偶然性にも左右されつつ有する脆弱性であると捉えなおす。また、集団としてこれを捉える場合には、「所与の社会においてある集団が置かれる差異化された社会関係から発生する」社会的なヴァルネラビリティ（social vulnerability）へと読み替える（Thomas et al., 2013）。この視点に立つことにより、ヴァルネラビリティの克服は、人々の多様性とレジリエンスを信じつつ、公平な社会関係を目指すものとなる。

　筆者は、この視点を活かし、また開発途上国における自然災害を定義したBradshaw（2013）を応用して、自然災害を「それまでの日常生活を中断しその継続を困難にする、自然現象によって引き起こされた非日常的なできごと」と定義したい。これによって、自然災害というものが、裏返せば私たちの日常生活を継続する力、そしてそれが自然現象によって中断された場合に日常生活を復活させる力と結びついていることを含意したいからである。自然災害は、確実に私たちの日常生活を破壊し非日常をもたらすのだが、それでも私たちの生が続いていくとき、その生を支えるのは日常を回復させ、新しい日常を生きようとする私たちの力である。その力（レジリエンス）をいかにしっかりともつことができるかが、自然災害を減じ克服する鍵となる。

6．自然災害と私たち

　1995（平成7）年1月17日に起こった阪神・淡路大震災（気象庁による呼称は「兵庫県南部地震」）は、震度7の直下型地震として甚大な被害を及ぼした。この年は、日本の災害の歴史において災害の大きさ、政府の防災政策への影響、また関係する各種専門職団体による災害への対策体制の本格化という点で、記憶されるべき年の一つである。しかし、それだけでなく「ボランティア元年」としても重要である。なぜなら、発災後1年間で138万人、総計で167万人のボランティアが被災地を支援し、その後のさまざまな災害に

第5章　自然災害と、人々の多様性の尊重

おける市民ボランティア活動とその組織化、特定非営利活動促進法（いわゆるNPO法、1998年法律第7号）につながったからである（神戸新聞NEXT、2016）。

　当時「災害弱者」と表現された人々は、災害に関する情報の理解や、発災時の避難などにおいて困難を抱えると予測される人々で、阪神・淡路大震災後、高齢者、障がい者、乳幼児、日本語を理解しにくい人々（外国人）への支援の必要性が認識されるようになった。しかし、たとえば社会資本整備重点計画法（平成15年法律第20号）という名称が示すように、本章で紹介した社会資本という概念は道路や鉄道・下水道・河川等の物理的インフラストラクチャを意味してしまいがちである。

　他方、人々の多様性を尊重しつつレジリエンスを高める取組みは、厳しく困難で遠い道のりを必要とする。しかし、阪神・淡路大震災を大きな契機として、徐々にではあるが確実に前進している。たとえばジェンダーは、阪神・淡路大震災後に女性たちの経験が語られることで課題として発信された（ウィメンズネット・こうべ、1996）。2004（平成16）年の新潟県中越地震では、政府の姿勢として課題であることが明確化され、翌2005年に男女共同参画基本計画に防災の項目が入れられた（山地、2012）。まだ自治体の意思決定過程でのジェンダー視点は不十分であるが、2011（平成23）年の東日本大震災では市民によって多くの出版物が刊行された。防災におけるジェンダー課題の意識化や女性のリーダーシップ育成の動きも広がりつつある（一例として東日本大震災を機に市民が立ち上げた「東日本大震災女性支援ネットワーク」、のちに「減災と男女共同参画研修推進センター」http://www.gdrr.org/）。

　また、セクシュアリティの多様性も尊重されるべき課題の一つである。阪神・淡路大震災では課題として意識されなかったが、その後15年間のうちに性的多様性に対して社会全体で認識が広まっていたことが重要な基盤となり、東日本大震災後に課題として取り組む動きが現れた。上記の東日本女性支援ネットワークの支援活動においても配慮されており、東日本大震災の被災地である岩手県では、当事者市民が立ち上げた岩手レインボー・ネットワークが、南海トラフ地震に強い危機感をもつ高知県のNPO法人高知ヘルプデスクに協力を得て防災ガイドを作成している（図5-2）。

第Ⅰ部　人々の多様性を尊重する教育福祉的アプローチ

　筆者が特に関心を寄せる妊産婦と防災／減災・復興についても、被災地である宮城県で、災害後に当事者市民がNPOを立ち上げ活動を続けている（特定非営利活動法人ベビースマイル石巻、http://www.forbabysmile.com/）。災害から3年後の2014（平成26）年、その主催シンポジウムで初めて被災体験を語った女性（当時、分娩予定日の直前）は、夫がすぐに帰宅できず、周囲にも親族や知人がおらず連絡もとれない孤立状況のなか、同じアパートで名前も知らず会釈ぐらいしかしていなかった夫婦に声をかけてもらい避難できたという。また他の女性は、津波が来るのを見て急いで避難した小学校で、妊娠9ヵ月だったにもかかわらずいすにかけたまま、着の身着のままで徹夜する状況となった。勇気を出して自分から避難所運営をしているスタッフに声をかけて毛布を頼み、毛布はなかったもののベッドに案内してもらえたので、遠慮して我慢をしていた妊娠3ヵ月の女性を誘って一緒に横になることができたという（特定非営利活動法人ベビースマイル石巻、2015）。自ら声をあげること、そして他の人々とつながることが、妊婦と胎児の命を守った例である。

7．おわりに

　私たちが災害から学ぶことは数多くあるが、本章では2つの点―ヴァルネラビリティとレジリエンスを強調してきた。最後に、教育福祉学の基

図5-2　岩手レインボー・ネットワーク

（http://ameblo.jp/iwaterainbownetwork/）

盤となる人間観と社会理解にとって、それらがもつ意義を論じておく。

　ヴァルネラビリティは人々の傷つきやすさ、脆弱性を意味する。現代の災害研究では、これを「女性」「高齢者」「障がい者」などといったカテゴリーによる本質的な脆弱性と捉えずに、その時・場所での状況依存的な脆弱性として、またそれらの脆弱性は社会関係がもたらす複雑な差異の結果であると捉えようとしている。

　それをふまえたうえで、くわえて、あらゆる人に本質的な特性としてヴァルネラビリティがあるというべきである。なぜなら、私たちはまず胎児として母親の胎内環境に依存し、誕生後も他者からのケアなくしては生存できない依存的な存在である。その後も、さまざまな病気やけが、障がい、高齢にともなうケアの必要が生じる。つまり、私たちの一生はヴァルネラビリティに始まりヴァルネラビリティに終わるとも言える。フェダー゠キテイ（2010）は、人のこのような本質的依存性にもとづき、ケアを他のどのような社会関係よりも原初的な、人々のつながり（nexus）であると捉える。ヴァルネラビリティは人が共有する本質であり、社会はケアによって人々を生かすものである。しかし本章で述べてきたように、社会はその不公平によって新たにヴァルネラビリティを生み出しもする。

　また、レジリエンスは人々と社会の回復力を表現する概念であるが、その根底に人々の生きる力、つながる力への信頼がある。この力を、センが提唱したケイパビリティ（capability）とつなげて考えておきたい。ケイパビリティとは、人が自らの善き生（well-being）を生きるために、どのような状態でありたいのか、どのような行動をとりたいのかを選択し結びつけることで生まれる潜在的可能性である。そして、ケイパビリティの発達を促すことが、human developmentである（セン、1999）。筆者は、レジリエンスは自然に実現されるものではなく、このhuman developmentの立場から人々の本来もっている可能性を保障することで、個々人においても社会においても実現されると考える。レジリエンスもヴァルネラビリティと同じように、人々が本質的にもっているものであるが、社会のあり方によってその実現が左右されるのである。

　本章で紹介した災害研究は、災害にとどまらず私たちの日常生活のありよ

うをも照射するものである。フィリピンにおける16世紀から20世紀末までの災害の記録をもとに、頻繁にモンスーンや地震、火山の爆発、津波などに襲われていた人々の対処法（coping mechanism）を考察したBankoff（2003）は、人々が災害をさまざまな方法で日常化（normalize）する「災害の文化」を築いていたと述べている。それも一つの英知であるが、本章5で述べたように、自然災害を平時の生活との関連の深さにおいて、日々を日常として生きる力への着目から捉え返すことも必要である。

妊娠の状態や経済状況、配偶者や乳幼児など家族の状況、セクシュアリティ、心身の障がいの状態、持病やけがなど、人は実に多様なヴァルネラビリティをかかえた存在である。発災時の危機的状況ですべてに配慮を行き届かせることは非常に困難だからこそ、平時に公平な社会関係を実現することで社会的なヴァルネラビリティを解消し、またエンパワメントやネットワーキングによってリジリエンスを高めることが求められる。ここに、人々の多様性の尊重を基盤とし、協働によってよき生（well-being）の実現を目指す教育福祉学というアプローチがはたす役割は大きい。

注
1 社会資本には多くの定義がある。社会学的には社会関係資本ともいわれ、信頼と互酬性をともなう社会的ネットワークを意味する。本章はこの意味で用いている。
2 現在は、「災害時要援護者」「避難行動要支援者」と表現されている。その「脆弱性」を社会的に認識し支援体制をつくることが、公共建造物の耐震構造など社会のハード面の対策とともに、災害対策基本計画にもとづく各自治体の政策課題となっている。

参考文献
Akhter, F. (1992) 'Women Are Not Only Victims,' in Hameeda Hossain, Cole Dodge, and F.H. Abel (eds.). From Crisis to Development: Coping with Disasters in Bangladesh. Dhaka: University Press, pp.59-66.
アルドリッチ、D.P.（2012）『災害復興におけるソーシャル・キャピタルの役割とは何か－地域再建とレジリエンスの構築』石田祐・藤澤由和訳、ミネルヴァ書房．
Bankoff, G. (2003) Cultures of Disaster: Society and Natural Hazard in the Philippines. London: Routledge Curzon Press.

Bradshaw, S. (2013) Gender, Development and Disasters. Cheltenham, UK and Northhamptopn, MA, USA: Edward Elgar.
David, E. and E. Enarson (eds.) (2012) The Women of Katrina: How Gender, Race, and Class Matter in an American Disaster. Nashville: Vanderbilt University Press.
Enarson E. (2012) Women Confronting Natural Disaster: From vulnerability to resilience. Boulder, CO: Lynne Rienner Publisher.
Enarson E. and P.G.D. Chakrabarti (eds.) (2009) Women, Gender, and Disaster: Global Issues and Initiatives. India: Sage.
Enarson, E. and B.H. Morrow (eds.) (1998) The Gendered Terrain of Disaster: Through Women's Eyes. Westport, CT and London: Plaeger.
フェダー＝キテイ、エヴァ（2010）『愛の労働あるいは依存とケアの正義論』岡野八代・牟田和恵監訳、白澤社．
Fothergill, A. (1998) The Neglect of Gender in Disaster Work: An Overview of the Literature, in Enarson, E. and B.H. Morrow (eds.) (1998), pp.1-25.
Fothergill, A. (2004) Heads Above Water: Gender, Class, and the Grand Forks Flood. NY: State University of New York Press.
警察庁（2016）2016年9月9日発表「東北地方太平洋沖地震の被害状況と警察措置」2016年10月9日 閲覧．https://www.npa.go.jp/archive/keibi/biki/higaijokyo.pdf．
神戸新聞NEXT（2016）『【特集】阪神・淡路大震災』2016年11月20日閲覧．http://www.kobe-np.co.jp/rentoku/sinsai/．
Perry, R.W. (2007) What is Disaster? in Rodriguez, H., E.L. Quarantelli and R. Dynes (eds.). Handbook of Disaster Research. NY: Springer, pp.1-15.
セン、A.（1999）『不平等の再検討―潜在能力と自由』池本幸生他訳、岩波書店．
セン、A.（2000）『貧困と飢饉』黒崎卓・山崎幸治訳、岩波書店．
Thomas, D.S.K. et al. (eds.) 2013. Social Vulnerability to Disasters. 2nd ed. NW: CRC Press.
特定非営利活動法人ベビースマイル石巻編・発行（2015）『ママと赤ちゃんの復興まちづくりin 石巻 報告書』．
USGS (United States Geological Survey) (2016) 2016年10月9日閲覧．http://www.usgs.gov/
ウィメンズネット・こうべ（1996）『女たちが語る阪神大震災』木馬書館．
山地久美子（2012）「女性を防災・復興の主体とするための施策検討－防災会議、幹事会そして復興計画策定委員会に男女共同参画を実現するために」『GEMCジャーナル』7、pp.16-35．

COLUMN

教育学合同ゼミについて

森岡　次郎

　教育福祉学類では、3年次になると「教育福祉ゼミナール」というゼミ形式の授業が始まります。平均すると教員1名につき学生3名、という少人数のゼミナールです。卒業研究に向けて、学生がそれぞれに研究テーマを深めていくための、大切な議論の場です。
　教育学の近接領域を専門とする教員5名は、この3年次のゼミを合同で行っています。
　前期・後期とも、15回の授業のうち、最初と最後（場合によっては中間）の数回は、教員5名と学生が約15名、総勢20名程度が一堂に会します。全員がそれぞれの問題意識や研究テーマについて発表し、ゼミでの学びを振り返り、時には1つのテーマについて議論します。先輩（4年生）の卒論発表会に参加することも、この授業には含まれています。
　前期の授業では、学生を小グループに分け、全員が5名の教員の研究室を2週間ずつ、10週間かけて巡ります。後期には、自分の研究テーマや研究方法に即して教員を2名に絞り、前半・後半に分けて、5、6週間ずつゼミを行います。このように、教育学合同ゼミでは、全員が集まる時間と、各研究室に分かれる時間を組み合わせています。そして、4年生になる際には、卒業研究の指導教員を1名に決定します。
　実は、この形式は最初からアイデアを練って作られたものではありませんでした。合同ゼミを進めながら、現在の形式に落ち着きました。そして、試行錯誤しながら進めていくうちに、この合同ゼミの形式にはいくつかのメリットがあることがわかりました。
　まず第一に、多くの教員と学生が、お互いのことをよく知ることができる。講義形式の授業では、学生は教員の詳しい研究内容やパーソナリティまでを知ることはできません。教員側も、学生の個別の研究関心や性格を知ることは難しい。合同ゼミでは、全員がすべての研究室を巡るので、多くの教員／学生についてより深く理解することができます。
　その結果、4年次の指導教員が、初期の希望から変更することも珍しくありません。2年次後期の時点では、講義を受けた印象（優しそう、厳しそう）や、漠然とした問題関心、先輩からの情報などによってゼミを選ぶのだと思いますが、これらだけでは一人

に絞るのは難しい。もしくは、早々に一人に絞りすぎて、他の可能性が見えなくなっている。

　合同ゼミでは、たとえ誰か１名のゼミを強く希望したとしても、必ず５名のゼミを受けなければなりません。すると、「自分の関心に近いのは○○先生かも」「△△という学問は、イメージと少し違った」「性格的に□□先生のゼミが合いそうだ」といったことに気づきます。時間をかけて指導教員と学生をマッチングすることができる。その結果、３年次年度末の指導教員希望調査では「この２名のどちらか」や「この３名のうちなら誰でもよい」といった回答が多くなります。ある特定の教員に希望が集中し、他の教員は指導学生が０名、１名、といった状況にはなりにくくなる。多少のばらつきはあるものの、ゼミごとの人数の偏りが少なくなることが、第二のメリットです。

　また、全員が集まるゼミの時間に、あるトピックを巡って教員同士が異なる意見を述べる、学生の前で対立してみせることには、大きな教育的効果があると思います。

　当然ながら、一人の教員が、すべての事柄について専門的知識を持っているわけではありません。また、いつでも絶対的に正しい意見を持っているわけでもありません。一人の教員の意見を絶対とせず、指導教員の意見も相対化しながら、多様な視点から議論できるようになることは、研究を進めるうえでも大切なことです。

　また、合同ゼミを受講したことによって、４年次に各研究室に配属された後でも、ゼミ間の敷居は低くなります。指導教員以外にも、気軽にアドバイスを受けに行くことができる。より多くの教員や学生からアドバイスを受けた方が、よりよい研究になるはずです。

　もちろん、合同ではなく一人の教員から２年間、指導を受けることのメリットもあります。早い時期にゼミと研究テーマが定まれば、集中して、継続的に研究を深めることができると思います。

　卒業研究は、大学での学びの集大成として、学生が自らの問題意識を、自分の力で深めていくものです。言うまでもなく、重要なのは「どのゼミに所属しているのか」「指導教員は誰か」ありません。よりよい卒業研究を完成させることです。学生には、できる限りゼミ間の垣根を低くして、いろんな教員に気軽に相談して欲しいと思います。学生がよりよい卒業論文を書き上げるために、教育福祉学類のすべての教員は協力してくれるはずです。

生涯にわたり人生を豊かにする教育福祉的アプローチ

「第Ⅱ部　生涯にわたり人生を豊かにする教育福祉的アプローチ」について

　　　　　　　　　　　　　　　　　　　　　　　　　　　　　　小野　達也

　少子高齢、人口減少、格差拡大、社会的排除が進行し、福祉や教育に関しても眼前の複雑な問題や喫緊の課題への対応が求められている。このような状況にあって「福祉は実現するのか」、「教育は開花するのだろうか」、「この両者の最良の関係とはどういうものなのか」、第Ⅱ部はこうした純朴な問いに導かれている。各章をご覧いただければ分かるとおり、扱っているテーマは多様である。これらは生涯に渡る視野を持つものである。
　本部の特徴は、さまざまなテーマに対して対処療法型、問題解決型とは異なる迫り方を志向するところにある。おのおのの課題のポジティブな捉え方を模索し、より積極的な解決を示そうとする。このアプローチは「増進」という言葉に象徴されるが、それは福祉や教育の可能性を十全に引き出し、相乗効果を生み出すという意味を持つ。福祉や教育が内包している発達・成長や幸せという側面に光を当て、これを展開していく。これまでの援助の発想にありがちな「マイナスからゼロへ」に留まるものではなく、よりよい状態・理想の方向を目指す。こうした方法を取らなければ、眼前の複雑な問題や喫緊の課題に押し流されてしまうという危機感もあるが、それ以上に難しい時代だからこそ福祉や教育が秘めている潜在力を発揮する好機と捉えている。福祉や教育のポジティブターンである。
　小野の論考は、総論的な位置づけにある。福祉と教育のポジティブな連携を踏まえた上で、増進型の地域福祉を構想している。中山はセーフティネットの新しい支援・相談システムの構築が進む中で生活困窮者自立支援の民間人材という課題について論及している。関川は地域包括ケアが求められる時代での社会福祉法人の地域戦略を検討し、そこでの住民との対話を教育福祉の観点から考察している。吉原は認知症ケアという課題を取り上げ、近年の研究を追う中で、これまでの定説を越える新たな発見の社会的意義を整理している。吉武は積極的な健康について探究し、健康福祉を充実させるための生涯に渡る健康教育のかかわりについて論じている。

第6章　地域福祉の増進型アプローチ

小野　達也

1．地域福祉のいま

　地域福祉の主流化（武川、2006）が指摘されて久しい。地域福祉の主流化とは2000年以降を指し、社会福祉法で地域福祉の推進が謳われ、民間だけでなく行政も地域福祉の担い手となり、地域の課題として福祉が重要な位置を占めてきたことを契機としている。従来の対象別、制度別のタテ割的な福祉の考え方ではなく、地域という基盤で住民を含む民間と行政が協働して課題に取り組んでいくことが地域福祉の特徴である。2000年以降に中央省庁の研究会等から出された報告書には、地域への注目や地域福祉への期待が示されている。それらに取り上げられているテーマは、社会的排除、地域包括ケア、地域組織の再構築、生活困窮と幅広い（**表6-1**）。

表6-1　2000年代の地域福祉関連の報告書

	年	タイトル	関係官庁
①	2000	「社会的な援護を要する人々に対する社会福祉のあり方に関する検討会」報告書	厚生省
②	2008	これからの地域福祉のあり方に関する研究会報告書 地域における「新たな支え合い」を求めて －住民と行政の協働による新しい福祉－	厚生労働省
③	2009	新しいコミュニティのあり方に関する研究会報告書	総務省
④	2010	地域包括ケア研究会報告書	厚生労働省
⑤	2013	生活困窮者の生活支援のあり方に関する特別部会報告書 →（生活困窮者自立支援法　2015年）	厚生労働省
⑥	2015	誰もが支え合う地域の構築に向けた福祉サービスの実現 －新たな時代に対応した福祉の提供ビジョン－	厚生労働省

同時にこの間、地域での実践も進んできている。地域福祉計画の策定と実施、地域包括支援センターや地域福祉のコーディネーター、コミュニティソーシャルワーカーなどの配置による地域で活動する専門職の増加、地域での住民活動の活発化、福祉・介護・医療・教育・就労などの各領域の連携という動向である。この状況を見る限り、地域福祉の主流化が現実味を帯びているといえる。

　しかしその一方で、こうした主流化のあり方に対する懸念がある。第1に、注目されるのは支援目標あるいは、支援により実現されるレベルである。社会福祉の介入によってどの程度の生活が実現できるかという点である。就労や社会的包摂が目指されているが、そこで達成された状態が不安定であれば、再び問題を抱えることもある。これでは福祉が実現しているとはいえない。地域福祉の主流化によって望ましい地域生活が送れるレベルになっているのだろうか。

　第2に、民間の関わりについてである。政策からの地域への関心の高まりは、地域を対象として捉え、それらを社会資源としているのではないか。地域住民は問題の発見・通報者、小地域活動の担い手、専門職の協力者、日常的な生活支援者などとして期待される。行政だけではこうした活動を担いきれないからである。しかし、その進め方が地域社会や住民の意向を理解せず、その主体性を尊重しなければ、地域は政策の客体となり、やがて疲弊し、弱体化が進むことになる。

　第3が、地域福祉の下請け化である。本来であれば、社会保障や医療、教育という各種制度で対応されなければならないケースが、制度で受けきれずに狭間が生じ、その結果の問題が地域で出現している。こうした問題への対応は地域福祉の本来的機能というよりも、他の制度の補充、代替である。かつては、新たな制度を生み出すという方法もあった。しかし今では、このかたちが恒常化しかねない。そうなると、地域福祉は他の制度の下請け、という位置が固定化することになる。

　こうしたことが地域福祉の主流化の帰結であるならば、それはむしろ地域福祉の可能性を狭める「地域福祉の隘路」である。ここにあって、地域福祉

を改めて問い直すことが求められている。これまで見た諸相は「必要からの地域福祉」ということができる。これは眼前にある各種問題への対応の必要から進められる問題解決型の地域福祉である。その必要性は認めつつも、しかし、これが地域福祉の総体とは言えない。地域福祉の実現を目指し、その理念を追求するという方法がある。望ましい地域生活を積極的に求めていくアプローチである。これを必要からの地域福祉に対して、「理想への地域福祉」、あるいは「増進型地域福祉」ということができる[注1]。こうした地域福祉を具現するには教育的な要素が重要な役割をはたすと考えられる。教育の視点を入れ込んだ地域福祉をどのように描けるだろうか、それはどうすれば実践に結びつけられるだろうか（**図6-1**）。

図 6-1 「必要からの地域福祉」と「理想への地域福祉」

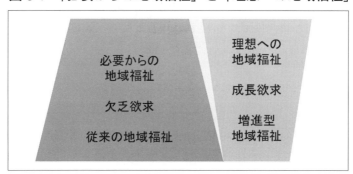

2．地域福祉と教育のポジティブな連携

1）福祉と教育の関係

福祉と教育はこれまでもかかわりを持ってきた。その一つは、福祉教育である。福祉教育は、児童・生徒や住民らの福祉への理解を深め、福祉活動への主体的な参加を生み出すものである。原田（2014）によれば福祉教育には、①学校を中心とした領域、②地域を基盤とした領域、③社会福祉の専門教育の領域、がある。それぞれの取り組みは多様であるが、極端に言えば福祉教育は、福祉のための教育という性格がある。

また、福祉の領域のひとつに教育制度に関連する福祉がある。現在は、ス

クールソーシャルワークとして定着してきている。生活問題を抱える児童や生徒に対する支援を家庭や地域社会との調整を図りながら進める。教育に関わる分野で生じる生活問題の解決のための援助を行う。これを極論すれば、教育のための福祉の機能発揮ということになる。

これらはいずれも実際に取り組まれている福祉と教育の関係であり、福祉なり教育なりどちらかのためにもう一方の機能を期待するという性格である。第3の関係といえるものは、より相互性がある。それは教育的な要素を取り入れた福祉であり、福祉の要素を取り入れた教育である。そのひとつの考え方を「教育福祉学」として吉田敦彦が示している。教育福祉学は「誕生から老いまで生涯にわたって、人間の尊厳をもった生活を保障する福祉的支援と、人間としての発達と学習を保障する教育的支援とを、有効に相互補完させる」ことを目指している（吉田、2012）。増進型の地域福祉ではこれをさらにポジティブに展開したい。それには福祉観を「上向き」に修正し、理想的な教育の発想を入れ込むことが求められる。

2）教育と成長・発達[注2]

教育には、人間の形成・発達という目的と国家・社会・文化的目的がある。教育基本法にも、人格の完成と国家および社会の形成者という点が言及されている。後者は国家や社会にとって望ましい人間となるような育成を目指すことである。この点は、福祉から見た望ましい主体形成を指す福祉教育に重なる。しかし、ここでより重視するのは、前者の人間の形成や発達の視点である。教育は、人間形成を助長するという考え方である。人間は未熟な段階から教育により成長して完成に至るという道筋がある。しかし、人間形成や人格の完成となると、それが終着点でそれ以降は変化がなくなるのだろうか。そうとは言えない。発達とは、状況や段階に応じて生じる機能的な変化という見解がある（河村、2010）。これは年齢段階によって変化がなくなることではなく、単純に発達し続けるという意味とも異なる。また、発達には人間の潜在的な力が顕在化するという理解もある（木村、2009）。発達とは、その人らしさが現れてくること、その人の可能性が発露されることということができる。この点はその人らしい生き方を尊重する福祉の考え方と親

和性がある。高齢社会にあっては、一定の年齢段階で人格の完成があることを強調するよりも、生涯に渡って変化するという発達観は重要である。

3）地域福祉での教育と学習

　地域福祉は学校教育だけでなく、生涯教育・生涯学習[注3]との関連を看過するわけにはいかない。堀は、現代社会での3つの発達観を示している（堀、2010）。一つ目は「成長－社会化としての発達」であり、大人になるまでのプロセスが中心である。第2は、「生涯のプロセスとしての発達」であり、社会的役割や社会的過程を重視した発達観である。これはライフコース上にある課題を明らかにしていくものである。そして3番目は「自己実現としての発達」である。人間の精神や自我の次元を重視した発達観で生理的機能が低下し社会的役割が減少しても、なお成長していく自我の存在を重視する。「人間は、一生にわたって自らを形成しつづける存在」という考え方である。この2番目、3番目は特に生涯発達に関する部分である。無論、こうした発達の考え方は障害を持つ人々にも当てはまる（田垣、2012）。

　生涯教育・生涯学習論のバリエーションは多様であり、学校教育からだけでなく経験や状況からの学びがあること、人間だけでなく組織や社会も学ぶことが指摘されている（赤尾、2004）。人間は経験から知識を創出し（学習理論）、学習者と環境の関係の中で相互主観性が重視され（経験学習）、日常生活の中で参加している実践経験から学習する（状況学習論）。また、人間の共同的・社会的な実践活動の発達もある（活動理論）。これらの知見を精査し地域福祉に取り込んでいくことで、実践の深化、豊富化につながる。

　また、生涯にわたる継続的な発達ということでは、老年期についてポジティブ・エイジング論が提唱されている。エイジングに内在するポジティブな側面を摘出し、それを進化させる試みである。人生の第三期とされる50歳代から70歳代前半を自己実現、自己成就の時期だとする見方がある。その一方で、70歳代後半以降の後期高齢期のポジティブな発達については、今後の課題とされている（堀、2010）。

　こうした教育や生涯発達の視点を取り入れた増進型地域福祉を次に示す。

3. 増進型地域福祉とは

1）増進型地域福祉の性格

　増進型地域福祉は、地域社会、地域生活の理想を掲げ、地域での幸福の実現を志向する。地域福祉は幸福まで追求する必要があるのだろうか。地域福祉が幸福を追求すべき理由を次のように整理できる。

　もともと福祉には幸せという意味があり、地域福祉が幸せを追求すること自体は語義的に考えれば、当然のことである。しかし、現実的には法や制度に則る福祉領域ではマイナスの状態からゼロへ（旧状復帰）というレベルの支援に終わることも多い。その状態では不安定で、再び生活困難に陥ってしまう危惧がある。だが、地域福祉は法や制度だけでなりたつものではない。住民活動、市民活動、NPO、社会起業などによる民間性や自発性の発揮ばかりでなく、連携や協働によって高い質を追求することが幸福の実現への展望を広げる。現状では先にあげたように地域社会、地域生活に関する問題が多く生じている。そこで地域福祉は他の制度の下支え、下請けに終わるのか、あるいは地域福祉の持つ積極性を発揮できるのかが試されている。

　幸福に関していえば、これまでのように幸福を各自が個人的に追い求める方法では、さまざまな生活困難を抱える人々の幸福の実現は難しい。しかし、幸福は豊かな人、恵まれた人だけが享受するものではない。どのような生活困難を抱えていても誰もがそれを得られるべきである。

　現在さまざまな、研究領域で幸福が取り上げられており、幸福に関する研究が進められている。社会的な基準としても幸福を据える動きがある。この背景としては、世界的な経済成長の行き詰まりがある。以前は、経済が成長すれば生活が豊かになり、これによって幸福がもたらされるとされてきた。しかし今や各種の調査から、ある一定の段階に経済が到達すると、それ以上経済成長しても幸福意識とのかかわりが見られないことが明らかになってきている。改めて幸福をどのように考えればよいのかが課題となっている。地域福祉もこの動向と無関係ではいられない。地域福祉と幸福の関係を検討していくことが増進型地域福祉の性格である。

2）増進型地域福祉の考え方

　増進型地域福祉の基礎には、地域福祉は福祉＝幸福を追求する（してもよい）という福祉観がある。地域福祉は、幸福を生み出すという立場に立つことで、そのためにどのような取り組みをするかという実践が生まれる。これは個別支援（ミクロレベル）でも、小地域の住民活動（メゾレベル）でも、あるいは自治体の政策（マクロレベル）でも同様である。

　増進型地域福祉は、また、人間を成長・発達し続ける存在と捉える。成長や発達は、生涯にわたるものである。障害を持っていても、認知症になっても、後期高齢期であっても成長や発達があるという人間観である。教育がもっている人間の成長・発達を促すという性格を増進型地域福祉は内包する。

　こうした立場に立つ増進型地域福祉の特徴として、以下の5点がある（小野、2015）。まず第1に、支援により達成されるレベルである。増進型地域福祉は、マイナスの状態から以前の状態への復帰を目指すものではない。そうではなく、その人にとっての理想を掲げて、それを実現しようとする。どのような状態からでも、理想のレベルを目指すのが増進型である。ただし、ここでの理想とは、空想的、抽象的なものではなく、実現可能性を持ち、具体性を描けるものである。そうした意味で、現実的な理想である（**図6-2**）。

　2つ目は、取り組みの方法に関することである。増進型地域福祉は問題解決型ではなく目的実現型のアプローチである。地域で生じているさまざまな生活問題の解決は必要である。しかし、問題の原因を探求して解明し、それ

図6-2　増進型地域福祉の理想の追求

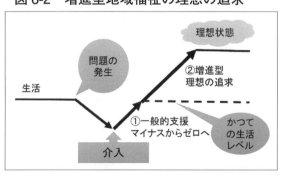

図 6-3　目的実現型アプローチ

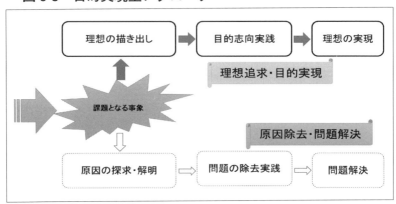

を除去するという問題解決型の方法では、現在の複雑化した状況でできることは限られる。原因を探求するのではなく、どうなればよいのかを明らかにして、これを目的とする。その上で、この目的を実現するための方法を検討して実践するという計画的な発想をするのが増進型地域福祉である（**図6-3**）。

　3点目は進め方である。増進型地域福祉は課題にかかわる関係者の話し合いによって進める。特定の専門家が合理的、システム的に実践方法を決定するのではない。あるいは問題を抱える当事者の思いを無検討に受け入れるものでもない。お互いに話し合い、納得して了解したことを合意する。その合意に従ってそれぞれが実践に取り組むのである。これは個人主義的な目的追求とは異なる共同的、相互主観的なアプローチである。話し合いによる合意にもとづく行為調整により、誰かが対象化されたり手段化されたりすることなく、誰も排除されない取り組みを実現する。

　4番目の特徴は、プロセスの大切さである。増進型地域福祉は目的に重きを置くが、ただ目的が実現すればよいということではない。目的を達成するプロセスも同等の重みを持っている。コミュニティワークでいうプロセスゴールの重視であるが、これも単に関与者の問題意識の醸成や力量形成を言うのではない。取り組むプロセス自体が喜びとなり、実践関与者の人間的成長につながる性格を持つ。

最後の5点目は、住民である個人と地域社会との関係である。増進型地域福祉は個人と地域社会をばらばらに捉えるのではなく、個人の生涯的発達と地域社会の持続的発展の両方を統合的に目指す。個人の自己実現は社会的なつながりの中で生まれ、社会の発展は多様な個々人による集合的アイデンティティの形成により促される。個人の発達、自己実現のために地域の資源が必要であるが、それは地域資源を一方的に濫用することではない。逆に、地域社会の継続のために個人を搾取したり疎外する状態に置いたりするのでもない。個人の発達により地域社会が発展し、地域社会の発展により個人の発達が促されるという相互連関が進むことで増進型地域福祉は展開する。

4．実践展開に向けて

増進型地域福祉実践の基本型を**図6-4**のように示すことができる。地域生活上の課題に対して、問題を抱える当事者、専門職、住民等が理想の状態を話し合う。そこで合意された内容が実践の目的となる。目指されるのは理想の状態ではあるが、それは実現可能性のある理想である。その上で目的を実現する方法を検討し、実践プログラムをつくる。この内容に基づいて実践に

図6-4　増進型地域福祉の展開

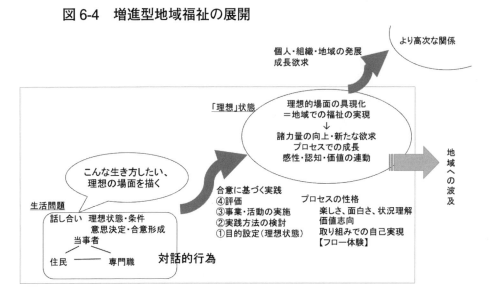

取り組むのである。掲げた目的を達成すれば、それは当初想定した理想の実現である。しかしこれは終着点ではなく、そこに至る過程でより欲求は高まっている（成長欲求）。はじめの目的達成は、次の目的へのスタートとなり、一度この動きが起こると、活動はらせん状に向上していく（図6-4）。

地域福祉の取り組みを、個人支援を行うミクロレベル、小地域（小学校区程度）での住民参加型の福祉活動を進めるメゾレベル、自治体（市町村）の計画や政策を企画・策定するマクロレベルに分けて、その特徴を示す。

1）個人支援レベル（ミクロレベル）

ミクロレベルは生活問題を抱える個人（当事者）に対する支援である。たとえば、家に引きこもっている40代の男性が、家族とも不仲になっているというケースである。目的実現型のアプローチであるため、支援計画での目的策定が肝要となる。当事者と専門職を含む支援者の話し合いにより目的を描き、その達成方法も合意する。ポイントは理想の状態を描けるかという点にある。先の例で言えば、引きこもりや家族との不仲になった原因を究明することに傾注するのではなく、どうなればよいのか、どのようにありたいのかを描くことを重視する。また理想の状態を目指すための社会資源やサービスは制度によるものだけでは十分とは考えられない。地域福祉の持つ民間性や自発性の発揮により、質の高さを確保する。住民、ボランティア、NPOや一般企業の参加が求められる。引きこもっている状態から、ともかく就労できればよい、ということではない。生きがいがもてる仕事、地域とのつながり、趣味を持つことも大切である。さまざまな問題を早期に発見して、早期に支援することができるに越したことはない。しかし、実際にはかなり難しい状態になってから（困難事例）、支援が始まることもある。そうした場合でも増進型の発想を持つことは、新たな視点を提供する。

増進型地域福祉の実践では、当事者が発達するだけでなく、支援者も発達する。それは、この実践が対話的行為を通して進められるからである（小野、2014）。関係者が妥当性を掲げて話し合い、正しさを了解し、合意に基づいた実践を進める。このプロセスは、コミュニケーション的合理性（ハーバーマス、1981＝1985、1986、1987）を生み出すのであり、それまでの自分を

高めていく。この対話的行為によって、よりよい結果となることを当事者や支援者が経験することがお互いの学習となる。これは共同の学びを通した発達である。一つの事例を通して、地域が変わっていくということである。

2）住民参加型の小地域活動（メゾレベル）

メゾレベルは小地域（小学校区等）での住民参加型の福祉活動を想定している。現在地域では住民による多くのサロン活動、見守り活動、訪問活動などが取り組まれている。一般的に小地域活動は、計画的な目的志向の実践である。こうしたメゾレベルでの取り組みは増進型の特徴を出しやすい。

地域の住民活動に関するトライアングルがある（小野、2015）。これは「求められること（必要性）−できること（能力性）−やりたいこと（自発性）」という3つの要素のバランスから小地域活動を考えるものである。「求められること」は地域の課題への対応であり、やらなければならないことである。「できること」は住民が担うことができる可能性であり、知識・技術や時間、参加者人数などを含む。「やりたいこと」は地域の自発性を示すものであり、地域としての欲求や願望に基づく。近年、「求められること」が肥大化しており、その範囲は防犯、防災、環境、交通安全、教育などにも広がっている。これに追われてしまうと「〜しなければならない」地域活動となり、負担感がぬぐえない。小地域の住民活動でこそ「やりたいこと」がイニシアチブをもつ増進型に切り替えていくべきである（図6-5）。

図6-5　住民活動のトライアングル

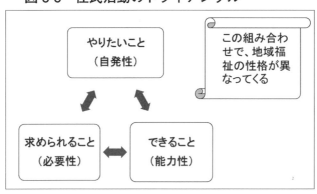

増進型の取り組みを検討する場は、住民による地域での会議や小地域福祉活動計画策定会議などである。地域の課題に関して住民が話し合い、理想的な場面を描き出す。それを実現するための方法を検討し、合意形成をして計画にする。その計画にもとづいて取り組みを進めるというものである。こうした実践の担い手には（問題を抱える）当事者、住民、専門職が含まれる。子育てに悩む人が集まれる場をつくりたい（やりたいこと）という思いから、当事者とともにこの地域での理想のサロンについて話し合い、賛同する人が集い、場所やプログラムの準備をして実行可能となり（できること）、子育てサロンという地域のニーズにあった活動が生まれる（求められること）、という展開がその例である。

3）自治体の地域福祉政策（マクロレベル）

自治体の方針として増進型地域福祉が全面的に取り入れられれば、予防を重視する地域福祉政策を進めることができる。心身の健康だけでなく、排除や差別を生まないなど、社会としての健康も配慮できる。その人らしい生き方が実現でき、この地域に住み続けたい住民が増えることで地域社会の持続性も実現する。マクロレベルでの理想の地域福祉である。これは自治体が直接提供するのではなく、ミクロやメゾレベルの実践を自治体が支援することで実現する。住民の主体性と専門職の支援が相乗的効果を発揮できるような自治体政策が求められる。

ただし自治体レベルで全面的に増進型の方法をとるためには、意識の転換が必要であり、財政を含む社会資源も課題となる。社会福祉法に示された地域福祉計画の考え方を基準にするならば、あえて増進型にする必要はない。そうした場合に、当面とりやすいアプローチは、部分的に増進型の事業やプログラムを組み込むことである。地域福祉計画に増進型の内容を位置づけるには、策定委員会の合意が必要であるが、住民参加に関する部分や重点項目となる事業のモデル的な取り組みとして増進型は導入しやすい。福祉に関する理想の地域づくりは、福祉専門職ばかりでなく住民にとっても魅力的な検討テーマとなりうる。計画にはもともと、理想と現実を結ぶ性格がある（牧里、1992）、増進型地域福祉はそれを意識的に行う。その実践を通して組織

や地域社会も発達するという教育的発想がこれを支えることになる。

注
1 増進型地域福祉の発想や進め方については岩永俊博（2003）の業績から多くの示唆を得ている。
2 ちなみに成長と発達は異なるという指摘がある（堀、2010）。しかしここではその違いよりも共通性を重視して、互換的に使用する。
3 教育と学習の違いはある。ただしともに人間（組織等を含む）の形成、変容にかかわることではある。本論では、場合に応じて学習も含むものとして、教育を広い意味で使っている。

参考文献
赤尾勝己編著（2004）『生涯学習理論を学ぶ人のために』世界思想社
岩永俊博（2003）『地域づくり型保健活動の考え方と進め方』医学書院
小野達也（2016）「増進型地域福祉への考察」『社会問題研究』65巻、pp.1-16
─── （2104）『対話的行為を基礎とした地域福祉の実践』ミネルヴァ書房
河村茂雄（2010）「教育と人間の成長・発達」『最新教育原理』勁草書房、pp.18-31
木村元（2009）『教育学をつかむ』有斐閣
田垣正晋（2012）「生涯発達とその支援」『教育福祉学への招待』せせらぎ出版、pp.211-222
武川正吾（2006）『地域福祉の主流化－福祉国家と市民社会Ⅲ－』法律文化社
ハーバーマス（1981＝1985、1986、1987）河上倫逸他訳『コミュニケイション的行為の理論　上、中、下』未来社
原田正樹（2014）『地域福祉の基盤づくり』中央法規
堀薫夫（2010）『生涯発達と生涯学習』ミネルヴァ書房
牧里毎治（1992）「市町村地域福祉計画と住民参加」古川孝順編『社会福祉供給システムのパラダイム転換』誠信書房、pp.30-44
吉田敦彦（2012）「教育福祉学への招待」『教育福祉学への招待』せせらぎ出版、pp.5-21

第7章　新たなセーフティネット構築における課題
－民間支援団体の人材育成に着目して－

中山　徹

はじめに

　2015年4月「生活困窮者自立支援法」(2013年12月成立。以下、「新法」）と略す）が施行され、日本の社会保障制度体系は、第1のセーフティネット「社会保険（労働保険含む)」、第2のセーフティネット「生活困窮者自立支援法」、「求職者支援制度」(2011年10月)、第3のセーフティネット「生活保護制度」の3層のセーフティネットに再構成された。

　2002年に成立し、2012年5年の延長がなされた「ホームレスの自立の支援等に関する特別措置法」（以下、ホームレス特置法と略す）に基づく自立支援策（ホームレス緊急一時宿泊事業、巡回相談ホームレス自立センター）は「新法」の下に組み込まれ、実質的に統合され、2年目を迎えている。ホームレス特措法は2017年8月で期限を迎えるため、本稿執筆時点では、事実上の理念法としてのホームレス特措法と生活困窮者自立支援法が併存する形となっている。ホームレス特措法再延長を要望する動きが活発化してきており、今後の推移が注目されている。[注1]

　「新法」附則第2条では3年後の見直しを定めているため、2018年の見直しに向けた生活困窮者自立支援の在り方等に関する論点整理の検討会（厚生労働省『生活困窮者自立支援のあり方等に関する論点整理のための検討会』）が2016年10月より開催されており、一定の方向性が出されようとしている。

　また、一方で、新法の見直し論点整理と関連して「地域力地域における住民主体の課題解決力強化・相談支援体制の在り方に関する検討会」においても専門機関、包括的な支援体制への連携の仕組・体制づくりが強調されている。[注2]

第7章 新たなセーフティネット構築における課題 －民間支援団体の人材育成に着目して－

　本稿では、地域の中で、新たなセーフティネット構築において問われてきている担い手育成に着目して、これまであまり知られていないと考えられる民間支援団体における民間版研修システムの実践と現在抱えている課題を示したい。

1．新たな生活困窮者自立支援制度の創設

1）生活困窮者自立支援制度の創設の経緯

　2008年以降、「ホームレス」だけでなく、複合的問題を抱えて生活困窮に至っている、あるいはそのリスクの恐れのある人々の存在が大きな社会問題となった。そして、新たな重層的なセーフティネット構築の必要性があるとの認識から、2012年社会保障審議会に「生活困窮者の生活支援の在り方に関する特別部会」が設置され、同年7月『『生活支援戦略』中間まとめ』が、2013年1月社会保障審議会「最生活困窮者の生活支援の在り方に関する特別部会報告書」（最終報告書）が取りまとめられた。

　新たな生活困窮者は、「中間まとめ」では、「経済的困窮」と「社会的孤立」状態にある者とされていたが、「最終報告書」では、新たな生活困窮者の生活支援戦略の対象者は「経済的困窮者」に限定された。また、同報告書では、一時的な居住等の支援について、「事業運営の質の確保を図る観点から、現在ホームレスの自立の支援等に関する特別措置法を踏まえ実施されているシェルター事業を拡充する等の中で、法的に位置づけることが必要である」とされ、ホームレス緊急一時宿泊事業（シェルター事業）等が新制度に移行することが指摘された。

　そして、この「最終報告書」を踏まえ、生活困窮者自立支援法と改定生活保護法は2013年6月一度審議未了で廃案となったが、同年12月に両法案は成立した。2014年度のモデル事業を経て、2015年4月施行され、今日に至っている。両制度は一体的に実施されていることに大きな特徴がある。生活保護法の改正は、受給者の就労・自立促進や医療扶助の適正化等を内容としており、生活扶助や住宅扶助の切り下げ等が実施されている。

　「新法」の成立によって、日本の社会保障制度体系は、第1のセーフティネット「社会保険（労働保険含む）」、第2のセーフティネット「生活困窮者

自立支援法」、「求職者支援制度」（2011年10月）、第3のセーフティネット「生活保護制度」の3層のセーフティネットに再構成された。

2）生活困窮者自立支援制度の概要

新法の目的は、「生活困窮者自立相談支援事業の実施、生活困窮者住居確保給付金の支給その他の生活困窮者に対する自立の支援に関する措置を講ずることにより、生活困窮者の自立の促進を図ること」（同法第1条）で、生活保護制度に至る前の段階で、自立支援策により生活困窮者の自立促進を図ることにある。新法の対象者である「生活困窮者」は「現に経済的に困窮し、最低限度の生活を維持することができなくなるおそれのある者」（同法第2条第1項）と定義されている。

新法の事業は、「必須事業」（すべての福祉事務所設置自治体901が実施しなければならない）と「任意事業」から成っている。「必須事業」は、「自立相談支援事業」と「居宅確保給付金」で、国の負担は3／4、自治体は1／4である。「任意事業」は、「就労準備支援事業」（国庫補助2／3）と「一時生活支援事業」（生活困窮者のうち住居に不安を抱えている層に対し、一定期間、衣食住の提供を行う事業で国庫補助2／3）、「家計相談支援事業」（国庫補助1／2）、「学習支援事業」（国庫補助1／2）である。「一般就労」に繋がる「就労訓練事業」（いわゆる「中間的就労」）は、都道府県による「認定」事業で、国庫補助はない。

そして、同制度の意義は、「生活保護に至っていない生活困窮者に対する第2のセーフティネットを全国的に拡充し、包括的な支援体系を創設する」ことである。また、同制度のめざす目標は、「生活困窮者の自立と尊厳の確保」と「生活困窮者を通じた地域づくり」にある。さらに、この新しい生活困窮者支援のかたちは、第1に「包括的な支援」、第2に、「個別的な支援」、第3に「早期的な支援」、第4に、「継続的な支援」、第5に「分権的・創造的な支援」とされている。

生活困窮者自立支援制度の根幹は、必須事業「自立相談支援事業」にある。同事業はアウトリーチ等により、生活困窮者を早期に発見し、①生活困窮者が抱えている課題を評価・分析し、そのニーズを把握し、②ニーズに応

じた支援が計画的かつ継続的に行われるように自立支援計画を策定し、③自立支援計画に基づく各種支援が包括的に行われるように関係機関との連絡調整等の業務を行うものであり、同制度のコントロールセンターとしての役割を果たすことになっている。

この「自立相談支援事業」では、「主任相談支援員」、「相談支援員」「就労支援員」が支援を行う。

3）新法による生活困窮者支援の仕組みの概要と一時生活支援事業

この生活困窮者自立支援制度の事業の主な特徴をあげるとすると、第1に、従来の縦割りの支援方法から「伴走型」あるいは「寄り添い型」支援への転換し、「自立相談支援機関」が包括的な生活困窮者支援をコントロールするということである。そのためには地域における社会資源開発とNPO等民間団体等などの地域の支援機関等との連携構築を必要とすることである。

第2には、生活困窮者自身に対する経済的給付がないという点にある。

第3に、ホームレス自立支援センターの入所期間が、原則半年であるが、実際半年を超えるケースもあったのに対し、「一時生活支援事業」は、原則3ヶ月（半年間まで延長可能）と支援期間が相対的に短いこと。

第4に、生活困窮者に対する経済的給付がないことである。一時生活支援事業においても同様である。

第5に、「就労準備事業」、「就労訓練事業」等にみられるように、「就労」に焦点化されていることである。

第6に、家計相談支援や貧困の再生産防止を目指す「子どもの学習支援事業」が新事業として組み込まれている点である

最後に、これまでのホームス等の生活困窮者支援は、政令市等の一部自治体への偏在状況が自立相談支援事業と住居確保給付金が全国的に構築されることにより一定緩和することが期待されていることである。

2．新法の担い手に関する国の人材養成研修

「新法」は、2015年4月から施行されている。新制度のコントロールセンターの役割を果たす、自立相談支援事業従事者の人材養成について、多様で

複合的な課題を有する生活困窮者に対し、包括的かつ継続的な支援が適切に行えるよう、十分な専門性を有する支援員の養成の重要性との認識から、当分の間「国」が直接、計画的に支援員の養成研修を実施することになっている。[注3]

2014（平成26）年度は、「自立相談支援事業」に従事する支援員の養成研修、2015（平成27）年度は、「自立相談支援事業」のほか、「就労準備支援事業」及び「家計相談支援事業」の従事者養成研修が実施された。国研修のカリキュラム内容は公開されており、濃密な「養成研修」が実施されている。各事業に従事者は、この研修修了を従事要件としている（当面の間は未修了でも従事可能）。なお、主任相談支援員は研修修了に加え、相談支援業務の従事年数等の要件もある。

また、都道府県については、モデル事業実施自治体や自立相談支援事業従事者養成研修の修了者が、行政や地域の関係機関を広く対象とした研修会等を企画する等を通じて、人材養成を担っていくことが想定されている。「国研修」実施→「国研修」修了者等による都道府県レベルでの養成研修（伝達研修）という仕組みとなっている。これまでの研修終了者は2016年4月1日時点で「主任相談支援員（6日間）」686人（1,281人　2016年4月1日現在の人数）、「相談支援員（6日間）」842人（2,660人）、「就労支援員（6日間）」636人（1831人）、「就労準備支援事業（3日間）」239人（923人　355自治体）、「家計相談支援事業（3日間）」355人（596人　304自治体）となっており、着実に進展していることと考えられる。施行後5年程度でほぼ国研修は一巡するものとされている。[注4]

3．NPO等民間支援団体における人材育成の取り組み事例
　　—NPOホームス支援全国ネットワークによる「伴走型支援士育成事業」

新たな支援の仕組みと捉えられている新法の必須事業である自立相談支援事業のキーポイントの1つは担い手の養成にある。現在、「新法」に関わる人材育成事業は国研修を除き、2つに大別できる。

第1は、新法成立後設立された「一般社団法人生活困窮者自立支援全国ネットワーク」2014年4月による人材養成の取り組みである。年1回定期的

開催の「全国研究交流大会」(研究発表やシンポジウム、ワークショップ等—これまで3回開催)と現任者の実践的な能力と質的向上を目指す様々な「実践的研修セミナー」が主な研修事業である。前者の参加者数は約1000人と大規模なものである。厚労省等行政機関と密接な連携のもとに、現任者を主たる対象として実施されている点に特徴がある。[注5]

　第2の人材育成の取り組みは、「NPOホームレス支援全国ネットワーク」による「伴走型支援士認定講座」である。あまり知られていない人材養成の取り組みであるため、ここで、多少詳しく同団体の取り組みについて紹介したい。

　「伴走型支援士認定講座」の開催主体の「NPOホームレス支援全国ネットワーク」は、「大阪就労福祉居住問題調査研究会」(2005年発足、「一般社団法人インクルーシブ・シティ・ネット」に再編された)による2007年「もう1つの全国ホームレス調査」(虹の連合より委託)を契機に設立された全国的規模の支援団体組織である。2016年時点で加盟団体85団体、賛助会員5団体となっている。このNPOによる人材育成事業は、2012年3月の大阪市での開催が第1回目で、2017年1月現在までに「伴走型支援士2級認定講座」11回、「伴走型支援士1級認定講座」3回を数える。開催場所は、第2回札幌市、第3回京都市、第4回岡山市、第5回東京、第6回札幌市、第7回静岡市、第8回仙台市、第9回北九州市、第10回札幌市、第11回大阪市とほぼ全国を網羅している。

　2016年3月時点で、全国で553人が「伴走型支援士2級」として、63人が「同1級」として認定されている。認定者の割合は「2級」は8割強と高いが、「1級」は6割弱である。2016年度は、札幌市と大阪市で「2級」の認定講座が開催されたが、現在認定作業中である。

　この人材養成事業は、幾つかの特徴がある。その第1は、日本におけるホームレス支援は他の分野に比して未知の部分を多く含んだ領域であるが、法が未整備の時期より各地で実践された支援経験と蓄積の中からみえてきた支援の考え方や支援手法等の体系化を図り、各地の支援現場でそれを共有することを目的としていたことである。大きなNPOを除き、自前の研修講座を整備している団体は多く、その要望に応えることも目的の1つであっ

た。しかし、2012年（2012年ホームレス自立支援法の5年間の延長が決定された）のこの人材育成事業開始時点においてホームレス自立支援団体の実際の支援対象者は、路上のホームレスだけでなく制度の狭間にある複合的で多様な問題を抱えている生活困難者も対象者もなってきていたため、ホームレス支援を基礎に置きながら生活困難者をも展望して体系化を図ろうとしたものであった。そして、新たな生活困窮者自立支援制度発足・施行に向け、民間支援団体が関わり始めている新たな生活困窮者を対象とした人材育成にシフトしていった。今日、新法の制度の支援理念や支援方法や就労支援、家計相談などに関する国研修が始まる中で、地域で連携する民間団体の研修システムの構築の在り方の検討と「伴走型支援」の基本的モデルの提示とそれを実現するための具体的支援手法を再整理する段階に至っている。これについては、議論があるところであるが、ここでは、概説するにとどめざるを得ない。

具体的には、家族（家庭）のもつ4つの機能（第1の機能―包括的、横断的、持続的なサービスの提供、第2の機能―家族が持っていた記憶の蓄積とそれに基づくサポートの実践、第3の機能―家族がもっていた「つなぎ・もどし、あるいはつなぎ直し」の連続的行使といった継続性のあるコーディネート機能、第4の機能―自己有用感の共有）を、「断らない・出向く支援」、「『経済的困窮』と『社会的孤立』の2つの困窮に対する支援」、「対個人と対社会の支援」、「自尊感情と自己有用感の相互性の支援」、「終わりなき支援」等、10の支援手法を用いることと再整理を行っている[注6]。

新法における支援の形として「包括的な支援」「個別的な支援」「早期的な支援」「継続的な支援」「分権的・創造的な支援」と5つが上げられているが、一部重なってはいるものの敢えていうならば、生活困窮の理解（経済的困窮と社会的孤立の2側面）、支援の長期性、支援範囲の広さ、「問題解決」の困難性の理解の違い、さらに様々な議論が予想されるが、「家族（家庭）」モデルを基礎としている点などに大きな違いがあると考えている。

第2は、この認定講座のカリキュラムは毎年更新され、その時々に必要な知識が習得できる体制を取る受講生のニーズに応えようとしている点にある。国研修ではとりあげていないホームレス問題や司法福祉、女性や子ども

の支援、居住支援、ソーシャルファーム論など広範なテーマを取り上げている。すべての課題をこの講座において取り上げ学ぶことは物理的に無理であることから、この認定講座は、その基礎となる伴走型支援という考え方を踏まえ、各論とプラン作成等の支援手法を学ぶというカリキュラム構成となっている。また、様々な事例検討のワークショップを通して、幾つかの視点からのニーズ把握と支援方法・社会資源活用の仕方を学び、受講生各自が支援プランを作成できるようになることを目指している。特に、「1級」認定講座では、この点に力点が置かれてきたが、「2級」においても、ワークショップ形式による事例検討を重視するカリキュラム構成に変えてきている。各分野の基礎知識等については、副読本として再編することが予定されている。

　第3は、「2級」から「1級」へとステップアップする積み上げ方式を採用していることである。「2級」はホームレス支援や生活困窮者支援のボランティアをしようとする初心者等を対象とするコースである。「1級」は「2級」取得者で、アセスメントを踏まえた支援方針策定ができる専門性の高いレベルを目指すものである。2級の受講者は、当初はホームレス支援団体関係者やボランティアが多かったが、今日、様々な分野で何らかの形で生活困窮者自立支援に関わっている受講者へとその範囲が広がってきている。

　第4は、通常の研修事業にみられる受講終了書の発行といった形をとらず、全講座の出席を条件に、最終日の「認定」試験（筆記試験）を受け、それに合格した者を「認定」するシステムを採っていることである。そのため、「伴走型支援士育成検討委員会」（テキスト作成チーム、認定講座実施チーム、試験作成チーム）と同NPOとは相対的に独立した第三者をメンバー外部組織「伴走型支援士認定委員会」（委員長：社会福祉法人恩賜財団済生会理事長　炭谷茂）を設置し、認定作業（採点結果と評価基準策定業務に基づいた認定業務）を行っている。また、認定された伴走型支援士の有効期限は2級、1級ともに5年とした「更新制」を採用している。

　第5に、受講生に対する受講前と受講後にアンケート調査を実施し、各講座内容、この人材育成事業評価とニーズの把握に努めた点である。

　第6に、この人材育成事業は独立行政法人福祉医療機構や厚生労働省社会

福祉推進事業の補助によって事業が実施されてきたことである。民間支援団体等で支援に関わっている人々に対する人材育成の必要性が認められてきたことの証左でもある。しかし、持続的に事業を継続していくためには、自前の財源で実施できる体制の構築が大きな課題となってきている。

4．NPO等民間支援団体における人材育成の取り組みの課題

　ホームレス支援の体系化からそれを基礎としながらも生活困窮者支援の民間版研修システムの構築に向け試行を重ねてきたこの民間支援団体の育成事業は今、転換期を迎えてきている。生活困窮者自立支援の人材育成に関して、国の研修や一般社団法人生活困窮者支援全国ネットワークや自立相談支援事業受託団体などにおいて人材育成事業が増えてきていることが背景にある。

　これまでの人材育成におけるニーズを整理すると、生活困窮者自立支援制度に関する理解、同制度における各事業に関する知識や先駆的事例の紹介、就労支援や地域資源の確保や活用に関する基礎的知識や社会保障制度等に関する広範な知識の習得であった。この点については、講座開催時毎に実施された人材育成事業評価アンケート結果だけでなく、認定された人数や受講生の範囲の拡大などからニーズに応えられてきたものと評価できよう。

　また、試験実施と「認定」といった講座の仕組みについても同様に受講者から高い評価を受けている。

　だが、当初より企画していたものの十分展開できていない課題も残っている。それは、第1に、社会的孤立状態にある人々やコンタクトが困難な者への支援に関すること、第2に、包摂型の支援体系の構築や地域づくりの観点とその方法、第3に、民間支援団体のスタッフ育成、第4に、より実践的な研修・参加型研修への転換など研修自体の在り方の検討などがあげられる。これらに関して、2016年度実施の認定講座から試行を始めている。

　NPOホームレス支援全国ネットワークの人材育成については、国をはじめとした他の人材育成事業との差別化や独自性を図る方向に、これまでの蓄積を生かし、転換させていく必要があると考える。今日の生活困窮は「経済的困窮」と「社会的孤立」にあるとされ、新法の対象者は「経済的困窮」に

あるものに限定されている。「社会的孤立」を制度に乗せるには困難さがある。この「社会的孤立」とその原因・結果でもある「コンタクト困難者」などに独自性を発揮していくことも1つの有効な方向性であろう。今1つは、「伴走型支援」を多くの人に理解してもらうためには、わかりやすい用語による積極的な広報も必要であろう。

　今日、地域において、様々な社会福祉を含めた諸問題が山積しており、それに対応するため、様々な相談・支援システムの構築が謳われてきている。これらの仕組みや制度理解をした担い手をどのように地域で養成・育成していくのか、が今後の大きな課題となっていくであろう。

注
1　NPOホームレス支援全国ネットワークによる「ホームレス特措法」要望書
　　http://www.homeless-net.org/index.html　2016.10.25　を参照されたい。
2　厚生労働省「地域における住民主体の課題解決力強化・相談支援体制の在り方に関する検討会」『地域力強化検討会中間とりまとめ－従来の福祉の地平を超えた、次のステージへ－』平成28年12月26日」、p 6
3　厚生労働省自立相談支援事業従事者養成研修については
　　http://www.mhlw.go.jp/stf/seisakunitsuite/bunya/0000108100.html
　　2016.12.1を参照されたい。
4　厚生労働省「生活困窮者自立支援のあり方等に関する論点整理のための検討会（第4回）資料2」、平成27年12月1日、p27。
5　一般社団法人「生活困窮者自立支援全国ネットワーク」の全国研究交流集会、実践的研修セミナーについては、
　　https://www.life-poor-support-japan.net/　2016.12.20 を参照されたい。
6　NPOホームレス支援全国ネットワーク『伴走型支援士認定講座テキスト』、2017年1月20日、pp35-61を参照されたい。

参考文献
NPOホームレス支援全国ネットワーク、『独立行政法人福祉医療機構助成事業ホームレス支援専門員育成プログラム開発研究事業報告書』2010年3月
NPOホームレス支援全国ネットワーク、『平成22年度セーフティネット支援対策等事業費補助金（社会福祉推進事業分）ホームレス支援人材育成事業報告書』、2011年3月
NPOホームレス支援全国ネットワーク、『平成23年度セーフティネット支援対策等事業費補助金（社会福祉推進事業分）伴走型生活支援士育成研究事業報告書』、

第Ⅱ部　生涯にわたり人生を豊かにする教育福祉的アプローチ

　　2012年3月
NPOホームレス支援全国ネットワーク、『平成24年度セーフティネット支援対策等事業費補助金（社会福祉推進事業分）生活困窮者へのステージに応じた伴走型支援を行う人材育成の在り方に関する研究事業報告書』、2013年3月
NPOホームレス支援全国ネットワーク、『「総合相談支援センター」における人材育成の理念・方針・研修システム・運営体制－新たな生活困窮者支援体制の構築に向けて－』、2013年3月
NPOホームレス支援全国ネットワーク、『平成25年度セーフティネット支援対策等事業費補助金（社会福祉推進事業分）生活困窮状態に置かれた者に対する新たな相談支援事業の実施に携わる人材の育成・確保、専門性の向上に関する調査・研究事業報告書』2014年3月
NPOホームレス支援全国ネットワーク、2014年度独立行政法人福祉医療機構助成事業『相談支援事業と連携する民間の人材育成事業報告書』、2015年3月

第8章　社会福祉法人に求められる地域戦略
－地域包括ケア時代に向かって－

関川　芳孝

1．社会福祉法人制度改革において期待された役割

1）社会福祉法人の存在意義とは

　平成28年3月に成立した社会福祉法の一部改正により、社会福祉法人制度が抜本的に見直された。社会福祉法人制度は、戦後まもなく社会福祉事業法のもとで創設されたが、介護保険の創設を契機として社会福祉の基礎構造が転換し、社会福祉の分野に多様な事業主体が参入可能となっているにも関わらず、抜本的な制度改正が行われてこなかった。

　しかしながら、社会福祉法人制度をとりまく状況は大きく変容している。たとえば、急速な人口減少、少子高齢化が進む一方で、家族・地域のあり方も変容している。さらに、所得の格差も拡大し、ワーキングプアをはじめ生活困窮者も増えている。こうした状況の変化に対し、社会福祉法人の経営にはどのような役割が期待されているのであろうか。

　厳しい財政事情から社会保障および社会福祉の制度が対象とするべき範囲が限定されつつあるなかで、地域においては、ホームレス、引きこもり、刑余者への支援、単身高齢者の見守りなど、公的な福祉制度では十分に対応できない生活課題が山積している。これまでは、家族や地域がこうしたインフォーマルなニーズに対応するものと期待されてきたが、現実には家族機能は脆弱化し地域住民による互助の基盤も形骸化している。社会福祉法人には、変容する地域社会に対し、社会福祉事業の実施以外に、どのような関与が求められているのであろうか。

　民間社会福祉事業は、慈善・博愛事業から始まり、自主的・自発的にさまざまな生活困窮に関わる福祉ニーズに対応してきた。こうした民間社会福祉

事業は、戦後創設された社会福祉法人制度のなかで再編され、自治体が行うべき福祉の措置を受託する特別な公益法人として位置づけられた。これによって、所轄庁の厳格な監督規制のもとで施設や運営費の目的外使用を禁止され、社会福祉法人の役割も、公的な制度にもとづく福祉サービスの提供に限定されるようになっていった。社会福祉法人の経営も、こうした既存の制度枠組みからの転換が必要のように思われる。

社会福祉法人の役割を考える上で、大きなターニングポイントとみるべきは、平成12年の社会福祉基礎構造改革である。措置制度から契約制度に転換し、収支差額の取り扱いなど、経営に対する規制も緩和された。他方では、民間企業やNPOなど多様な事業主体の参入が認められるようになった。幾つかの措置事業などを別にすれば、民間企業による福祉経営も可能となっている。介護の分野において顕著なように、サービスの質が確保されているのであれば実施主体は必ずしも社会福祉法人でなくてもよいという意味において、民間企業の参入拡大は、相対的な社会福祉法人の存在価値の後退を必然としていた。

社会福祉法人の存在価値の後退は、民間企業とのイーコール・フッティング論の展開からも読み取れる。規制改革会議など、介護サービスなど福祉の分野に民間企業の参入を積極的に進めようとする立場からは、イーコール・フッティングを理由に、社会福祉法人に対する優遇措置の廃止を求めてきた。福祉サービスの提供を民間企業の経営に委ねることのできる介護や保育などの事業分野において、厚生労働省が社会福祉法人を特別に優遇し続けるのはなぜなのか、が問われている。規制改革会議の場において、福祉サービスの市場化、事業主体の多元化のなかで、あらためて社会福祉法人制度の意義・役割が問題とされた。

平成26年規制改革実施計画においては、社会福祉法人の役割として、生活困窮者に対する無料低額な福祉サービスの提供、生活保護世帯の子どもへの教育支援、高齢者の生活支援など社会貢献活動の実施を義務づけるべきと指摘されている。こうした事業は、サービスの対価として公費が支払われる制度の対象とされておらず、仮に民間企業などが取り組んだとしても採算が合わず事業としてなりたたない。言いかえれば、公的な制度や市場原理ではカ

バーされない福祉ニーズに対応してこそ、社会福祉法人本来の存在意義があると考えられたのである。

2）公益性を高める新たな地域戦略の展開

社会福祉法人制度改革では、こうした背景を踏まえて、社会福祉法人制度の本旨に立ち戻り、社会福祉法人の本来的な役割についても検討した。すなわち、社会福祉法人とは、社会福祉事業の主たる担い手であるとともに、既存の制度が対応しておらず、自治体から対価の支払いが期待できないため、市場原理のもとでは事業実施が期待できない部分を担う公的な存在であると位置づけ直した。福祉サービスの市場化、事業主体の多元化という状況のもとでは、こうした地域の福祉ニーズに対して、民間社会福祉事業の原点ともいえる慈善・博愛の精神に立ち戻り、先駆的に事業展開することによって、社会福祉法人の存在意義を明確化できる。

改正社会福祉法第24条2項は、次のように定めている。「社会福祉法人は、社会福祉事業及び第二十六条第一項に規定する公益事業を行うに当たっては、日常生活又は社会生活上の支援を必要とする者に対して、無料又は低額な料金で、福祉サービスを積極的に提供するよう努めなければならない。」ここでは、生活困窮者や社会的な排除や孤立などから日常生活や社会生活において援護を必要とする者に対し、自治体から事業の委託がなくとも、積極的に自ら無料低額な福祉サービスを提供することを、社会福祉法人本来の責務とされている。社会福祉法人が、こうした責務に対し柔軟に取り組むことができるようになれば、国民および地域社会に対しても公益性の高い社会福祉法人の姿を可視化できる。ひいては、非課税にふさわしい社会福祉法人のあり方を体現するものと評価されるであろう。

こうした福祉ニーズは、制度の狭間のニーズといわれるが、本来的には公的責任としてミニマムの生活を保障するセーフティネットに関わるニーズである。社会福祉法人には、もっぱら公費によって運営される公的な存在として、地域におけるセーフティネット機能を補完する役割が求められている。制度にもとづく公的なサービスを提供することが、社会福祉法人の役割であると考えられてきたが、あらためて社会福祉法に求められる公益性について

考える必要がある。社会福祉法人の経営に詳しい田島も、こうした従来の枠組みから離れ、セーフティネットがあるにも関わらず、貧困・社会的排除や孤立・心身の障害や不安などの状況におかれた人々が、社会の一員として地域社会において普通に暮らすために必要な支援を行うことが、本来的に社会福祉法人に期待された固有の役割と述べている。(田島、2015)

　逆に言えば、市場化された制度ビジネスの枠組みを超えて、制度が対象としていない福祉ニーズにも積極的に対応する特別な事業主体でなければ、民間企業と差別化できない。こうしたニーズに対応することを前提に、補助金や優遇税制、低利による資金の貸し付けを受けている特別な公益法人であるとの理解が必要である。もちろん、利益の一部を地域に還元し、地域の福祉ニーズに積極的に取り組んでいかないのであれば、社会福祉法人制度の存在意義そのものが認められない、と考えるべきであろう。社会福祉法人制度の持続可能性が危ぶまれるゆえんである。

　これまで社会福祉法人が、こうした事業に取り組んでこなかったわけではない。社会福祉基礎構造改革以後、利益の一部を地域の還元し、さまざまな地域貢献に取り組む社会福祉法人も少なからず存在した。全国社会福祉法人経営者協議会では、平成15年より地域貢献に向けた「一法人一実践事業」の推進に取り組んできた。こうした成果は、「全社協　福祉ビジョン2011　実践事例集」においても幾つかの活動事例が紹介されている。

　主だったものを紹介すると、たとえば、①特別養護老人ホームを拠点として地域に対し行う相談事業、介護予防教室、サロン活動などの活動②生活困難者に対する相談事業および無料で生活物資の提供をレスキュー事業③地域の高齢農家支援を目的とする障害者の連携による就労事業④複数法人でNPOを設立し始めた障害者を対象とするなんでも相談事業⑤救護施設を拠点に、地域住民のボランティアと連携して行う就労支援、在宅高齢者の生活支援⑥親子サロン・里親サロン、地域の高齢者に対する集いの場、地域住民を対象とする学びのサロン事業⑦地域のボランティアとともに行う家庭訪問型の子育て支援⑧母子生活支援施設が行なう退所児童や福祉事務所から紹介を受けた児童生徒を含む学習塾、など興味深い実践事例が紹介されている。

　紹介されている実践例は、数多い社会福祉法人のなかでも先駆的な事例で

第8章 社会福祉法人に求められる地域戦略 －地域包括ケア時代に向かって－

あると言われるかもしれない。しかし、多くの社会福祉法人が、もっぱら制度にもとづく事業にしか対応してこなかったわけではない。社会福祉法人の多くが、既存施設の機能を柔軟に活用して「上積み」「横だし」的に、地域に向けたさまざまな公益的な取り組みを行ってきた。全社協・社会福祉施設協議会連絡会が取りまとめた「社会福祉法人であることの自覚と実践」でも、こうした社会福祉法人によるさまざまな地域貢献活動が整理され、紹介されている。

　また、筆者自身が兵庫県老人福祉事業協会と共同し「高齢者施設における地域貢献」についての調査研究をしているが、一般的な地域貢献として①会議室など施設の開放、②介護予防の講座などに職員を講師として派遣、③福祉避難所の関する協定をむすぶ、④祭りなどつうじた地域交流など、がされていた（関川、2014）。こうした社会福祉法人による地域貢献は、地域に対してどのような貢献ができるかという観点から、法人単独で企画され実施されてきたものといえる。こうした地域貢献が、社会福祉法人の存在価値として認知されてこなかった理由としては、社会や地域に対し十分PRしておらず、見える化できていなかったという面はあるが、はたして広報戦略の問題だけであろうか。

　社会問題を解決する一つの手法であるソーシャル・マーケティングの観点からみると、もう一つの課題が浮かび上がる。地域の実際の福祉課題と対応させてみると、従来の地域貢献の内容が地域の福祉ニーズに対応していないと思われる事業も少なくない。対応するべきニーズとミスマッチといわないまでも、事業効果としてみると必ずしも問題解決につながっていないと思われるものもある。これとも関連するが、地域に対する関わりも限定的であり、住民団体など、さまざまなステーク・フォルダー（利害関係者）との連携にも成功していない。しかも、福祉の専門職を抱える社会福祉法人の強みを生かし、地域の福祉課題をソーシャルワークの手法をもちいて介入し解決するという発想が十分に読み取れない。

　こうして考えると、社会福祉法人が期待されている役割に正しく応えるためには、これまでの地域貢献の発想やアプローチを見直すことが大切である。具体的には、地域に対し社会福祉法人として取り組むべき課題を焦点化

し、効果的な事業立案の観点から、①社会福祉協議会や民生委員、地域組織、ボランティア団体と連携する②複数法人と活動資金を拠出し協働し事業を運営するなど、実施方法についても再検討が必要である。さらには、住民自体が主体的に地域の問題に向き合い住民同士がともに助け合うことを前提にし、地域の社会連帯にもとづく活動や住民が望むまちづくりを応援する視点も大切である。住民やボランティアを社会福祉法人による制度外サービスを事業化する上で有益な社会資源として考えてはならない。問題は、どのように地域と関わるか、具体的な地域戦略と詳細な方法論の提示が必要である（全国社会福祉経営者協議会監修、2016）。

2．社会福祉法人による地域戦略——実践事例の検討

　社会福祉法人には、既存の制度が対象としていない地域の福祉ニーズに対応し、制度外の事業を開発し起業する役割が求められているが、どのように対応するのか、必ずしも明らかではない。先駆的な取り組みとして紹介される大阪の社会貢献事業は、府下の社会福祉法人が連携し、生活困難者についての総合相談を受け付け、必要であれば緊急的な経済的援助を含む寄り添い型支援を行っている。こうした公益的な取り組みは、社会福祉法第24条2項が求める「日常生活又は社会生活上の支援を必要とする者に対して、無料又は低額な料金で、福祉サービスを積極的に提供する」活動に該当する。社会福祉法人が協業して構築するセーフティネットは、生活に課題を抱える住民の個別支援について有効といえる。

　他方、地域社会の住民が求める「生きがい・健康増進型のサービス」や祭りなど地域支援などは、社会福祉法第24条2項の対象とならない。しかし、社会福祉法人による地域支援やまちづくりの支援は、コミュニティ・エンパワメントとしても意義があり、住民参加型の在宅福祉サービス体制構築、助け合い活動のシステム化にもつながることがわかってきた。社会福祉法人による日常生活等において援護を必要とする者に対する個別支援からみても、インフォーマルな住民参加型の在宅福祉サービスが活用できることは、個別支援の幅を広げることができる。川島も「地域を基盤としたソーシャルワークの展開」において、個別支援と地域支援は一体的に取り組むことが重要と

指摘する（川島、2011）。

　たとえば、公的サービスの担い手である社会福祉法人が、社会福祉協議会のように、地域福祉の推進主体として、住民主体の活動育成にも関わることができないだろうか。社会福祉法人が、住民や利用者の参画のもと、制度外のニーズに対し新たなサービス開発および必要な事業の立ち上げが可能となると、公共性の高い経営モデルの提示が可能となる。また、将来の地域福祉のイノベーションにもつながるものと期待できる。以下で紹介する社会福祉法人の実践例は、こうした経営モデルを考える上でも、有益といえる。

1）青山里会による地域戦略の概要

　ここでとりあげるのは、三重県にある社会福祉法人青山里会である。特別養護老人ホームや老人保健施設等の経営の他、地域における制度外のニーズに対しても、地域貢献としてさまざまな形で独自に事業を展開してきた（西元、2014）。地域貢献活動は、多岐にわたるが、ここではコミュニティ・ワークの実践に注目し、以下の三つの事業・活動を紹介したい。

　一つは、地域福祉活動の中核拠点として地域交流ホームを開設し、温泉を活用した健康増進事業の実施に加え、住民からのなんでも相談を受けつつ、地域の声や課題の把握に努めてきた。二つめは、コミュニティ・レストランを併設する「いきいき安心生活館」を開設し、総合相談を実施するなど高齢者の孤立化防止に取り組んでいる。三つめは、地域住民・自治会が主体となって住民に対しごみだしや買い物送迎などの日常生活支援を行う「ライフサポート三重」の立ち上げにかかわり、現在なお当該事業運営を側面から応援している。

　青山里会の実践は、既存の施設機能に変化する地域ニーズに応じて新たな機能を付加しつつ、事業経営を地域志向に再編し、地域の資源を活用しながら拠点形成、地域ネットワーク化を図る取り組みである。地域の人口が減少、高齢化が進み、一人暮らしの高齢者が増え続ける状況があり、こうした地域課題に対し法人の経営する福祉インフラを地域に展開することによって、持続可能な「まち」づくりに寄与しようと考えるのである。

　「いきいき安心生活館」が取り組んでいる総合相談事業は、介護などの課

題を抱える高齢者に対する「個別支援」にとどまらない。地域住民と地域の実情について学びあう場を形成し、住民参加型、住民主体の地域福祉を推進する取り組みにつなげている。そして、地域に対し住民相互のつながりや助け合いを支援する活動まで展開している。まさに、住民参画のもと地域住民の生活を支える必要なサービス体制の構築を目指している。

2）地域拠点の形成

　当初想定された地域へのアプローチは、温泉施設を併設させた「生きがい・健康増進」型の拠点づくりであった。小山田温泉地域交流ホームは、昭和61年に開設されたものであるが、当該交流ホームにおいて「夏祭り」「温泉まつり」など地域イベントを実施し、地域住民との交流促進に取り組んだ。高齢者や障害者が温泉を利用し一般の住民と交流できる場づくりをねらいとしていた。当時は、高齢者保健福祉10ヵ年戦略、ゴールドプランが展開されており、特別養護老人ホームの機能を地域に展開し、在宅福祉サービスを提供することが求められていた。こうした在宅福祉サービスを必要とする世帯だけに限定せず、「生きがい・健康増進」を掲げ、住民全体へのアプローチする方法がとられている。生きがい・健康増進型の地域交流ホームは、高齢者・障害者と住民が交流し相互の関係性をつむぎだすコミュニティの施設、地域の福祉拠点として位置づけられていた。温泉を活用した地域交流ホームの事業内容は、生きがい・健康増進型サービスから次第に拡大し、介護予防のために健康相談などを内容とする健康増進クラブ事業、住民参画による「健康守りたい事業」などに広がっていった。

　在宅介護支援センターやコミュニティ・レストランを併設させ、住民に身近なところで、医療・保健・福祉に関わる総合相談を実施し、相談を受けた在宅の高齢者世帯に対して積極的にアウトリーチした。これによって生きがい・健康増進事業を継続しながら、介護問題をはじめとするさまざまな暮らしの問題について、地域住民からの声を集約し、住民とともに課題解決に取り組む拠点として機能が拡充された。

　他方、「いきいき安心生活館」は、高齢者の「孤立化防止」のための地域拠点として始まっている。ここでは、地域住民に対し低額な料金で食事を提

第8章　社会福祉法人に求められる地域戦略　－地域包括ケア時代に向かって－

供するコミュニティ・レストランを中心として、法人独自事業として在宅介護支援センターを併設し、地域住民の居場所や学習会の場としても運営される。住民が居住する身近な場所に相談拠点を設けることも、地域へのアウトリーチの方法である。レストランを利用する住民との日頃の関係のなかで相談やニーズの発見が行われ、地域住民のさまざまな生活課題の把握も可能となっている。

　また、レストランの利用によって住民同士が顔見知りの関係となり、日常生活の見守りや声かけ、必要に応じて併設する相談窓口につなぐなど、高齢者の孤立化という問題解決に向けた住民相互のつながりがうまれている。

3）地域支援、コミュニティ・ワークの展開

　「いきいき安心生活館　ぬくみ」がある三重西地区では、いきいき安心生活館を拠点として、法人と自治会や民生委員、地域住民との連携・協働が生まれ、住民相互のネットワークづくり、さらには住民互助による「ライフサポート三重西」の立ち上げにつなげることができた。以下では、ライフサポート三重西の事業内容と青山里会の事業支援についてみていきたい。

　ライフサポート三重西は、三重西連合自治会「地域支え合い体制づくり事業」として始められたものである。当初から、地域住民が主体となって、住み慣れた地域の可能な限り居住し続けたい、当事業を通じ自主的に住民が助け合うことによって、安心して住み続けることができるまちづくりが可能となると考え、活動をはじめたものである。青山里会は、こうした住民主体の活動を支援するため、三重団地に隣接したところに、「いきいき安心生活館」を開設し、ここを拠点として地域組織・三重西連合自治会と連携・協働し「ライフサポート三重西」として日常生活支援体制の立ち上げに関与した。

　この「ライフサポート三重西」とは、地域住民によって自主的に運営される事業である。会員登録をしている地域住民が、会員である65歳以上の高齢者に対し、①ゴミだし、②配食、③自宅の掃除、④話し相手、⑤買い物支援、⑥医療機関への受診の付き添いなどのサービスを安価で提供する。事務局は、団地の集会所におかれ、事務員がサービスの需要と供給のコーディネイトを行なう。事務局を通じ、会員によるサービスの提供に対しては、対価

が支払われるなど、会員相互の有償ボランティアによる互助の仕組みとなっている（図8-1）。

　ライフサポート三重西では、地域住民が、地域において生活支援サービスの提供主体を組織・運営する主体となって、地域を支えている。いきいき安心生活館を拠点とした青山里会の地域活動は、こうした住民の主体形成を側面から応援するものといえる。地域支援として、地域住民による主体的なコミュニティ形成を支援する役割を引き受けている。

　同事業に対する法人の関わりとしては、事業の立ち上げ支援から始まり、ライフサポート三重西の運営委員会に法人職員が参画するなどして、応援している。「いきいき安心生活館」に併設する在宅介護支援センターが、拠点事業の運営を通じて、会員でもある地域住民に対する相談に対応し、必要な制度やサービスにつなげている。さらには、会員の研修会に対し職員を講師として派遣する他、買い物送迎などに法人の車両および運転手を提供するな

図 8-1　ライフサポート三重西の事業概要

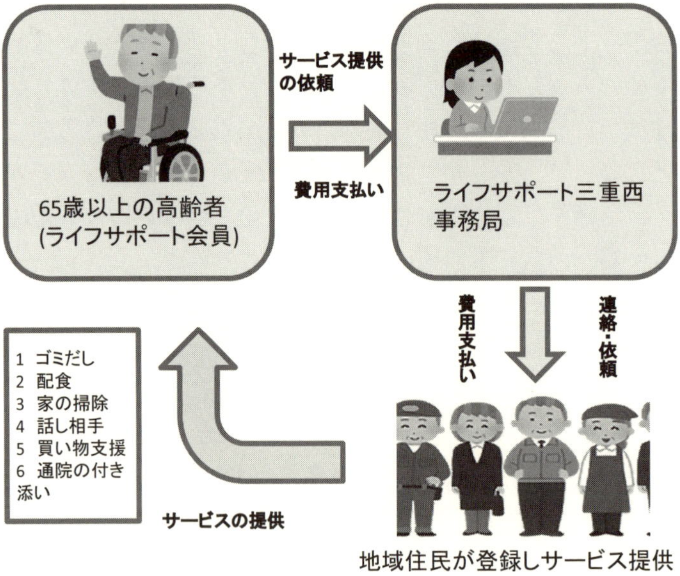

（資料をもとに、あらためて筆者が作成）

どの協力をしている。介護事業の利益の一部をこうした事業に再投下し、住民による地域づくりに貢献する活動を展開している。

3．住民との対話と学び合い、教育福祉的アプローチ

　ロスは、コミュニティ・オーガニゼーションの主要なアプローチの一つとして、対象となる地域の住民と問題解決のプロセスづくりを支援の目標とし、地域福祉の援助を行うことをあげていた（ロス、1963）。住民が、自らの問題を発見し、対策を企画・実施するため、地域の代表を通じて参加するプロセスづくりを支援の目標にする方法である。また、原田も「地域福祉援助をつかむ」において、こうした住民の参加と協働を促す援助方法として、「問題共有型の組織化」と「問題解決型の組織化」をあげている（岩間・原田、2012）。そして「問題共有型の組織化」においては参加者相互が地域の問題について対等な立場で対話し学びあうことが重要であると指摘している。青山里会の地域に対するアプローチは、問題共有型の地域住民との学習会から始まったが、住民の主体性が育成され孤立化防止という問題解決型の組織へ変容していることが興味深い。つまり、地域福祉の問題解決においても、住民が学びあう生涯教育的なアプローチが有効であることが示唆されている。

　あらためて、対話と学び合いから、福祉課題の解決へと結びつける方法を本章における教育福祉的アプローチとして考えてみたい。教育福祉的アプローチとは、地域住民による主体的な学び合いの場づくりから、「コミュニティ、エンパワメント」ひいては「地域住民の統合」を目的とし、地域福祉の援助を展開するものである。地域の福祉人材の育成にも有効な手法といえる。

　この青山里会による組織化のプロセスをみると、地域交流事業から始まっている。「地域住民の人と地域のことについて話がしたい」「地域の人々の考えが知りたい」と考えて、地域ごとに地域住民との学習会を定期的に開催してきた。当初のねらいは、地域貢献として行う住民を対象とする生涯学習の場づくりであった。学習会の内容も、地域の文化や歴史から住民が学びたいものが選ばれていた。あえて、福祉の話については、参加者から聞かれた内

容について説明する程度にとどめていたという。地域福祉推進のため行われる地域住民に対する福祉教育の場という位置づけも明確にしていない。

　地域交流として、施設の職員を地域に出向かせ、地域住民から地域のことを教えてもらう、仲よくしてもらうことを、学習会の主たる目的としていたという。法人経営の地域戦略としてみれば、地域と信頼関係をつくるための広報戦略、パブリック・リレーション（PR）の構築を目的とした学習会というべきものであった。

　こうした学習会を開催し続けることによって、学習会に参加する地域の人たちから在宅介護支援センターにおける相談窓口や社会福祉士の存在を知ってもらうことができている。学習会は、施設の職員、相談窓口の職員も参加しており、地域の地域リーダーや地域をまとめるキーパーソンに対し、彼らをPRする、つなげる有効な手段となったと思われる。それだけにとどまらず、地域の課題について互いに学びあうことを積み重ねることによって、学習会の性格が、地域の福祉課題について互いに対話し話しあう場へ変容していった。住民世帯の高齢化や住民の孤独死に直面し、学習会においても生活課題や不安を抱えながら「住み慣れた町で安心して暮らす」にはどうしたらよいかについて議論するようになった。地域住民がわがまちの問題や福祉についても「ともに学び」「ともに考え」参加者相互に意見を交換する場へと変容していった。つまり学習会が「問題共有の場」としての集まりとなっていった。

　青山里会は、「いきいき安心生活館」の立ち上げに当たって、孤立化防止の調査研究を住民とともに実施している。具体的には、当該地域に居住するひとり暮らし高齢者、高齢者夫婦のみの世帯を対象にアンケート調査を実施し、日常生活における生活ニーズの実態把握を行っていることも注目されてよい。孤立化防止という社会目的をもって地域貢献活動を行う場合に、当該地域における高齢世帯の生活支援のニーズを調査し把握し、地域においてはどのような事業が必要とされているかを検討しようというわけである。研究調査には、民生委員なども参画して行われている。また、調査結果は、地域住民にフィードバックし、共有しながら、地域住民の生活課題についてともに考え、孤立化防止に必要な拠点機能について議論を重ねていった。

第8章 社会福祉法人に求められる地域戦略 －地域包括ケア時代に向かって－

　この調査は、法人として新たな事業を始める前に行うマーケティング・リサーチとしてねらいもあろうが、住民自身が、事業の必要性を共有する、地域における一人暮らし高齢者の生活課題について学び、地域全体の問題として受けとめ、住民として必要な行動についてともに考えるきっかけとなっている。いいかえれば住民による主体形成の場づくり、コミュニティ・エンパワメントに有効な援助となっている。
　こうした相互の学びと対話を通じて、居住し続ける上で将来直面するであろうさまざまな生活の困難、さらにはひとり暮らし高齢者に対する生活支援のニーズについて、他の地域住民にも広く知ってもらい、地域住民自らがこうした生活課題の解決を自らの問題として考える機会となった。調査研究を住民と共同して行ったことにより、孤立化防止について活動を始めるまでのプロセスを共有し、「地域住民の統合」にも寄与するものとなっている。学習会というインフォーマルな対話と学び合いが、地域に存在する要援護者の発見や地域全体のニーズの把握、地域課題について共通認識の醸成にもつながっていくからである。
　こうして振りかえってみると、地域住民との協働による問題解決のシステムつくりの基礎となるのは、継続的な対話と学び合いを通じたインフォーマルな合意形成といえる。ただし、一、二度のワークショップを開催し話し合うだけでは、住民は主体的に問題解決のために事業を始めようとは考えない。むしろ、参加した住民から「押し付けられ、やらされる」と受け止められてしまう。自治体や法人の事業に利用される、手伝わされるという見方をされてしまいかねない。こうなると地域住民とのパートナーシップの形成は難しい。
　青山里会の実践に学ぶとすれば、住民組織によるフォーマルな合意形成の前提として、法人の職員が地域住民と日頃から対話と学び合いを継続して行うことがポイントとなるであろう。対話と学び合いの場づくりは、住民との問題を共有し、問題解決に向けた取組へのプロセスを共有しようとするものであるから、問題解決に向けた住民の合意形成を迫らない。このことが、結果として住民による参加と協働への動機付けにつながっている。

第Ⅱ部　生涯にわたり人生を豊かにする教育福祉的アプローチ

参考文献
阿部志郎編（1986）『地域福祉の思想と実践』海声社。
岩間伸之・原田正樹（2012）『地域福祉援助をつかむ』有斐閣。
上野谷加代子・松端克文・斉藤弥生編（2014）『対話と学び合いの地域福祉のすすめ　松江市のコミュニティソーシャルワーク実践』全国コミュニティサポートセンター。
川島ゆり子（2011）『地域を基盤としたソーシャルワークの展開』ミネルヴァ書房。
厚生労働省、社会福祉法人在り方等に関する検討会、第二回「社会福祉法人が地域から期待される「更なる取組」について」西元構成員提出資料、http://www.mhlw.go.jp/file/05-Shingikai-12201000-Shakaiengokyokushougaihokenfukushibu-Kikakuka/0000027780.pdf
杉本敏夫・斉藤千鶴編（2003）『改訂コミュニティワーク入門』中央法規。
関川芳孝（2014）「高齢者施設における地域貢献」地域福祉研究センター年報2013　p.32。
全国社会福祉法人経営者協議会監修　河幹夫・菊池繁信・宮田祐司・森垣学編（2016）『社会福祉法人の地域戦略』生活福祉研究機構。
田島誠一（2015）「社会福祉法人に求められていること」月刊福祉2015年10月号　p.26。
西元幸雄（2014）「住民の助け合い活動をつくるコツ－社会福祉法人と地域住民組織の協働による取り組み」地域リハ9巻7号
マレー・G・ロス　岡村重夫訳（1963）『コミュニティ・オーガニゼーション　理論と原則』全国社会福祉協議会。
右田紀久恵編（1995）『地域福祉　総合化への途』ミネルヴァ書房。

第9章　認知症ケアの「新しい基礎知識」と近年の政策動向

吉原　雅昭

はじめに

　認知症は人類の歴史の初期からあったと考えられ、常に関心を持たれていたが、今日につながる医学研究が始まったのは20世紀になってからである。認知症に関する医学研究は進んできたが、特にこの10年ほど「新たな発見」は「医学研究の外側」で起きている面も多い。認知症について「多くの人々に信じられていること」や、教科書等に載っていた定説のいくつかは否定され、新しい知識に置き換えられつつある。本章は、これらのいくつかを概説し、それらの社会的意義を考察する。また、我が国の近年の認知症ケアの政策動向と、それらをめぐる論点についても簡単に述べる。

1．認知症ケアの新しい基礎知識

1）「病名」ではなく「状態」

　厚生労働省が監修した教科書の定義を引用する。「認知症は病名ではなく、さまざまな原因によって脳に病的変化が起こり、それによって認知機能が低下していくもので、認知機能の低下が原因で日常生活全般に支障をきたす状態」[注1]。

　原因となる疾患は、70種類ほどある[注2]。四大疾患や四大認知症と呼ばれるのは、アルツハイマー型認知症、血管性認知症、レビー小体型認知症、前頭側頭型認知症である。最も知られているのはアルツハイマー型で、患者数も多いが、実際には他の原因疾患も決して少なくない。国際比較で見ると日本は血管性が多く、レビー小体型が少ないが、後に見るようにレビー小体型は診断が難しく、日本では他の疾患と誤診されている方が多い可能性がある。原

因疾患によって、経験する困難や治療法等も、かなり異なることがわかってきた。診断の精度向上が望まれるが、ともかく認知症を「ひとつの病名」ととらえパターン化された画一的な対応をすると、うまくいかない可能性は高い。

ところで、「100人の赤ちゃん」もそれぞれ個性的であるが、「100人の80歳の認知症の方々」は、さらに多様である。身体面の多様性だけでなく、ひとりひとりの「80年間の生活経験」が非常に多様だからである。

2)「困ったできごと」とBPSDというとらえ方の重要性

すでに述べたように、認知症の中核症状は認知機能の低下である。しかし、認知症の方がどんなイメージを持たれているかというと徘徊、暴力、不潔行為（排泄に関係するものが多い）、妄想（例、盗られ妄想）、幻覚、不眠、不安と焦燥感等の「問題行動を起こす人」である。これらの多くは、中核症状に「身体不調、ストレス、不適切な環境、不安感、不快感、不適切なケア」等の「二次要因」が作用して起きる「行動・心理症状（Behavioral Psychological Symptoms of Dementia：略称BPSD）」であることがわかってきた[注3]。この見方は、非常に重要である。「認知症の方の多くは脳の疾患が原因で問題行動を起こす」という単純なものの見方が、科学的には誤りであることが示された。これまで、多くの介護家族やケア職が「問題行動」に苦しんできた。しかし、これらはあくまでも「家族やケア職にとっての困ったできごと（問題行動）」である。BPSDの視角を用いて検討を重ねると、二次要因を取り除いたり変更できる可能性はかなり高く、その結果、問題行動を無くすことができる。ポイントは、「認知症の本人」がどう感じているか、本人のものの見方や希望から出発することである。近年は、BPSDが起きることを予防する実践も、各地で試みられている。すなわち、ひとりひとりの心身状況を常に正確に把握することが求められ、環境の再調整と質の高いケアという個別対応が重視される。「認知症患者の治療による変容」ではなく、「彼らを取り巻く環境や関係の改善」を目指す視角がより重要になる。

3）根本的な転換：「異常な老い」から「自然な老い」へ

認知症は加齢によって有病率が上昇することは、よく知られている。我が国におけるデータを確かめよう。75〜79歳で約14％、80〜84歳で約22％、85〜89歳で約42％、90〜94歳で約61％、95歳以上で約80％である[注4]。一方、2015年の日本人の平均寿命は男性81歳、女性87歳ほどである（厚生労働省、簡易生命表）。「すべての人は人生の終わりの時期に認知症になる」ことはない。しかし、平均寿命との関係で考えると、人生の最後の時期に認知症になることは「ごく自然な老いのひとつの形（かなりの確率で経験すること）」と考えうる社会に、私たちは到達した。これまでの認知症に関する研究は、認知症を「異常な老い（疾患）」、ごく一部の者が陥る状態、ととらえたものが多かった。脳も身体器官であり、眼や歯や耳や膀胱や膝関節等と同じように、長寿を全うすると機能低下するのは自然なことである。高齢になっても機能低下しない方もいるが、さまざまな疾患により認知症になる可能性が高まるのは自然なことであろう。高齢化、長寿化の先進国で暮らす私たちは、そろそろ考え方を改める時期になった[注5]。

2．認知症の本人が語り、綴り、組織活動をはじめた

1）認知症を自覚した本人が語り、綴り、社会に情報を発信し始めた

これまで教科書等に書かれていた定説であり、今なお多くの人に信じられている情報に「認知症の方はご自身の疾患、症状等を自覚していない。病識が無い」がある。もちろん、そのような方がいるのも、事実であろう。しかし、この10年ほどはさまざまな実践現場で、また公開の学習会やマスメディアの報道等においても、認知症の方が「ご自身の経験や思いを語る」機会が増えてきた。もはや「大部分の方は病識が無い」という定説は、ご本人たちの活動によって否定されたと言える。

かなり以前から認知症本人の声を聴く実践をしてこられた先駆者として、高橋幸男医師がいる。高橋は、自らが創設した認知症デイケアの利用者に、「現在の思いを綴る」ことを勧める実践を行ってきた。実際に、多くの高齢者がさまざまな思いを綴られた。綴った方は、ほとんどが認知症であることを自覚しておられた。できなくなったこと、さまざまな失敗、つらいこと、

悲しみ、認知症とともに生きてゆく決意など、さまざまな思いが綴られた[注6]。

比較的若い時期、たとえば50歳代や40歳代で認知症と診断された方のなかには、実名で自らの経験や思いを公開の場で語ったり、著書を出版する方も現れた。なかでも、先駆者のひとりである佐藤雅彦の著書は、よく読まれている[注7]。彼は、自らの発症から診断、その後の暮らしの歩みについて記している。佐藤の著書は、読者に多くの驚きを与える。彼は、認知機能の低下で不得意になったこと、できなくなったこと、体調の悪化等について、自らさまざまな対応策を考案し、試し、それらを常に生活のなかに取り入れて暮らしている。それらの「生活における諸工夫」はいずれも具体的であり、彼は認知症になってから新たにさまざまなデジタル機器を使いこなすようになり、さまざまな人的な支援等も活用し、社会活動の範囲を広げていったのである。

佐藤は40歳代で病変を自覚し、51歳だった2005年にアルツハイマー病の診断を得た。医師から十分な情報が得られなかった彼は、あらゆる方法でこの病気や認知症に関する情報を得ようと努めたが、彼自身が生きてゆくうえで役に立つ情報は何も無かった。専門家の見解も含め、ネガティブな情報しか無かったのである。診断直後は、近年よく使われる「早期診断、早期絶望」の状況を、彼も経験した。自らさまざまな工夫を産み出し、人的支援も活用した彼は、数年後に新しい生活と人生を再構築することができた。彼が講演や著作等を通して社会に訴えようとしたことは、こうしたご本人の経験、そして「認知症でもできることはたくさんあり、生活を楽しむことができ、充実した人生を歩める」という実例の提示である。そのように語り、訴えないと、認知症に関する誤ったマイナスのイメージは、変わらない。社会を自分たちにとって暮らしやすく変えるには、自ら声を上げるしかなかった。

ところで、認知症の方が経験する差別や偏見には、どのようなものがあるのだろうか。よく見られる差別の例として、たとえば医療サービスの拒否がある。「認知症の方は、当院の○○を利用できない」のような差別である。すべての場面で家族の同席を求めたり、さまざまな手続きを、すべて本人ではなく家族と行ったりするのも差別である。佐藤さんを含め多くの当事者が強調する困りごとは、他にもある。「認知症になる前につきあっていた人

が、発症後に関係を絶つ」は、彼らにとって「最もつらいこと」のひとつである。長年つきあっていた友人、知人、同僚（もと同僚）、親戚等に認知症を告げると、それ以降一切つきあってくれなくなった、関係を完全に絶たれたという経験を、非常に多くの方がされた。これは、偏見に基づく差別である。多くの方は、認知症になっても発症前と同じようにつきあって欲しい、人間関係を続けたいと望んでいる。藤田和子によると、この点は発症後の暮らしの「支え」において、「最も大事なこと」のひとつである。[注8]

ところで、認知症本人からの情報発信は、これまでアルツハイマー型の方によるものがほとんどだった。樋口直美は症状が出始めた41歳の時に鬱病と誤診され、投薬の副作用等に長年苦しんだ後、51歳の時にレビー小体型認知症と診断された。樋口も単著を公刊し、講演活動を始めた。[注9]「認知症イコール、アルツハイマー病」という情報があまりにも広がっており、レビー小体型認知症は医療福祉専門職にさえ、ほとんど知られていない。樋口によると、アルツハイマー型とレビー小体型は、類似点もあるが異なる症状も少なくない。治療法、投薬、服薬等については、多くの点で異なる対応が必要になる。樋口は鬱病と誤診され、長年苦しんだ。研究が先行している多くの欧米諸国では、レビー小体型は原因疾患の２位である。現状では、日本では極端に少ない。彼女もやはり、自分たちの状況を改善するには自ら声を上げるしかなかった。[注10]

２）認知症の方々が集い、つながる効果

認知症の中核症状は認知機能の低下であり、言語コミュニケーションや対人関係にもさまざまな困難が生じることはよく知られている。認知症の方とケア職のやりとりや、認知症の方どうしのやりとりを実証研究した成果もいくつか学んだが、ピンとこなかった。しかし、先述の高橋幸男医師が設置した認知症デイケア「小山のおうち」の実践を紹介したテレビ番組を見た私は、それまでの認識を完全に改めさせられた。[注11]

参加者は、そこに参加することで「認知症でつらい思いをしている、認知症とともに生きているのは私だけではない」という認識を得ていた。認知症の方々のつらさの核心部分に孤独感があることは、よく指摘されている。先

述したように、自らは望まないのに発症以前に持っていた人間関係や社会関係、役割、日常活動等を、診断後に根こそぎ失う方も少なくない。自宅に引きこもると仲間に出会うことはできないし、自宅から出ない認知症の方が多ければ、仲間に出会える可能性は低い。家族と同居しており、自宅で家族が介護していても孤独感を感じる方が多いそうである。

しかし、「小山のおうち」に行くと、同じ境遇に置かれた仲間に出会うことができる。しかも、ここでは「認知症の私」を仲間とスタッフが「そのまま」受け入れてくれる。このような経験を、他所ではできなかった方は多い。

印象的な場面がある。デイケアで昼食後、スタッフが参加者に「今日の午前中、何をしましたかね」と尋ねる。Aさん「コロッと忘れた」、Bさん「全然、覚えてない」、スタッフ「正直に、ありがとうございます」。和やかな雰囲気で拍手する参加者たち。最後にスタッフが「午前中のことを忘れた方」に挙手を求めると、全員が手をあげた。スタッフ「皆さん、お仲間でございます」。参加者は明るく笑い、全員で拍手。ここでは、ありのままの自分でいることができる。叱責、否定、批判されない。ネガティブな評価もされず、安心である。そのような場で、「私のつらさ」は相互に承認され、「私たちのつらさ」として再確認されていた。孤独感は減り、参加者はそれぞれ「認知症とともに生きる」ことを、少しずつ受け入れやすくなってゆくように見えた（家族も、そう証言）。この場や活動には、形式的な言語コミュニケーションを超えた何か、例えば「響き合い」のようなものがあるようにも感じられた。

この番組を見た私は、衝撃を受けた。認知症の方だけの、それも「かなり言語を使ったグループワーク」が行われ、参加者に驚くべき効果をもたらしていた。ここでは、同じ／似た困難（課題）や障害等を持つ人々をメンバーとするグループワークに関する、「教科書に出てくるような実践」が展開されていた。このような実践は可能であり、しかも他の援助方法ではおそらく実現できないような成果が生まれている。私は、自らの偏見や先入観を顧み、恥じつつ、認識を改めた。

3）認知症の方々による当事者組織づくりと社会運動の展開

　さまざまな支援者の協力や国の施策の後押しもあり（例、若年性認知症施策の前進）、認知症の方々のうち各地でさまざまな社会活動を行っている活動リーダーの方々は出会う機会が増え、少しずつ横につながっていった。もちろん、最初はおのおののつらい経験の共有や、それぞれが抱える困りごとを乗り切るための生活上の工夫や知恵の教え合いが重要だったかもしれない。しかし、2012年にNPO法人「認知症当事者の会」ができる頃になると、この活動の社会的なねらいは、かなり明確な方向性を持つようになった。すなわち「つたえる」、「つくる」、「つながる」である。彼らは、まだ診断直後の苦しみのまっただ中にある人々も含めて、「仲間」を支えることを目指している。同時に、当事者がつながることによってさまざまなことを創り出し、それらを当事者自身が社会に発信してゆく、広い範囲の人々に伝えてゆく活動を、目指し始めた。本人たちによる認知症当事者研究も、始まった。

　2013年には警察庁交通局の意見募集に当事者組織として意見を集め、「認知症の人の自動車等の運転」について意見を提出した。会を代表した佐藤雅彦は、このアクションを振り返って「行政には当事者抜きで政策づくりや法律づくりを進めないでほしい」と記している。2014年には、佐藤や藤田を中心に「日本認知症ワーキンググループ（以下WGと略す）」も創設された。先進地であるスコットランド等のWGからも学びつつ、認知症の本人たちが政策を創り、自ら声を上げて社会の認識を変え、自分たちが暮らしやすい社会を創ってゆくことを目指している。実際にWGは同年、厚生労働大臣と面談し、具体的な政策提言を行い、それらのいくつかは国の認知症政策である「新オレンジプラン（2015年）」に盛り込まれることになった。たとえば、国の認知症政策づくりや調査研究等に本人たちの意見を反映させることも、盛り込まれたのである。当時の厚生労働大臣は面談の際、WGの代表に「一緒に取り組んでゆきましょう」と語ったとのことである。

　この他にも、2012年から3回行われた「京都式認知症ケアを考えるつどい」[注12]への認知症当事者の参画も多くの成果をあげ、2017年度に日本で行われる国際アルツハイマー協会の世界会議には、すべての分科会に認知症当事者が参加し、重要な役割をはたすことができるよう、準備が進められているよ

うである。[注13]

　振り返ると、かなり以前から、さまざまな身体障害者が当事者組織を創り、相互に連帯し、活動を積み重ねてきた。かなり遅れて、精神障害者も続いた。その後、発達障害や知的障害の分野でも、本人を中心とする当事者組織活動が盛んになり、社会に影響を与えている。これまで実践者や研究者の多くは想像していなかったかもしれないが、近年は認知症の方々も本人を中心とする当事者組織活動を立ち上げ、力強く歩みを積み重ねているのである。

3．インタビュー調査で明らかになった「本人たちの希望」

　では、認知症の方のニーズは、これまでどのように研究されてきたのだろうか。認知症の研究は、長い間医学が中心であった。次いで看護学、老年学、心理学、社会学、社会福祉学、リハビリテーション学、住居学等も認知症をめぐる諸問題を研究し始める。しかし、いずれの研究でも本人に調査することは、ごくまれであった。調査の対象は多くの場合、介護している家族かケア職であった。[注14]

　しかし、近年は数は少ないが本人にインタビューした調査も報告されている。以下にそれらの結果を示し、少し考察してみよう（図9-1）。

　読者は、どう思われただろうか。これらは「介護保険施設に暮らす認知症のない高齢者のニーズ調査結果」として示されれば、なるほど、そうだろうと納得する内容である。これらから「認知症ゆえの特別なニーズ」を見いだすのは、難しい。彼女たちは行動や社会活動に制約がある。このため「したいけれど、できない」ことがある。調査の対象者はすべて介護保険の利用者であり、介護を中心とする生活支援をケア職や家族等から受けている。多くのケア職員は日々、大変な環境のなかでベストを尽くしている。しかし生活の維持を超えた「個々の利用者の願い」は、満たされているとは言えない状況である。外出、旅行、以前行っていた自分の楽しみ、友人や話し相手、他人の役に立ちたい等の希望が多い。内容的には、市民として当然のニーズである。また、彼女たちの多くは24時間ずっと介護されているわけではなく、自由な時間も少なくない。しかし、これらの願いに介護保険制度内で職員が

図9-1 認知症の本人の「願い」に焦点を当てたインタビュー調査の結果の概要[注15]

●清水・佐瀬 2015（デイサービス利用者と介護施設居住者）
・（買い物）買いたいものはあるが、自分ひとりで行けない
・温泉に行きたい。（職員に）誘われたら行くけど。誰も連れて行くって言ってくれない
・（お酒は？）飲みたいなあ。
・電車に乗って、○○に行きたいなあ
・よく気の合う話し相手が、全くいない（亡くなってしまった）

●奥村・内田 2009（介護施設居住者）
・友達が欲しい
・農作業がしたい、花を育てたい
・絵を描きたい、手芸や工作をしたい
・お世話になった人に、恩返しがしたい
・旅行に行きたい
・昔の友達に会いたい、外出したい
・私の話を聞いてくれる人が、欲しい

●小松 2009（デイサービス利用者）
・墓参りに行きたいが、行けない
・温泉に行きたい、旅行したい
・デパートに行って、自分の好きなものを買いたい
・デパートに行くのが好きで、楽しみでした。今は行かしません
・芝居見物に行きたい

超過勤務せずに対応することは、非常に難しいであろう。介護保険制度を超えて地域社会とさまざまな相互作用を行うか、抜本的な制度改革を行わねば、彼女たちの願いはかなわないだろう。

彼女たちは、自分ひとりではできなくなったことをケア職等に手伝ってもらったり、代行してもらっている。生活上の「失敗や不適切な行為」を、ケ

ア職等に補ってもらうこともある。しかし、これらの支援の多くは「もっぱらケア職の判断に基づいて」行われることが多いと推察される。同時に、彼女たちはケア職に「他者（他の利用者やケア職等）に迷惑をかける行為」を制限される。ケア職の判断に基づいて行われる支援が多いとすれば、その時々の本人の「声、困りごと、希望」は重視されにくい可能性がある[注16]。

いずれにせよ、上述した本人たちの願いの多くは潜在化していた。それらは本人たちの胸の奥にしまい込まれ、あまり語られる機会がなかったと考えられる。毎日忙しく働いている職員に伝えることを遠慮する。または、願いがあっても本人はその実現をあきらめており、職員に伝えないのかもしれない。

実際に本人がこれらの希望をケア職に伝えた場合、職員は認知症でない高齢者が同じ希望を伝えた場合よりも、対応が難しくなる可能性が高い。この部分が、認知症ゆえの特別なニーズの重要部分なのかもしれない。しかしサービス実施組織を基盤として考えると、たとえば「認知症の方のための特別な外出サービス」を開発するのではなく、「すべての利用者のための外出サービス」を開発、充実し、認知症の方には細かな個別調整を行うことで包括的な改善を実現できるとも考えられる。

4．我が国の政策動向と問題点

1）我が国における問題構造の概説

日本の認知症政策には、認知症サポーターの養成のように、国際的に高く評価されているものもある。また多くの認知症グループホーム、ユニットケア型介護施設、認知症デイサービス、小規模多機能サービス等において質の高い支援が行われており、私の共同研究パートナーであるスウェーデンの大学教員と現場を訪れると、「これはスウェーデンよりも素晴らしい」と驚かれることも少なくない。

しかし全体を概観すると、日本の認知症ケアには「国際的に見て際立った特徴」が、いくつかある。最大の特徴は、病院および精神科病院に入院する患者の多さである。2012年に政府が推計した2010年の入院者は38万人である。これは認知症全体の14％を占め、自宅以外で暮らすカテゴリーの2位で

あり、特別養護老人ホーム居住者よりやや少ないほどの規模である。厚生労働省の患者調査によれば、2011年に精神科病院に入院する認知症の方の数は約5.3万人である。これは精神科病院の全病床の15％を占める。いずれも、諸外国と比較すると異常な数値である。[注17]

認知症患者の精神科病院における平均入院期間は、厚労省の2010年調査によれば944日であった。約2.6年である。同時期に精神科病院に入院する患者全体の平均在院期間が301日程度（これ自体、他国と比較すると突出して長い）だったので、その3.1倍以上である。同調査により、半年以内に退院の見込みがない者が62％というデータも公表された。同調査には、さらに衝撃的なデータが含まれる。それは、「どこから精神科病院に入院したか」の分析である。自宅が47％で最も多い。問題は自宅以外である。一般病院と診療所、老人保健施設、特別養護老人ホーム、認知症グループホームが続いている。[注18]

以下に、私の考察を述べる。自宅からの入院は単身者の場合、地域住民による排除かケアマネージャー（または生活保護ケースワーカー）の判断に基づくと考えられる。家族同居の場合、家族介護の限界であろう。介護保険施設への入所を待機しているが、見通しが立たない。ショートステイ、小規模多機能サービス、お泊まりデイサービス（介護保険外）等の連続利用も限界に達した。最後の受け皿が精神科病院になった。一般病院や診療所からの入院は、基本的に「一般医療からの排除」である。BPSDが生じている可能性が高い。厳しく評価すると、これは「医療と看護の失敗」である。

より深刻なのは老健、特養、グループホームである。これらで暮らしていた認知症の方が精神科病院に入院する理由が、私にはわからない。これらの介護保険施設は、認知症ケアに専門性を有することが前提だからである。BPSDへの対応に失敗している可能性も高い。失礼な表現だが、これらの現場で起きていることは「介護／生活支援の失敗」である。

そして、これらの問題は2010年以降、より拡大、深刻化している可能性が高い。国による介護保険施設の新設抑制は続いており、2010年以降も介護保険施設の入所待機者は急増する一方である。介護保険施設以外の受け皿はいくつかあるが、有料老人ホームの多くは富裕層しか利用できない。サービス付き高齢者住宅も、中〜高所得層しか利用できないし、認知症の方を拒否す

る事業者が少なくない。高齢者の大部分を占める中～低所得層にとって、利用可能な受け皿は精神科病院といわゆる「法外施設」ぐらいしかないかもしれない。以上の社会状況のなかで、2010年の調査以降も認知症の方々の精神科病院への入院は増加し続けていると推察される。[注19]

　精神科病院の担い手たちは、この事態をどうとらえているのだろうか。よく知られているように、日本の精神科病院の９割は私立である。民間精神科病院団体である日本精神科病院協会（日精協）の会長山崎學は「少なくとも認知症の５％、45万人」に精神科病院入院が必要と公言し、書く[注20]。多くの認知症の方が精神科病院に長期入院する現実を変える考えはなく、それらを増やす方針である。精神科病院全体を見ると、これまで入院患者の多くを占めていた統合失調症の入院は減り、入院期間も年々短期化している。この変化が続くと、精神科病院は病床削減や閉鎖に進む。しかし日精協は、これらの入院減による減収を、増え続ける認知症高齢者の精神科入院によって量的、金銭的に挽回し、諸外国と比べて多すぎる病床の削減を行わない方針である。日精協はことに近年、国の認知症政策全体に影響力を与えることを目指す活動を強めている。

　山崎は医師だが、彼の見解は精神科専門医としての知見ではなく、民間精神科病院経営者の利害主張であることは明白である。一方、日本のさまざまな現場で長年精神科医として認知症治療を行ってきた上野秀樹医師は、自身の経験をふまえ「認知症の人の精神症状に関しては入院環境は治療上の有効性がほとんどない。多くの場合閉鎖病棟への入院となり悪化する」と明確に述べている[注21]。この見解は上野だけでなく、多くの医療、福祉職が主張している。精神科病院に長期入院し、退院は見込めず、実際に退院しない。上野はこれを「入院は治療目的ではなく社会からの隔離、収容だった」と述べている。長期入院のすえ身体疾患になり院内で亡くなる、または一般病院に移って亡くなる。これらが典型的な帰結かもしれない。

　いぜんとして多い高齢者の一般病院への入院については、別の問題も多く指摘されている。すなわち「入院そのものが、せん妄や認知症を創る」である。骨折や身体疾患等で高度医療機関に入院し手術等を受けた後、（回復期）リハビリ病院に転院する。その後、リハビリ病院から老人保健施設に移って

自宅に戻る準備をする。現代の医療システムで、よくある過程である。しかしこの過程に合計で半年ほどかかってしまうと、その間に3回以上療養環境が変わることもあり、せん妄や認知症を発症することがある。[注22] 入院時に胃ろうをつけられて認知症になったり、投薬によって体調が悪化する方もいる。

2）包括的な認知症政策：2012年オレンジプランの画期性と 2015年新オレンジプラン

厚労省が2012年6月に公表した「今後の認知症政策の方向性について」と同年9月に公表した具体的な5年計画（通称、オレンジプラン）は、包括的で画期的な内容だった。これまでの認知症政策は反省され、精神科病院への入院は初めて否定的に評価され、減らす方向が示された。基本目標は、「ケアの流れを（従来とは）変える（逆転させる）」であった。目指す方向は、本人の自己決定への支援と地域生活支援である。驚くべきことに、我が国における投薬の問題点にも多くの紙幅を割き、多くの骨太な具体策の全体像が示された。このようにラディカルな国計画に対し、日精協はすぐに反論文書を提出した。オレンジプランまでは民主党政権だったが、2012年12月に自公連立政権に変わった。日精協の影響力行使活動は続き、自公政権では影響力が増した。2015年1月に策定された新オレンジプランでは、精神科病院への入院が再度「肯定」され、中核的な位置を与えられた。驚くことに、長期入院にすら積極的な位置が与えられたのである。[注23] あまり報じられておらず、注目されていないが、これは非常に深刻なスキャンダルである。これでは、認知症ケア政策の「方向性を根本的に変える」国の方針はわずか数年で潰え、認知症本人へのメリットではなく、民間精神科病院経営者の利害が重視される先祖返りの内容が、国の政策の核心部に復活する危険性がある。

おわりに

以上述べてきたように、研究の進展にともない、認知症とともに生きる人々への見方は変わってきた。しかし、偏見や差別も含め、私たちの社会にはさまざまな見方が併存しているのが現状である。また、長寿化により認知症への関心はかつて無いほどに高まっている。すでに見たように我が国では

近年、認知症の本人たちが語りはじめ、当事者組織を創って社会運動を行い、その結果、市民や援助職の認識を変えたり、国の施策に影響を与えるという「根源的な変化」を経験しつつある。認知症の方々のニーズ調査も徐々に進みつつあり、それらの結果を踏まえた実践や施策の展開も望まれている。しかし同時に、我が国の認知症ケアの全体像を概観すると、入院の多さ、精神科病院への長期入院の増加など、未解決の深刻な問題がたくさん存在している。現在は新オレンジプランの実施段階にあるが、今後もそれぞれの地域や自治体において、具体的な実践をめぐってアクター間のせめぎ合いは続いてゆく。それらのエキサイティングな変革過程に、注目したい。

　これまでの研究や実践の歩みを振り返ると、「すでに認知症がかなり進行した方を、他者が外から観察し、知見を得たり、働きかけたり」することが多かった。このアプローチは今後も必要であるが、認知症本人の発言以降は「認知症になってゆく、それが進行してゆく過程で本人が経験する生活困難」への対応（家族がいる場合、家族への対応を含む）の重要性が新たに認識され、強調されるようになった。オレンジプランと新オレンジプランの核となる施策は、認知症初期集中支援チームである。これが「地域を基盤とする認知症狩り（ともかく発見し、医療につなげばよい）」や「早期発見、早期絶望の大量生産」になるようでは、まったく無意味である。

　レビー小体型認知症とともに生きる樋口直美は、現在の日本を「認知症恐怖症」社会と呼んで批判する。英国で長年認知症本人のグループづくりとそれらのネットワーク化に従事してきたフィリー・ヘア（ジョセフ・ラウントリー財団）は、「本人こそが認知症の専門家である。本人たちが、認知症について人々に教える最高の教育者である」と強調する[注24]。もう一歩進めると、たとえば神奈川県藤沢市でさまざまな介護事業を行う「あおいけあ」の実践のように、認知症の方々が地域社会のさまざまな活動に参加し、さまざまな地域住民と日常的に相互作用することにより「地域社会に貢献」する。認知症の高齢者が「住民」として「まちづくりの主体」になる。そのような構想さえ実践され、実現し始めている[注25]。

第 9 章　認知症ケアの「新しい基礎知識」と近年の政策動向

注

1. 認知症介護研究研修センター監修（2015）『認知症介護基礎研修標準テキスト』ワールドプランニング、p.17
2. 上野秀樹（2016）『認知症　医療の限界、ケアの可能性』メディカ出版、p.57
3. 注1　前掲書、p.41
4. 注1　前掲書、p.6
5. 上田諭（2015）「認知症をすすんで迎える社会に」上田編著『認知症によりそう』日本評論社　もほほ同趣旨である。
6. その一部は、以下に収録されている。高橋幸男（2006）『輝くいのちを抱きしめて』NHK出版、同（2014）『認知症はこわくない』NHK出版、奥野修司・高橋幸男（2014）「認知症高齢者11人の手記を公開する」『文藝春秋』8月号
7. 佐藤雅彦（2014）『認知症になった私が伝えたいこと』大月書店、同（2016）『認知症の私からあなたへ』大月書店。
8. 藤田和子（2015）「認知症になっても自分自身の人生を続けるために」注5前掲書
9. 樋口直美（2015）『私の脳で起こったこと』ブックマン社
10. レビー小体型の誤診や投薬の実態については、東田勉（2014）『認知症の「真実」』講談社
11. NHK『NHKスペシャル　シリーズ認知症革命（2）最後まで、その人らしく』2015年11月15日放送
12. 第1回のつどいについては、京都式認知症ケアを考えるつどい実行委員会（2012）『認知症を生きる人たちから見た地域包括ケア』クリエイツかもがわ。第2回以降のつどいについてはhttp://kyotobunsyo2012.jimdo.com/に資料が掲載されている。すべての資料において、「認知症の本人から見る」ことが基本的な立ち位置になっている。
13. 「認知症、私の思い世界へ　国際会議組織委に参加の男性　語ることが使命」『朝日新聞デジタル』2016年4月5日
14. Masaaki Yoshihara（2015）Quantitative and contents analysis of dementia research in Japan Part 1, 大阪府立大学『地域福祉研究センター年報2014』。Masaaki Yoshihara（2016）Quantitative and contents analysis of dementia research in Japan Part 2, 大阪府立大学『社会問題研究』第65巻
15. 以下の3つの研究に記されていたデータの一部を、吉原が抜粋して作成。
清水弥生・佐瀬美恵子（2015）「認知症高齢者の自由時間活動」『神戸女子大学健康福祉学部紀要』第7巻
奥村朱美・内田陽子（2009）「介護老人保健施設入所中の認知症高齢者のニーズの特徴」『老年看護学』Vol.13 No.2
小松一子（2009）「通所介護を利用する認知症高齢者のニーズ表出と以前の生活の関連」『花園大学社会福祉学部研究紀要』第17号

16　たとえば、長年認知症ケアに従事してきた看護師の中島七海（認知症デイサービス施設長）は「ケアされている本人の話を一度も聴いていなかったことに気づいた」と述べている。中島七海（2005）「認知症の人の声に耳を傾ける」『りんくる』5月号
17　国際的な学会等でこれらの数字を報告すると、聴衆の多くは驚き、ネガティブな反応をする。ひとことで言うと、「日本はまだそんなことをしているのか」である。認知症高齢者の精神科病院への長期入院は、多くの国でかなり以前に政策として否定され、すでに政策が方向転換されているからである。
18　注2　前掲書。
19　たとえば、阿保順子（2015）「認知症をめぐる問題群」『現代思想』Vol.43-6。「認知症者の再医療化」という言葉が使われている。阿保と同様の見解の論者は、少なくない。
20　立岩真也（2015）『精神病院体制の終わり』青土社、p.156
21　注2　前掲書p.28、p.144ほか。注19の阿保も同見解。注10の東田も同見解。なお該当部分は東田と宮永和夫医師との対談。
22　たとえば東田勉（2015）「認知症をつくる国から抜け出すために」『現代思想』Vol.43-6、村瀬孝生・東田勉（2016）『認知症をつくっているのは誰なのか』SBクリエイティブ
23　注20　前掲書および注2　前掲書
24　NHK『ハートネットTV　シリーズ認知症　英国から見た日本（2）本人の声を社会に届ける』2016年8月18日放送
25　「あおいけあ」の実践の評価として、注2　前掲書p.173〜178。「あおいけあ」代表の著作として、森田洋之・加藤忠相（2016）『あおいけあ流　介護の世界』南日本ヘルスリサーチラボ

引用・参考文献
阿保順子（2015）「認知症をめぐる問題群」『現代思想』Vol.43-6
朝日新聞デジタル（2016）「認知症、私の思い世界へ　国際会議組織委に参加の男性　語ることが使命」2016年4月5日
藤田和子（2015）「認知症になっても自分自身の人生を続けるために」上田編著『認知症によりそう』日本評論社
東田勉（2014）『認知症の「真実」』講談社
東田勉（2015）「認知症をつくる国から抜け出すために」『現代思想』Vol.43-6
樋口直美（2015）『私の脳で起こったこと』ブックマン社
小松一子（2009）「通所介護を利用する認知症高齢者のニーズ表出と以前の生活の関連」『花園大学社会福祉学部研究紀要』第17号
京都式認知症ケアを考えるつどい実行委員会（2012）『認知症を生きる人たちから見た地域包括ケア』クリエイツかもがわ

Masaaki Yoshihara (2015) Quantitative and contents analysis of dementia research in Japan Part 1，大阪府立大学『地域福祉研究センター年報　2014』

Masaaki Yoshihara (2016) Quantitative and contents analysis of dementia research in Japan Part 2，大阪府立大学『社会問題研究』第65巻

森田洋之・加藤忠相（2016）『あおいけあ流　介護の世界』南日本ヘルスリサーチラボ

村瀬孝生・東田勉（2016）『認知症をつくっているのは誰なのか』SBクリエイティブ

中島七海（2005）「認知症の人の声に耳を傾ける」『りんくる』5月号

NHK（2015）『NHKスペシャル　シリーズ認知症革命（2）最後まで、その人らしく』2015年11月15日放送

NHK（2016）『ハートネットTV　シリーズ認知症　英国から見た日本（2）本人の声を社会に届ける』2016年8月18日放送

認知症介護研究研修センター監修（2015）『認知症介護基礎研修標準テキスト』ワールドプランニング

奥村朱美・内田陽子（2009）「介護老人保健施設入所中の認知症高齢者のニーズの特徴」『老年看護学』Vol.13 No.2

奥野修司・高橋幸男（2014）「認知症高齢者11人の手記を公開する」『文藝春秋』8月号

佐藤雅彦（2014）『認知症になった私が伝えたいこと』大月書店

佐藤雅彦（2016）『認知症の私からあなたへ』大月書店

清水弥生・佐瀬美恵子（2015）「認知症高齢者の自由時間活動」『神戸女子大学健康福祉学部紀要』第7巻

高橋幸男（2006）『輝くいのちを抱きしめて』NHK出版

高橋幸男（2014）『認知症はこわくない』NHK出版

立岩真也（2015）『精神病院体制の終わり』青土社

上田諭（2015）「認知症をすすんで迎える社会に」上田編著『認知症によりそう』日本評論社

上野秀樹（2016）『認知症　医療の限界、ケアの可能性』メディカ出版

第10章　健康福祉の充実と健康教育の活用

吉武　信二

1．健康福祉と健康教育

　近年、大学の新しい学部名や行政の部局名などに「健康福祉」という名称がしばしば見受けられるようになったが、必ずしも同じ概念では定義づけておらず、それぞれ独自の解釈でこの「健康福祉」という概念をとらえている様相がうかがえる。つまり、裏を返せばそれだけ広い意味でとらえることが可能な用語といえるであろう。

　そこで本章では、「健康」の概念を尊重しながらこれを実現する具体的な方法を検討し、健康の獲得が人の「福祉」を向上させるという立場から「健康福祉」の意義を示した上で、その「健康福祉」を充実させるために「健康教育」がどのように貢献しうるかについて、論考して行くものとする。

1）健康の定義と近年の動向—禁忌の健康観から獲得の健康観へ

　WHOによると、「健康とは病気でないとか、弱っていないということではなく、肉体的にも、精神的にも、そして社会的にも、すべてが満たされている状態」と定義されている（日本WHO協会、2016）。

　池田（1990）は、我が国における健康観の変遷について、時代の流れとともに「禁忌の健康観」から「獲得の健康観」に推移してきたと述べ、以下のような見解を示している。「禁忌の健康観」とは、健康の維持のためには、たとえば過度の飲食など害のあることをさけることが重要であり、それをひたすら辛抱することを通して健康を実現すべきだという考えである。これは「辛抱」によって利己的にならず、他者のことを思う人格を育てた人が家庭や職場において理想像とされるという、われわれの道徳観にも直結させられている点が特徴である。そして、この考えのもとでは、積極的な活動を伴う

運動を通して健康を達成しようとする態度は否定的にとらえられていた。これに対して「獲得の健康観」とは、「忌避の健康観」とは正反対で、積極的な努力を通してプラスの価値を高めようとするような健康観であり、第二次大戦後の先進諸国において表出し始め現在に至っているとのことである。

この「獲得の健康観」は、先述したWHOで定義された「健康」により近づいた考えであるととらえられる。健康は、病気を治したり病気にかからないようにするといったマイナス要因を回避するだけのことではなく、非常に良好な状態を手に入れるというプラス要因を獲得して初めて実現するものである。つまり、「健康を守る」というより、「健康を獲得する」という意味合いで考えることが重要であり、この「獲得型健康志向」が真の健康の目標に近づく方向であるとらえられる。

当然のことながら、「獲得型健康志向」は「健康福祉」という視点から見ても重要な意味を持つ。人々の健康を維持増進し、真の健康を実現させるためには、いかにしてこの「獲得型健康志向」を普及させるかという点が大きなポイントになる。

小野（2016）は望ましい地域福祉のあり方を考える上で、マイナスからゼロへというレベルではなく、さらによりよい状態を目指す考えが重要であると述べ、問題解決型ではなく目的実現型の福祉政策を念頭におくことの必要性を主張している。これは本稿における「獲得型健康志向」の必要性と共通するものであり、病気の人を治す（問題解決）だけでなく、病気でない人もより元気な状態にする（目的実現）ことを目指した「健康福祉」の政策を考えていかなければならない。

2）健康福祉とQOL（Quality Of Life）

人々の健康が幸福につながるという考えが健康福祉であるなら、その関連性について検討しておく必要がある。たとえば、健康の定義に沿った形で見ていくと、まず身体的健康が増進されれば、活発な身体活動が可能となり、行動範囲が広がることでより多様な経験や体感が得られる。また、精神的健康が増進されれば、人生におけるより多くの時間を楽しい気持ちで過ごすことになる。さらに、社会的健康が増進されれば、他者とのふれあいや自己肯

定感を深く感じることで自分の社会的価値を実感できる。これらは、すべて「こうありたい自分」の実現につながっており、QOLの向上をもたらすものである。QOLの向上は人の幸福の重要な要素であり、人間福祉の実現に不可欠なものといえる。したがって、健康福祉の充実がQOLの向上を生み出し、人間福祉を向上させる重要な要素であるといえる。

しかし、身体的に調子がよく、精神的にも満足し、社会生活も希望に満ちているというこの状態を現実化するためには、たとえば適度な身体運動により体力を高め、生きがいとなる仕事や趣味に没頭する時間を確保し、他者および社会とのつながりを不満のない形にし続けなければならない。つまり、何もせずにじっとしているだけでは真の健康は獲得できないということである。

3) 積極的なヘルスプロモーションと行動変容を促す健康教育

真の健康を獲得するためには、積極的にそのための行動を起こさなければならない。だとすれば、具体的にどのような行動をするのがよいかを人々が知る必要がある。現在、健康に関する情報はマスメディアを通じて大量に提供されており、多くの人がそれを享受できる環境にあると思われるが、必ずしも正しい情報ばかりではないことを認識し、注意しなければならない。つまり、多くの情報の中から正しい情報や自分に合う情報を取捨選択する能力が求められることになる。

そこで、重要となるのが「健康教育」である。健康に関する知識は、教育課程の中にも保健体育という科目があり、多くの人は基本的なことを学習済みであろう。しかし、その学習成果が十分であるかというと、疑問を抱かざるを得ない現状がある。たとえば、受験科目の偏差値が高い大学生でさえ、「どう行動すれば自分の健康が増進するのか」といった基本的知識を知らない状況を多く目にする。特に親元を初めて離れ、一人で生活を始めた20歳前後の大学生が、自分の健康を維持増進する重要性に対して意識が低いために、あるいは健康に関する必要な知識が乏しいために、心身にダメージの大きい生活を続けてしまった結果、体調を壊してしまう例も少なくない。運動不足の受験期を終え、やや超過した体重や体脂肪を減らそうと、無理なダイ

エットをして健康を損なうというのはその典型例である。その意味では受験勉強が終わったこの大学生の時期は特に、健康についての知識を今一度習得し、それを活用できる能力を身につける最適のタイミングともいえよう。

　また、比較的若い時期は体力面で優れているために、特に意識して健康に留意しなくてもあまり困らないが、加齢によって体力が衰え始めた時に、大きなダメージが現れることもある。それが出現するタイミングは個々によって異なり、効果的な対策が遅れるほど事態は深刻になる可能性が高いので、中年期や高齢期における健康教育も重要である。

　さらに、幼少期の過ごし方が生涯の体力や健康状態を左右することもある。春日（2008）は、近年の子どもの日常について、ライフスタイルの変容に伴い運動不足になっており、運動動作の経験不足から、運動機能の向上が妨げられていることを主張している。しかし、その一方では、過度の運動によって心身を疲弊させた結果、オーバートレーニングやバーンアウト症候群を引き起こし、健やかな成長に支障を来している例も少なくない（新畑、1994）。これらについては、学校の先生はもちろんのことながら、保護者である親の考えや行動が子どもに大きな影響を及ぼすので、正しい健康教育は専門家に限らず、ごく一般の人々にも必要といえる。

　よって、すべての年代の人に健康教育を充実させ、少しでも多くの人々が効果的な健康獲得行動を起こすことが、健康福祉の実現には不可欠と考えられる。

　以上のことから、健康福祉を実現するためには健康教育が重要な役割を担うと考えられる。しかし、その役割を十分にはたすためには、生涯にわたり具体的にどのような内容をどのような形で人々に教育していくのが望ましいかという点を検討する必要がある。以下、その内容と方法例について述べていくものとする。

図 10-1　生涯における動作の変容モデル

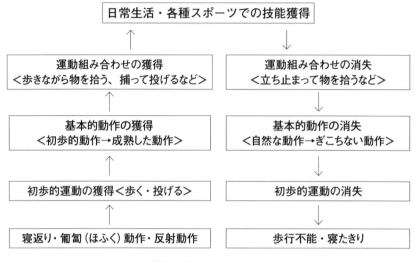

（中村和彦，2007より引用・著者一部改変）

2．生涯にわたる健康教育の重要性

　図10-1は、人が生涯を通じて変容していく動作をモデル的に表したものである（中村、2007）。図中の左部分はさまざまな動きを獲得していく発育発達過程を示しており、右部分は老化衰退していく過程を示している。このモデルの通りの変容をしていくと仮定して、生涯を現在の日本人男性の平均寿命に近い80年とすると、発育発達の過程は約20年でやや急速に進む（その後約10年高い水準を維持する）のに対して、老化衰退の過程は約50年かけて緩やかに進むことになる。

　発育発達の過程においては、さまざまな身体能力を獲得していく際、すべての体力要素が同じように高まるのではなく、それぞれの能力が著しく高まるタイミングがあると言われている。スキャモンの発育曲線（Scammon．R.E，1930）（**図10-2**）や、宮下（1980）の年齢と体力発達の増加量を示したもの（**図10-3**）は、これらのことを理解するのに有用であるためしばしば引

図10-2　スキャモンの発育曲線

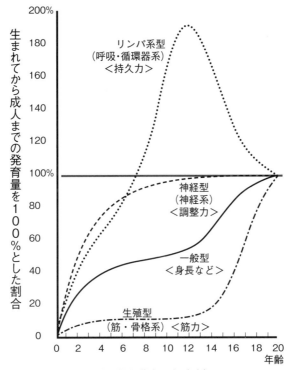

（Scammon.R.E, 1930より引用・著者一部改変）

用されており（山本、2000）、幼少期に神経系（動作の習得・調整力・巧緻性・器用さ）が、12歳から13歳で呼吸循環器系（ねばり強さ・持久力）が、身長の伸びが大きくなる段階をはさんで14歳以降に筋・骨格系（力強さ・筋力）が、それぞれ高まりやすいことが表されている。つまり、それぞれの能力が特に高まりやすい時期があり、そこでその能力を高めるような運動刺激を与える（運動経験をさせる）ことが、子どもの健やかな成長を実現する上で大きなポイントになる。このことを、子どもを教育する立場の者や保護者は知っておくのが望ましい。そうすれば、先述した運動不足や運動過多が回避され、子どもの健康福祉実現につながりやすいと思われる。

図10-3 成長過程別の発達量と効果的な運動刺激

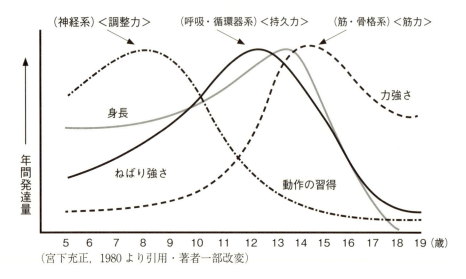

（宮下充正，1980より引用・著者一部改変）

　一方、中年期から高齢期にかけての健康教育は、少子高齢化が進む現状において要介護者を減らす効果など、社会問題改善に今後大きな貢献をもたらす可能性がある。個々人が充実した人生を謳歌する上で、いかに健康に老いるかは重要なテーマになり得るであろう。
　そこで、以下に生涯におけるそれぞれの時期が持つ特徴によって分類したステージごとに、健康教育・指導の要点を述べて行く。

1）出生～児童期まで（0歳～11歳頃）は運動の量より種類を増やすことを重視して

　この時期は、特に神経系の発達が著しいとされており、「動作の習得」（調整力・巧緻性・器用さを高めること）に適した時期であるといえる。また、スキャモンの曲線にあるように、神経系統の発達は5歳までに大人の約80％、10歳までに約95％、12歳までにほぼ100％完了してしまう様相がうかがえる。このことは、12歳までに基本的な身体動作のパターンを経験する機会を逃した場合、その後になって初めて経験する動きを習得するのが難しくなることを示している。この典型的な例として、よく自転車に補助輪なしでスムーズ

に乗るという動作や、どこにもつかまらずに水の上でバランスよく身体を浮かせる動作などが挙げられる。これらの動きはこの時期に一度も経験することなかった場合、成人してから習得するのが難しいことが比較的容易に想像できるであろう。

一方、成長とともに筋力も高まっていくが、これは15〜18歳ぐらいの時期にその発達量が大きくなるので、11歳までのこの時期にそれほど重視しなくてもよい体力要素といえる。たとえこの時期はそれほど優れていなくても、後で容易に取り返すことができるものであるし、身体発達が未熟であるこの時期に過度の筋力トレーニングを課すことは、スポーツ障害や健やかな発達を阻害する原因にもなり、推奨できないというのが多くの専門家の意見である。

よって、この時期はあまり専門的にならずにできるだけ多種多様な動きを経験するのが望ましく、それが将来的に複雑な動きをスムーズに遂行できるかどうかに大きく影響することを認識するべきである。たとえばこの時期に運動不足で過ごしてしまうことや、あるいは活発に運動していても一種類のスポーツだけに取り組んでいる場合には動きのパターンが少ないことがあり、これらの場合十分な動作の習得がなされずにこの時期を過ぎてしまうことになる。そうなると、いずれの場合も成長した後になって、どちらかというと運動は苦手というタイプになってしまう可能性が高くなる。

したがって、この時期の健康教育としては、神経系の発達を促進することに留意し、さまざまな運動やスポーツを経験させることを最重要とすべきである。大人に近い高度な技術や大人に負けないぐらいのパワーを身につけようとすることは、心身の健康に大きなリスクを伴い、効率も悪いのでむしろ避けた方が安全である。そして、意外にも一つのスポーツ種目だけに絞って取り組むような方向も、あまり望ましくないことを認識しておくべきである。

2）思春期（12歳〜14歳頃）は持久力向上の絶好のチャンス

この時期は、特に呼吸・循環器系の発達が著しいとされており、「ねばり強さ」（持久力）を高めるに適した時期であるといえる。スキャモンの曲線

にあるように、この時期は成人の発育量を一時的に上回るほどの発達が期待できることから、少し頑張れば大きく能力が向上してくれるという、いわば一生涯のうちで最も効率よく持久力を高めるチャンスの時期というとらえ方もできる。保健体育におけるカリキュラムで持久走が本格的に登場するのがちょうどこの中学生の時期であることは、望ましい健康教育の観点から見て非常に合理的と思われる。ここでの持久走への取り組み方が将来の持久的な体力を大きく左右することになるので、まじめに取り組まなかった場合には、絶好のチャンスを逃してもったいないことをしているということにもなろう。いかにしてそのことを、当事者である中学生に理解させるかが、効果的な健康教育のポイントになると考えられる。

　持久力のように大きく向上しやすい能力がある一方で、クラムジーと呼ばれるこの時期に現れやすい特有の低迷現象がある。出現の程度に個人差があるが、**図10-2**、**図10-3**に示されているように、この時期は身長の伸びが一生涯で最も著しい時期にも該当している。この急激な骨格と筋肉の発達が運動する際の感覚に狂いを生じさせ、今まで上手にできていた動きが一時的に上手くできなくなったり、上達するのに時間がかかったりするようになる（久川、2010）。小学校の時は運動が得意な方だったのに、中学に入ってなぜか運動が苦手になったと感じる人が少なからず見受けられるのは、この現象による影響である可能性が高い。しかし、この現象は2〜3年も経つと、身長などの成長速度が緩やかになることで体型が安定し、再び自然と巧みな動作がスムーズにできるようになるのが一般的である。なので、もしこれがきっかけでそのまま運動嫌いになってしまうことや、運動から遠ざかってしまうことがあるとしたら、これは非常にもったいないことであろう。

　よって、このように体型が不安定ともいえる時期には、新しい技術や細やかな動作を習得するのは不向きであることを認識し、あまり細かい（高度な）技術の習得を求めたり、スムーズな動作ができないことを気にしすぎたりすることは避け、先述した持久力などの基礎体力向上に焦点を当てた健康教育を心がけるのが効果的と思われる。

3）青年期（15歳〜18歳頃）は 性差に留意して筋力トレーニングを導入するタイミング

　この時期は、特に筋・骨格系の発達が著しいとされており、「力強さ」（筋力）を高めるに適した時期であるといえる。また、多くのスポーツ種目で、一つの種目に特化した専門的なトレーニングを導入するよいタイミングでもある。よって、この時期に筋力トレーニングなどを本格的に開始するのが効果的である。ただし、まだ成長が完了していないので、部分的に大きな負荷を加えるのは避け、全身的にバランスよく鍛えることが望ましい。

　また、同時に性ホルモンの分泌が盛んになるため、筋肉の発達面でも性差が顕著になり、男性は非常に急激に筋肉質になるが、女性はそれほど顕著には現れず、むしろ体脂肪の増加傾向がみられやすい。その結果、運動能力という観点から見たときに、男性は著しく向上し女性はやや低下するという現象が起こりやすくなる。中学の時に高いレベルで競技スポーツをしていた女性アスリートが、高校生になってから伸び悩むことや、大きく体重増加してしまう例が見受けられるのは、この現象による影響である可能性が高い。しかし、この現象も一時的なものであり、成人すると自然に解消するのが一般的である。もし、これがきっかけで運動を継続するのが嫌になったり、体重増加を解消しようと過激なダイエット生活を遂行して身体に深刻なダメージを与えるようなことになるのであれば、これも非常にもったいないことであり、健康福祉を充実する上で避けなければならないことである。大人へ向けて身体を完成させなければならないこの時期は特に、ダイエットをする場合の基本はエネルギー摂取量を減らさず、エネルギー消費量を増大させる点を重視することが重要（吉武、2011）である。

　よって、この時期においては、女性はやや体脂肪が増加しやすいことを認識しつつも食事量を減らすことはできるだけ避け、筋力トレーニングを導入し、全身的に成人の身体へ仕上げていく大切な段階という位置づけの健康教育を心がけるのが効果的と思われる。

4）成人期（19歳〜29歳頃）は一番高負荷を課して生涯最高のパフォーマンスを発揮

　この時期は、すべての体力要素で100％の発達が完了し、最も優れた体力を有する時期であるといえる。疾病にもかかりにくく、けがや疲労からの回

復速度も速い。一般的に、一生涯で一番高い健康水準を保っているといえよう。アスリートであったなら、たいていの競技でピークパフォーマンスを発揮し、生涯最高水準の能力を表現できる時期である。

よって、この時期に比較的高い負荷で運動刺激を与えることは、非常に効果的な体力水準の向上をもたらすことになる。しかし、このことは意外と知られていないためか、中学高校と部活動などで活発に運動してきたにも関わらず、この時期になると運動を辞めてしまう人が少なくない。今こそ大きな成果が現れる時期であるのに、これまたもったいないことである。進学や就職など、社会的な環境による制約から本格的に運動に取り組むことは容易ではないかもしれないが、この時期が人生で最高水準の健康を保てることを意識させるような健康教育は、多くの人の健康福祉に貢献すると思われる。

5) 中高年期（30歳〜60歳頃）は体力低下に留意してアンチエイジングを重視

この時期は、完成された身体機能が緩やかに低下していく時期であるが、中でも瞬発系の筋力低下が比較的大きく、有酸素系の運動能力は緩やかなのが一般的である。このことから短距離競走などのように短い時間で大きな力を発揮する運動よりも、長距離走やウォーキング、登山など比較的長い時間をかけて行う有酸素運動が推奨されている。

しかし、身体機能の低下の割合は生活環境の違いによってその個人差が大きいことや、これまで慣れ親しんだスポーツ種目が有酸素系運動とは限らず、そうでなかった場合の個人的志向を考慮すると、必ずしも有酸素運動だけが適した運動ではないと思われる。よって、個人の志向を重視した運動を推奨する方が精神的健康を増進することに貢献する可能性が高いため、あたまから瞬発系の運動を排除することは避けるべきと考えられる。

ただし、その際にも瞬発系の運動が有酸素系の運動よりもけがやトラブルが起こりやすいこと十分に認識し、日常からのヘルスチェックを徹底するなど留意することが重要である。よって、ここでも健康科学理論に基づいた健康教育を活用し、けがを予防しながら安全に効果的にかつ楽しく取り組みができるようにすることが、健康福祉の実現に必要と考えられる。

6）高齢期（60歳以降）は自立をキープして心豊かな生活を実現へ

　この時期になると、成人期と比較して身体機能の低下を強く認識するようになるのが一般的である。また、行動体力だけでなく、病気などにかかりにくい能力である抵抗力の低下も認められるようになる。さらに認知能力についても低下が見られ、日常生活動作（ADL）や生活の質（QOL）を維持できるかが大きな課題となる。介護を受けたり寝たきりにならず、自立して生活できる期間（健康寿命）の延伸ということも、健康福祉の重要な目標であるとすると、日常生活の中で自立して（一人で）できることを減らさないことを意識して暮らすことが肝要となる。そのためには、支援する側もされる側もこのことを意識して十分に理解し合い、手厚く介助する部分とあえて介助せずに自力で行う部分を明確にして支援を遂行することが重要である。

　したがって、この時期は各種運動能力の低下や喪失を最小限にするような支援を十分に検討し、単に何でも代行してあげるような介護ではなく、本人のリハビリテーション的な要素をより重視した健康教育が必要と考えられる。

　以上のように、一生涯にわたって正しい健康教育を積極的に推進することは、人々の健康福祉の実現に不可欠であると思われる。今後学校教育現場ではもちろんのこと、リカレント教育の現場においても、健康教育について、その重要性を認識することとさらなる充実を願ってやまない。

参考・引用文献

久川太郎（2010）人の一生とスポーツ　中高生の時期のスポーツ活動，法政大学体育・スポーツ研究センター紀要28，pp.23-30

池田光穂（1990）日本人に見られる「禁忌の健康観」，教育と医学，第38巻10号，pp.907-913

春日晃章（2008）子どもゆとり体力を育む英才教育，子どもと発育発達5(4)，pp.208-211

宮下充正（1980）子どものからだ　科学的な体力づくり，東京大学出版会，pp.159-164

中村和彦（2007）「運動組合せ」の発達とこれからの研究課題，子どもと発育発達，5(2)，pp.101-104

日本WHO協会（2016）世界保健機関憲章前文, 目で見るWHO第59号, p.3
新畑茂充（1994）ストップ・ザ・オーバートレーニング, 黎明書房, pp.31-86
小野達也（2016）増進型地域福祉への考察, 社会問題研究, 第65巻144号, pp.1-16
Scammon.R.E.（1930）*The measurement of the body in childhood*, In R.E.Scammon, et al, Measurement of Man. Minneapolis, Univ. of Minesota Press
山本理人（2000）青少年のスポーツとその指導, 永島惇正編 生涯学習生活とスポーツ指導第3章, 北樹出版, pp.49-75
吉武信二（2011）女性のための健康ダイエット支援法, 大学教育出版, p.29

子ども・家族の生活を支える教育福祉的アプローチ

「第Ⅲ部　子ども・家族の生活を支える教育福祉的アプローチ」について

西田　芳正

　子ども・家族の生活をめぐる今日の主要な課題の一つが貧困の拡大であり、深刻な事態を前に国もようやく対策を打ち出しつつある。こうしたなか、研究に求められる役割は、実態の把握と課題の確認、必要な施策の実現に向けた発信であろう。また、施策が具体化され始めた段階だからこそ、現状の制度、施策とその背後にある問題設定のあり方そのものを批判的に検討する視点が不可欠である。そして、それらの諸点を理解したうえで課題解決に向け実践的な力を発揮する担い手の養成が大学教育には求められている。

　政策形成にも関わってきた山野は、国の動向と課題を整理するとともに、子どもを支える学校のあり方を地域と保護者・複数の専門職と学校・教師が連携・協働する方向に求め、その実現のためにこそコラボレーション教育が重要であることを指摘する。続く中谷論文は、1950、60年代との比較から女性の自己実現と子どもの良き未来のために保育が不可欠であるとの認識が広まる一方で、担い手である保育士の置かれた状況は厳しいままであり、保育士の養成と労働条件の質的向上こそが課題だと論じる。学校教育段階を扱う西田は、「排除する学校」、「支える学校」の両面について指摘し、さらに、貧困・生きづらさを強いる社会のあり方について認識しそれを乗り越える力を子どもたちが身に付けることこそが学校教育が担うべき課題だと論じている。続く伊藤論文は、家庭での養育を期待できない子どもたちを社会が育てる仕組みである社会的養護を扱う。自立に向けた支援と退所後のサポートの必要性が調査結果を元に示され、ニーズに応える取り組みが紹介される。施設職員ばかりでなく学校・教師の役割が重要であるとの指摘は、協働、コラボレーションの課題と重なるものである。そして最後の嵯峨論文では、重要な支えであるはずの生活保護制度が子育て世帯の利用を阻んできた実態と、受給層にとっても不十分なサポートであることが示される。子ども自身が就労した後には家族の扶養が求められるという二重の不利を課せられる実態についても指摘され、個人と家族をともに支える制度のあり方が求められると論じている。

第11章　子どもの貧困対策をめぐる政府の動向とスクールソーシャルワーク

山野　則子

1．はじめに

　2016年12月に総理官邸での教育再生実行会議に呼ばれ発表に出向いた。思わぬ反響があり、質疑からやり取りが続いた。教育再生実行会議委員の高い関心は、子どもの実態への驚き、スクールソーシャルワーカーの充足可能性、筆者が主張する学校プラットフォーム（山野、2016a）、養成のことであった。そこに議論が交わされた。子どもの実態への驚きは、そもそも文科省に福祉を投入する、ソーシャルワークの議論が始まる、きっかけにもなったと感じる2010年中央教育審議会に筆者が呼ばれたときの議論と同じ感触だった。それは、子どもたちの実態が正しく知られていないと痛感するものである。

　教育再生実行会議に至った足取りを児童福祉の動きを合わせて大局的にとらえながら、今何が起こっているのか、そのポイントは何かについて論じていく。そこには高等教育である大学教育のあり様が焦点にもなっていく。本学教育福祉学類教員すべてで執筆した前著である「教育福祉学への招待」から5年、ちょうど教育福祉学類の2期生が卒業しようとしている今、教育と福祉の協働の教育、その方向は間違っていなかったと思える動向であり、大阪からスクールソーシャルワークを先進して発信してきたように、コラボレーション教育を先進大学として学生とともに発信すべきだと思える状況である。

　本稿は、今までに輩出してきた論文のまとめとして記述する部分もあるが、紙幅の都合上の割合はあるものの、ここに取り上げた国のさまざまな委員会に参画してきた筆者から見た現時点の到達点である。

2．子どもの貧困対策大綱策定とその後の動き

1）国の動き

「子どもの貧困対策の推進に関する法律」(以下、子どもの貧困対策法) は、生活保護基準の引き下げや扶養義務の強化等の動きが加速し、2013年1月開会の第183回国会では生活保護法一部改正案が審議されるなか、成立した。そのきっかけは、2013年2月13日の第183回国会・衆議院予算委員会において、2013年8月から実施が予定されている生活保護基準の引き下げが子どもの進学や修学の継続、修学旅行への参加などに与える影響についての言及、子どもの貧困の連鎖が拡大してしまう懸念の表明があったことにある。そして、わずか4、5ヵ月という短期間に政治的な合意形成がなされ、第183回国会において成立し、2014年1月に施行された。基本理念として「子ども等に対する教育の支援、生活の支援、就労の支援、経済的支援等の施策を、子どもの将来がその生まれ育った環境によって左右されることのない社会を実現することを旨として講ずることにより、推進されなければならない」(第2条) と規定している。2014年8月「子どもの貧困対策の大綱」が出された。貧困の世代間連鎖の解消と積極的な人材育成、子どもに視点を置いた切れ目のない施策の実施、子どもの貧困の実態を踏まえた対策の推進、子どもの貧困に関する指標を設定しその改善に向けて取り組む、など4点を中心に方針が明記された。筆者もこの議論に参加した1人であり、議論から、すべての子どもたちに等しく支援につながる機会を与えられるよう、学校を拠点にした「学校プラットフォーム」という方策でまとめられた。

ただし、経済的課題に対する方策は明確化されず、湯澤 (2015) が背後に「子ども」というレトリックが作動したと指摘したほど、貧困対策であるにも関わらず、経済的支援は4つの支援の最後に記載され、現物給付の方向となった。

生活保護法の一部を改正する法律が、不正受給や受給者増加への対応として、生活保護扶助基準の引き下げなど子育て世代にもたらす影響など懸念が言われながら、2013年12月に生活困窮者自立支援法とともに生活保護法一部改正が成立した。つまり生活保護法の見直しとともに子どもの貧困対策が検討され

ていた。しかし、子どもの貧困対策の検討会では生活保護法の動向がきちんと説明されることはなかった。湯澤（2015）は、生活保護制度の大改変を目指す政治との引き換えに、子どもの福祉が切り札となったと指摘している。

　子どもの視点ではどうだろうか。2007年1月国連総会は、「子どもたちが経験する貧困の特殊さにかんがみ、子どもの貧困とは、単にお金がないというだけでなく、子どもの権利条約に明記されているすべての権利の否定と考えられる」と新しい定義への認識を示した。このような観点にたてば、子どもの権利という観点に立脚し、保護者や家族がどのような状況であろうと、子どもの権利条約の諸権利を保障する社会的な営みとして、子どもの貧困対策は位置づけられる。

　さらに2016年児童福祉法の一部改正によって、最も重要な第1条の理念に「児童の権利に関する精神にのっとり、適切に養育されること、その生活を保障されること」と入り、日本の児童福祉は全面的に子どもの権利条約に基づくことになる。この経緯も先述の時期と重なり、2014年9月から、社会保障審議会児童部会児童虐待防止対策のあり方に関する専門委員会において議論されてきた、すべての子どもは適切な養育を受けて発達が保障される権利を有するとともに、その自立が保障されるべきであるという視点から報告書がだされ（2015.8）、子どもの福祉を進めるにあたり基礎とすべき理念としてまとめられた。さらに、子ども家庭福祉の体系の再構築が急務であるとの強い問題意識の下、当該理念を実現するための方策を検討するための議論が行われ、「社会保障審議会児童部会新たな子ども家庭福祉のあり方に関する専門委員会報告（提言）」によって、児童福祉法等の抜本的な改正に向けて提言された（2016.3）。こういった経緯を経て、2016年10月児童福祉法の一部施行、2017年4月一部施行と決定した。

2）国の方向による弊害

　子どもの貧困対策法が成立したことは第一歩として画期的である。しかし、政府には毎年1回、子どもの貧困の状況と対策の実施状況を公表する義務が課され（第7条）、地方公共団体については都道府県子どもの貧困対策計画を定めることが規定されたが、策定は努力義務にとどまっている。貧困

率削減の数値目標は明記されず、「子どもの貧困率、生活保護世帯に属する子どもの高等学校等進学率等子どもの貧困に関する指標および当該指標の改善に向けた施策」が大綱に掲げる事項として規定されるに留まった。

　さらに国が調査する、あるいは調査目標とポイントなど方向性を出すことにならなかったため、あくまでも自治体の裁量になっている。そうすると自治体においてさまざまな調査がなされ、出てきた結果はその事実として認識はできるが、それをどうとらえていいかわからない状態である。またポイントもさまざまなので、結果も統一感がない。地域も公表するかどうかは別として、各市町村各校区など詳細把握しない自治体もある。回収方法も回収率もばらばらある。大阪府では、大阪市を含む43市町村すべてを網羅する形で大阪府と府内自治体と委託を受けた本学が調整し協定を結び、共同実施を行ってきた（山野、2016c）。本来はこういった都道府県として各市町村自治体を統括、主導し、子どもの最善の利益のために子どもの実態が真に把握され、適切な措置が講じられるように指導、監督すべきである。さらに言えば、事態として調査結果が出る前に施策が決まっている自治体も多くあること、基本統一項目がないため日本全体としてどうなのか見えない数々の結果が出回ることが生じている。最低限度押さえるべき点を統一するなど国の責任としてもう一歩踏み込むべきであった。

　イギリスでは、国が責任を持ち、学校、子育て支援、保健医療関係さまざまなところが同じ貧困マップを持っている。どこが厳しい地域なのかを共有している。関係者が一堂に集まらなくても実態、目標の共有を行い、明確なターゲットに何を取り組むのか意識され、それを国が監視している。

　しかし、日本では、国が現金給付を避けたために、イギリスのように責任をもって調査をしなかったことにより、各自治体が目標、成果、方針の連動がみえづらかったり、実態把握にも自治体間の格差が生じてしまっている。子どもの生活実態調査は、まさに子ども中心に生活の実態をつかみ、個人の努力でなく、構造的な社会の課題を明らかにすることである。学力の社会経済的家庭背景（SES = socio-economic status）による違いはすでに明らかになっており（耳塚、2014）、個人の努力だけではないことは証明されている。そういった要因を浮き彫りにし、どこに手を打たねばならないのか、ター

ゲットを明確化し、目標設定と対策を可能な限り、ピンポイントで打つことが必要であり、本来そのための実態調査である。

2．中教審答申の意味；教育＋福祉＋地域

　文部科学省の方では、子どもの貧困対策とも関連する学校のありようについての議論がなされた中教審について少し触れよう。子どもの貧困対策の大綱が発出された同時期、2014年7月、教育再生実行会議「今後の学制等の在り方について」（第五次提言）を受けて中教審初等中等教育分科会の下に「チームとしての学校・教職員の在り方に関する作業部会」が開始されていた。

　さらに、2015年3月、教育再生実行会議の『「学び続ける」社会、全員参加型社会、地方創生を実現する教育の在り方について』（第六次提言）を受けて、文部科学大臣は中央教育審議会に対し諮問を行い、初等中等教育分科会の下に「地域とともにある学校の在り方に関する作業部会」、生涯学習分科会の下に「学校地域協働部会」を設置し、初等中等教育局と生涯学習政策局が合同会議としてかなりの議論を重ねた。その際にもうひとつの「チームとしての学校・教職員の在り方に関する作業部会」も含む3つの部会によって、さまざまな角度から学校のあり様、学校を支える地域のあり様が議論された格好である。3部会合同会議とはならなかったが、筆者は特に強く訴え議論の末、最後に「チームとしての学校」と「学校と地域の効果的な連携・協働推進体制」の関係図が示されたことの意義は大きく、次のプラン図につながった。同年12月「これからの学校教育を担う教員の資質能力の向上について ～学び合い、高め合う教員育成コミュニティの構築に向けて～（答申）（中教審 第184号）」、「チームとしての学校の在り方と今後の改善方策について（答申）（中教審 第185号）」、「新しい時代の教育や地方創生の実現に向けた学校と地域の連携・協働のあり方と今後の推進方策について（答申）（中教審 第186号）」を提出した。文部科学省では、さらにこれら3答申の内容を推進していくため、具体的な施策と工程表をまとめた「『次世代の学校・地域』創生プラン（図11-1）」を2016年1月に策定した。

　これらの答申は、今までの「学校」概念を超えるものであり、この協働し

図11-1 「次世代の学校・地域」創世プラン

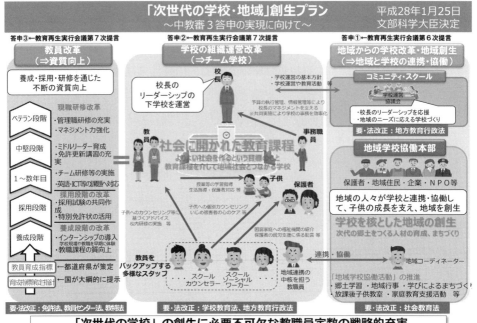

た案は、ある種、子どもの貧困対策で出された学校プラットフォームにつながるものととらえられる。つまり、地域とともにある学校、チーム学校、地域学校協働という考え方そのものが、支援が身近で可能になる学校プラットフォームのイメージと連動する。

1) 地域と学校

「地域とともにある学校づくり」の有効なツールとして出されているのが、いわゆるコミュニティ・スクールである。コミュニティ・スクールは、学校と保護者や地域がともに意見を出し、学校運営に反映させることで、協働しながら子どもの豊かな成長を支える仕組みである。コミュニティ・スクールは保護者や地域住民などから構成される学校運営協議会が設けられ、学校運

営の基本方針を承認したり、教育活動などについて意見を述べるといった取組がおこなわれる。学校運営協議会の主な役割として、①校長の作成する学校運営の基本方針を承認する、②学校運営に関する意見を教育委員会または校長に述べる、③教職員の任用に関して教育委員会に意見を述べることができる、という３点が存在する。これらを通じて、保護者や地域住民の意見を学校運営に反映させ、自分たちの力で学校をよりよいものにしていこうとする意識が高まり、継続的・持続的に「地域とともにある、特色ある学校づくり」を進めるという意図である。政府が率先して拡充しようとしているが、課題は、③の教職員の任用に意見を言えるという点で、保護者対応に追われている地域では推進に懸念の声が多く進展していない。また、主語が学校であり地域住民が主語ではないことから、福祉でいうコミュニティ・ソーシャルワークとは、おのずとずれがある。

「地域学校協働」とは、学校を「支援する」から「連携・協働」、個別の活動から総合化を目指す今後の新たな体制として地域が学校と協働する枠組みである「地域学校協働本部」を提唱した。学校・地域社会それぞれの特性を生かした「連携」、共通の目標に向かって相互に意見を交わし、それぞれの資源を最適に組み合わせて達成を目指す「協働」の双方の、地域における基盤となる体制が今後の教育には必要である。従来の学校支援地域本部活動や放課後子ども教室などの個別の取組を有機的に結びつけていく。生涯学習として地域住民が生き生きと活動する方に重点化し、主語を学校から地域にしていく動きでもあろう。その後、文科省は「地域と学校の連携・協働の推進に向けた参考事例集」を出したり、「第３期以降の教育振興基本計画において、『地域学校協働本部』の推進目標を掲げることを検討すべきである」と方針をだし、さらに取り組みを進めようとしている。

ソーシャルワークの視点から見ると、個別事例的には、落ち着かない子どもたちの実態から学校運営協議会に挙げて各教室に地域人材が入り、フォローをしている取り組みや子どもたちがほっとできるよう居場所を校内に作り、リラックスして本を読める場を作るなどの取り組み例がある。教室で落ち着いて過ごしたり勉強に興味を持てるようになったり、などの効果も出ている。課題は、学校での取り組みであるにも関わらず担任教師と十分結びつ

いていなかったり、ましてや福祉とはまったくと言っていいほど結びついていないことである。学校と地域の連携、協働は対等な関係で重要であり、ここに子ども家庭が主人公として位置づくためには、個別にも大局的にも結ぶ役割のあるソーシャルワークは不可欠である。

2）専門職と学校

答申「チームとしての学校」に関しては、「学校が、複雑化・多様化した課題を解決し、子どもに必要な資質・能力を育んでいくためには、学校のマネジメントを強化し、組織として教育活動に取り組む体制を創り上げるとともに、必要な指導体制を整備することが必要である。その上で、生徒指導や特別支援教育等を充実していくために、学校や教員が心理や福祉等の専門スタッフ等と連携・分担する体制を整備し、学校の機能を強化していくことが重要である（文科省、2015）」と説明されている。また、「学校において、子ども自身にとっても、教員のみならず多様な価値観や経験を持った大人と接したり、議論したりすることは、より厚みのある経験を積むことができ、「生きる力」を定着させることにつながる」と述べている。つまり学校が主語なだけではなく、子どもを主語にして考えられているとみえる。ただ、文科省での作成であるため、子どもの最善の利益のためとは書かれておらず、子どもの育成のためである。ここが福祉の視点と異なる点である。これらがいかに融合するのかがまさにチーム学校のポイントであろう。

2015年12月から文科省に教育相談に関する調査協力者会議が立ち上げられ、学校のさまざまな役割のある職種、管理職、スクールカウンセラー、スクールソーシャルワーカー、それぞれの機能を明確化しガイドラインを作成することとなった。ガイドライン作成は、2008年スクールソーシャルワーカー活用事業が国で始まって以来のことであり、非常に意義はあった。しかし、チーム学校は校長の監督下にあり、校長のリーダーシップの下に組織として責任ある教育を提供するためにあるという点は、争点にはなったが、結局、揺るがなかった。2017年1月に、報告書（ガイドライン含む）として発出された（文科省、2017）。

学校の特徴は、①学校内の教員同士の共同関係や援助の重要性を指す「同

僚性」が根底にあり、細かな職階がない対等な世界観があること、②ルース・カップリング理論の強い影響を受けてきた「鍋ぶた組織」である（小川、2016）。小川によると、学校の組織としての統合性を弱め個別拡散的な教育活動を常態化させてきたとする批判も強まっており、大きな方向転換や変革が困難になりやすい。平成25年度OECD国際教員指導環境調査（TALIS）によると、諸外国と比べて、教員が学び合う校内研修、授業研究の伝統的な実践の背景があり、組織内指導者による支援を受けている割合、校長やその他の教員からフィードバックを受けている割合が高かったことは、まさに同僚性の特徴ともよみとれる。諏訪（1995）は、①個人主義の文化、②分割主義の文化、③協働文化、④企てられた同僚性の文化、というハーグリーブスが提唱した4つの教師文化を考察し、日本の「教師文化は細かな点についてすべてが一致していないといけない」というのが協働であると誤解され、協働文化は難しく、強制されたという意味で、企てられた協働文化が優勢と述べている。

　これらの特徴は何を表すかというと、そもそも教師文化はネットワークやチームにおいて基本とする、相互作用、主体性、多様性、対等性（松岡克尚、1998）を持たず、他専門家とのチームの組みにくさを示すものともいえる。つまり、学校組織に入るのは、他の専門家にとって非常に難しく、教育に巻き込まれ福祉の専門性を示しきれなかったり、あるいはたった1人で真正面から切り込むことで教員との関係性が築けなかったりする。

　鍋ぶた組織への改善として主幹教諭や主任を置くようになってきたが、教職員集団が「仲間同士で互いに補い支え合い育ち合う」のではなく評価の導入ととらえたり、他職種協働も教職員から離れた外部で作られた目標を効果的に実施するための手段として「協働」が導入される危険性があるとポリティカルな次元での批判（諏訪、1995）がなされているように、チーム学校において、「校長の管理下」が強調されることのデメリットも大きい。現在、生じているスクールソーシャルワーカーが学校に入る難しさにつながる。

3）方向性と課題

　地域と学校の協働、学校のチーム学校、これらを合わせて1枚の絵にした

第Ⅲ部　子ども・家族の生活を支える教育福祉的アプローチ

ことで混乱もあり、学校プラットフォームには前節で述べたように、いち専門家を入れるだけでも抵抗があるのに、複数のものが学校に入ってくるという、さらに大きな抵抗にもなっている。チーム学校は、「校長の管理下である」という表現から、地域住民や団体は「チームとしての学校」の構成員ではないことが強調されている（加治佐、2016／加藤、2016）。学校組織には、Murphy（2004）のいう、組織の文化や固定観念と偏見、組織の優先、組織構造と権力、仕事の伝統的な方法などの阻害要因がよみとれる。

　チーム学校や学校プラットフォームなどの議論は、その時々に各人がそれぞれに主語を学校、地域、子ども家庭と一定しないためにかみ合わない。それぞれの価値観で物事が考えられ、協働相手の価値観が理解されていないことから生じる。教員の価値とソーシャルワークの価値のすり合わせも必要である。さらにいうと、心理や地域の価値ともすり合わす必要がある。行動の

図11-2　学校・家庭・地域をつなぐ仕組み作りとその制度化

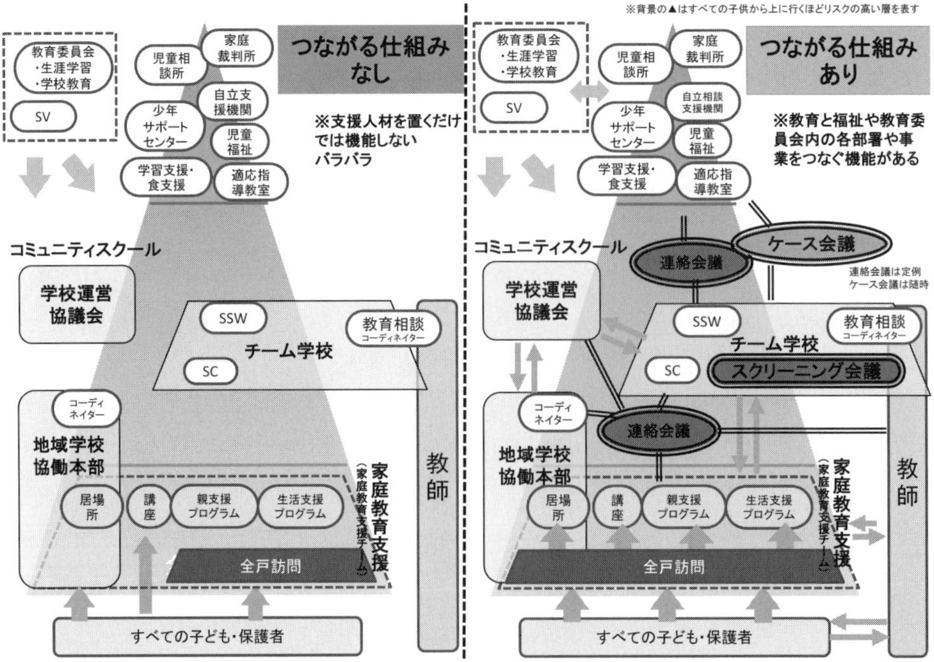

（第39回教育再生実行会議の筆者の発表資料に修正を加えたもの）

背景にある価値を意識化し、違いを共有することで、チームとして機能する。つまり、チームとは、そもそも葛藤の伴う作業であり、それを話し合い、違いこそ重要と認識する（松岡千代、2009）。共通の目標に基づく認識構造を形成し、非階層的な構造を生み出し、共同の意思決定を行い、新しいものを生み出すもの（Alter、1993）である。

　ソーシャルワークのグローバル定義では、「ソーシャルワークは、社会変革と社会開発、社会的結束、および人々のエンパワメントと解放を促進する、実践に基づいた専門職であり学問である」としている。社会正義、人権、集団的責任、および多様性尊重の諸原理は、ソーシャルワークの中核をなし、ソーシャルワークは、「生活課題に取り組みウェルビーイングを高めるよう、人々やさまざまな構造に働きかける」（国際定義より抜粋）とされている。単に人権の尊重をするだけでなく、集団的責任として、人々がお互い同士、そして環境に対して責任をもつ限りにおいて、はじめて個人の権利が日常レベルで実現され、共同体の中で互恵的な関係を確立することの重要性を強調している。こういった価値や原理が伝わらないと、学校にとって自分たちの今までの文化を脅かす存在として映ったりする。またソーシャルワークにとっては、困っている当事者のみならず構造に働きかけるという点で、「協働は当然」という認識になるが、教師の価値や文化を脅かすものとして映るという認識が必要である。

　これは心理や保健、特別支援などほかの職種との価値観との違いも同じであろう。学問的価値の違いを知り合い議論できる機会、同じ体験を積み重ねが定例的になければ、日々多忙なチームメンバーは配置されただけでばらばらで機能しない。チーム学校も地域とつながる仕組みも、貧困対策での手の届くところでの支援展開である学校プラットフォームも、協働する構成員同士をつなぐ仕組みが必要である（図11-2）。

3．今後の必要なこと

　以上の議論から、5年前と違って、実際に教育と福祉の実践が始まり、国の方向性も示されてきた、現在、必要なのは、より学問的議論を交わし、教育と福祉の協働の新しい価値、新しい理論を生み出すことである。そして

それを受けた、これからを担う学生教育の力が重要である。それは変革を学術現場である大学において内側から起こす内発的変化（高田、2003／山野、2009）を起こすことである。まさにソーシャルワーク教育であり、各人の価値がすり合わせることができる協働教育が重要になることは確実である。そのために必要なことを2点あげる。

まず1点目に教員養成課程に福祉科目の投入を指摘する。現在、福祉科目は教職課程科目にまったく入っていない。今の教師は、貧困とは何か、支援とは何か、連携の意義や手法などまったく学ばないまま、さまざまな難しい親や貧困事例などに、そして関係機関と対応しなければならない。学校の同僚性、学校文化などから簡単に学校が変わることは難しい。そのためにも教員養成の段階で全員が受ける科目として、さまざまな知識を得るため、協働するために、連携相手の価値を知ること、この双方から必要である。

2点目は冒頭に述べた本学で行っているコラボレーション教育を行うことである。学生の柔軟な時期に、多職種協働や協働理論をベースにした学びと実際にチームで実習を行うなどコラボレーション教育（山野、2016b／梅田・山野、2013）、高齢者領域で進んできたIPE（Inter Professional Education）が今後必要となるであろう。学校が教員一色の時代から転換しようとしている。さまざまに生じる葛藤のなかで、すり合わせながら目標を1つにしていくことで、自発的に違った役割が見えてくる、こういった知識と体験的な学びがまさに必要であり、確実に卒業生たちがこの道を開拓している。

注
1 子どもの貧困とは、その国の貧困線（等価可処分所得の中央値の50%）以下の所得で暮らせない相対的貧困の17歳以下の子どもの存在および生活状況を指している。OECDや厚生労働省調査の貧困率には等価可処分所得の中央値の50%が使用されているが、絶対的なものではなく、EUは公式の貧困基準のひとつに中央値の60%を使用している。子どもの相対的貧困率については、発表主体、統計利用データ年次によって変動する。
内容的には、タウンゼンドの定義を元にChild Poverty Action Group（CPAG）が示している、①所得や資産など経済的資本（capital）の欠如、②健康や教育など人的資本（human capital）の欠如、③つながりやネットワークなど社会関係資本(social capital)の欠如、の3つの資本の欠如・欠落（所、2015）を基本

第11章　子どもの貧困対策をめぐる政府の動向とスクールソーシャルワーク

的な枠組みとしてとらえられよう。日本では、貧困を「飢え」や「住宅の欠如」など「絶対的貧困」レベルで理解する傾向があるが、国際的には、貧困は相対的に把握されるべきものと理解されている。

2　学校プラットフォームとは子どもの貧困対策で出された言葉で学校を拠点に貧困対策のサービスを提供することである。詳細は、『すべての子どもたちを包括する支援システム』(せせらぎ出版)にて記載している。

文献

Alter,C. and Hage,J., (1993) *Organizations working Together*. Newbury Park,CA : Sage Publications, pp.78-80.

加藤崇英 (2016)「はじめに」加藤崇英編著『「チーム学校」まるわかりガイドブック』教育研究開発所、pp.3-5.

加治佐哲也 (2016)「『チーム学校』とは何か」『教育と医学64(6)』慶應義塾大学出版会,pp.4-10

耳塚寛明 (2013)『平成25年度全国学力・学習状況調査 (きめ細かい調査) の結果を活用した学力に影響を与える要因分析に関する調査研究』文部科学省委託研究 国立大学法人お茶の水女子大学, p.88.

松岡克なお (1998)「社会福祉実践における"ネットワーク"に関する一考察　－概念整理と共通性の抽出－」『社会福祉実践理論研究』7, pp.13-22.

松岡千代 (2009)「多職種連携のスキルと専門職教育における課題」『ソーシャルワーク研究 34(4)』, pp.314-320.

文部科学省 (2017)「児童生徒の教育相談の充実について」(スクールソーシャルワーカーのガイドライン含む)　http://www.mext.go.jp/b_menu/shingi/chousa/shotou/066/gaiyou/1381049.htm

小川正人 (2016)「子どもの貧困対策と「チーム学校」構想をめぐって」山野則子編『すべての子どもたちを包括する支援システム』せせらぎ出版, pp.18-37.

諏訪英広 (1995)「教師の同僚性に関する一考察　－ハーグリーブスによる「教師文化論を手がかりにして－」広島大学教育学紀要　第一部 (教育学) 第44号, pp.213-220.

高田真治 (2003)『社会福祉内発的発展論』ミネルヴァ書房.

所道彦 (2015)「9章イギリス」埋橋孝文・矢野裕俊編著『子どもの貧困／不利／困難を考える』ミネルヴァ書房, pp.189-203.

梅田直美・山野則子 (2013)「子ども家庭福祉分野における専門職間関連教育の可能性　－教員免許更新講習「学校コラボレーション講座」の効果測定調査結果から－」子ども家庭福祉学会　第13号, pp.77-87.

山野則子 (2009)「子ども虐待を防ぐ市町村ネットワークとソーシャルワーク」明石書店.

山野則子 (2016a)「提案：すべての子どもたちの支援システム作りへ」山野則子編

『すべての子どもたちを包括する支援システム』せせらぎ出版, pp.13-17.
山野則子監修（2016b）「スクールソーシャルワーク教育課程＆コラボレーション演習 2015年度報告書」大阪府立大学教育福祉学類.
山野則子（2016ｃ）「子どもの貧困に関する実態調査から見えること　－その意義と今後－」日本子ども虐待防止学会　第22回学術集会おおさか大会要旨集, p.72.

第12章 「保育」に対するまなざしの変容と保育課題
  －1950-60年代の保育抑制策と待機児童問題を手がかりに－

中谷　奈津子

1．「保育」とは

　一言で「保育」といっても、その意味するところは一様ではない。たとえば、広辞苑（新村、1983）では広く「乳幼児を保護し育てること」とされ、児童福祉法においては家庭での育児を指すものとして用いられる箇所もある。また「学童保育」や「施設保育」といった例も見られるように、対象は乳幼児に限ったものでもない。

　しかし一般に「保育」という語はかなり狭義の、就学前の子どもを対象とした家庭以外での特定の施設で行われる保育を指すことが多い。つまり幼稚園や保育所、認定こども園や小規模保育などにおける保育というものである。以後、本章ではこうした狭義の「保育」を取り上げていくこととするが、中でも保護者の就労や介護、疾病などを理由に「保育が必要となる子どもの保育」について考察していきたい。

2．「保育」に対するまなざしの変容

　2016年2月「保育園落ちた、日本死ね」というブログへの書き込みから端を発して、国会を巻き込む大激論に発展したことは記憶に新しい。「どうすんだよ私活躍できねーじゃねーか」と怒りをぶつけるブログに、急速に共感が広がる一方で、「匿名である以上、実際に本当であるかどうかを、私は確かめようがない」と言い放った安倍首相や政府に対し、子育て世代からの不信感や反発が強まった。フェイスブックで共感を表す「いいね！」が押された件数は4万6千件を超え、同じ趣旨の投稿が相次ぎ、さらには「保育制度

の充実は必要」とするネット上での署名活動や国会前での抗議活動も見られるようになった（仲村、2016）。政府は、世論の大勢が政権批判に転じないよう待機児童への対応を強調し始め（石井・高橋、2016）、同年9月には厚生労働省による「切れ目のない保育のための対策について」が取りまとめられるに至っている。

　ここでひとつ疑問が沸き起こる。待機児童問題は1990年頃から指摘され続けているにもかかわらず、今、なぜこのように強烈な社会問題として話題に上るようになったのだろうか。これまでわが国では、待機児童問題を政府に訴えることができなかったのだろうか。保育を取り巻く状況を振り返りつつ、この点について考えてみたい。

　1950年代から飛躍的に成長を遂げた日本経済は、その産業構造を第一次産業から第二次産業へとシフトさせた。それに伴い女性の労働力の積極的活用が期待され、1963年の経済審議会答申においては、「男女の性別にかかわりなく、個人の能力と適性に応じて人を採用し、配置し、訓練し、昇進させること」が提唱されている。現代と同様、まさに女性の活躍を推進するものとも読み取れる。しかし現実には、女性の労働力は、不足する若年労働力の代替として活用され続け、その大半が未熟練・単純労働として使用された。女性のM字型就労が政策としてすすめられていったとも指摘されている（諏訪、1981）。子どもを預かる側の保育所も、その数は少なく、乳児は預からず、保育時間は短く、しかも母親が働くということは特殊な事情によることと考えられており、一般的には女性が結婚後妊娠・出産しても子育てと両立させる生き方は認められていなかったという（橋本、2006）。

　当時の子育てや保育に対する政策的な姿勢を振り返ると「子育ては家族で、母親が」といったものが浮かび上がる。1963年に発行された「児童福祉白書」においては、高度経済成長によって増加する出稼ぎや共働きなどから、家族制度が崩壊し親子の情愛や人間関係が欠落していく現状が指摘されている。そしてその解決策として、特に家庭対策の必要性が強調されるようになった（厚生省、1963）。また同年、働く女性たちの保育要求運動に対して、中央児童福祉審議会保育制度特別部会から「保育問題をこう考える」が発表された。そこには「保育ということが，このように大きな社会問題とし

て，脚光を浴びるにいたった背景に，戦後から今日にいたる政治・経済・社会・思想などの諸状況の推移があることは，疑いようのない事実であり，保育問題に，今日の多くの母親たちの希望と苦悩が，集中的に現れている，とみることができる」と母親たちが置かれた社会的状況を考慮しつつも，増大する保育ニーズに対して，保育行政の立場から「保育はいかにあるべきか，という保育の原則を確立しなければならない」と，次のような保育7原則が示された。

保育7原則は、特に母親の保育責任が至るところで強調されるものであった。たとえば「健全で愛情深い母親がこどもの第1の保育適格者」とされ、母親には保育適格者となるよう努力することが期待されていた。また行政にできることは、「近未来の母親たちや、若い母親たちに、母親の責任を強調すること」、「少なくとも乳幼児期においては、ほかの労働よりも、こどもの保育の方を選びやすいように、施策の面において配慮すること」と考えられている。さらに2～3歳以下の保育については年齢が低いほど家庭での保育の重要性が強調され、働く女性が要求していたゼロ歳児保育は、まったく視野に入れられていなかった。父親やその他の家族については、「保育適格者になろうと努力する母親を援助する義務がある」として、子育てにおける後方支援を期待するものであった。橋本によれば、こうした「母親よ、家庭に帰れ」の宣伝効果は大きく、新聞にもそれまで迷っていた母親が退職を決意する投書などがのせられたという（橋本、2006）。

1967年に発表された厚生省の調査によると、当時、保育を必要とする子どもの数は148万人、そのうち2歳以下の子どもは約45万人と推計された。実際に保育所に在籍していたのは91万人で、さらに51万人余りの子どもが

保育7原則

〔第1原則－両親による愛情に満ちた家庭保育〕
〔第2原則－母親の保育責任と父親の協力義務〕
〔第3原則－保育方法の選択の自由と、こどもの、母親に保育される権利〕
〔第4原則－家庭保育を守るための公的援助〕
〔第5原則－家庭以外の保育の家庭化〕
〔第6原則－年齢に応じた処遇〕
〔第7原則－集団保育〕

出典：中央児童福祉審議会保育制度特別部会（1963）「保育問題をこう考える－中間報告－」より一部抜粋

入所できるよう保育所の定員を増やす必要があることが明らかにされている。こうした状況に対して、「ポストの数ほど保育所を」というスローガンのもと1960年代から全国で保育所づくり運動が展開された（橋本、2006）。保育所数は1960年から1970年にかけて144％の増設がはたされているが、それでも37万人分の定員が不足している計算となる（諏訪、1980）。2015年10月現在の待機児童数は約4万5千人（厚生労働省、2016）であることを考えると、当時の待機児童数は驚愕する数字といえる。

　当時の待機児童問題は、戦後被雇用者として働き始めた女性たちが出産後も働き続けたいと願いを強めたのに対し、保育所の整備が、意識的にも物理的にもそれに追いつけない状況にあったことを示している。こうした動向は、政策が「子育てや保育をどうとらえているか」といったまなざしを浮き彫りにする。それは、子どもを持てば母親は退職し家庭に入るもの、つまり「子育ては家庭で、母親が」という政策的な認識であり、かつ、保育は子育てが家庭で担えないときに、母親に代わってやむなく提供するものといった「必要悪」としてのまなざしである。

3. 保育者[注1]の労働からみた「保育」

　保育者の労働の観点からみると、また異なるまなざしが現れる。1957年代までの政府の保育所予算は、最低の人件費しか組み込まれておらず、「子守り」の延長程度の処遇であった。世間からは「子どもと一緒に遊んでいるんだから楽なことだ」と言われ（石川、1969）、実際に、厚生省の担当者からは「君たち保母は、日雇い以下の子守っ子である」と言い渡されたことも記録に残っている（一番ケ瀬、1963）。賞与もなく、ちょっとした病気をするとすぐにクビになり、個人的な犠牲を払ってようやくなりたつ仕事であったという。1950年代後半に住み込みで働く保母は、月給6500円のうち3000円が食費として差し引かれ、健康保険などは加入していなかったと報告される。このことは、賃金が極端に低いことと同時に、「働くものとしての権利」さえ与えられていなかった状況をも物語る。さらに年長120人3クラスを2人で見ている、保育中に子どもを置いて園長の客人のための茶菓子を買いに行かされるなどの様子も報告され、現場の保母からは「保母は女中的存在か」

第12章 「保育」に対するまなざしの変容と保育課題
－1950-60年代の保育抑制策と待機児童問題を手がかりに－

「誰のために仕事をしているのか」という怒りが語られるほどであった（橋本、2008）。当時の保母は、「専門性がなくても誰にでもできる仕事」という社会的まなざしに囲まれつつも、あげればきりのないほどの厳しい労働条件のなかで、目の前の親子を何とか助けたいとする個人的熱意で日々子どもに向き合っていたものと思われる。

しかし保育所整備が徐々に進み、どのような形であれ「保育のある状態」が当たり前になってくると、少しずつ保母たちの熱意にも変化がみられるようになってくる。丸の内のオフィスビルの女子休憩室で乳児の保育を行ったある職場保育所に勤める保母は、「最初は1ヵ月4500円の約束、預ける人が3人になって6000円になったが（略）、会議やおけいこがあって、あちこち移動、おむつを干したら会社の監督から『みっともない』と怒られる。お母さんのなかには保育者に対して理解がない人もいる」。こうした状況に「もっと生活が苦しい人たちの子どもを預かっているのだったら、…そんなにみじめに思わなかった…。あんまりお母さんたちの条件がよいのに比して自分はみじめだった」と吐露している（橋本、2008）。

公立保育所の状況も厳しいものであった。休憩時間は取れず、代替要員がいないために病気でも休めず、最低基準の8時間保育をするために、労働基準法の8時間勤務では、掃除、保育準備、事務などの雑用は間に合わない。賃金は低く位置づけられているにもかかわらず時間外手当も少ないため、それらを無償の残業で行うより他ない状況であったという。東京都世田谷区における調査によると、1園平均68.4人の乳幼児を4人の保母と1名の用務員で保育している状況にあった。9割近くが「休憩時間がとれない」と訴え、健康状態も「あまりよくない」ものが多い状況であった（橋本、2008）。ある保母は、「私たちは二十日ねずみのように、ひっきりなしに動いている子どもを一人で三十人も、多いところでは四十人も保育しています。一秒だって子どもから目が離せません。一人の子におしっこをさせながら、目は他のグループの動きを追っています。本当に疲れます」という（木村、1969）。

公立保母による新人講習の記録が残っている。「…仕事の性質上、遅刻などという無責任な行動はとらないように」「年休は、一応年間20日ありますが、病気以外はあまりとらないようです」「お昼休みも取れないのが保母の

第Ⅲ部　子ども・家族の生活を支える教育福祉的アプローチ

仕事」など、園長からの厳しい言葉が続けられている。保育に重要な保育計画の作成は、持ち帰りの仕事になることが常態化していること、健康であった同僚が身体を壊し衰弱していく様子も綴られていた。「『子どものために』という『聖職意識』が強調され、いつも子どもが前面に押し出されたところで、じっとこらえてすごす。率直に、今の自分たちが置かれている状態を話し合う機会も少なく、熱があるのに『這ってでも出てきてください』と言われた保母、ほかの人に負担がかかることがこういわせているのですが、出勤して用務員室（保母の休憩室はないので）に寝ていた事実も、園内で同僚の

図12-1　子育て・保育へのまなざし

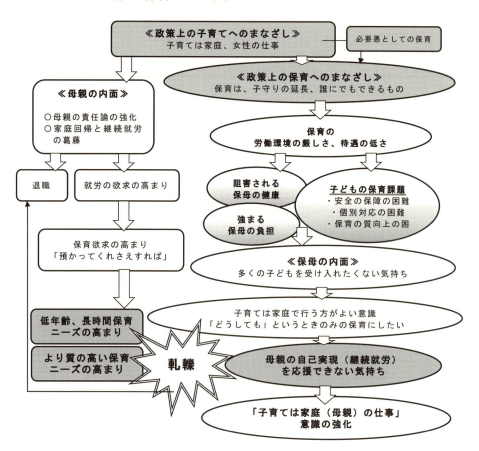

保母と慰め合うだけ。人員不足、労働荷重は公立では考えられない、待遇がいいのだからとひとはいう。これで待遇がよいというのか！と叫びたくなるのは私だけでしょうか」(野沢、1969)。

4．保育者と保護者の軋轢

　女性たちが今の雇用を継続したいと願う一方で、子育てが政策的に家庭に押し込められ、保育者の労働環境も厳しいものであるとき、ある種の「軋轢」がそこに生じる。「昔は貧しい家庭の子どもが多かったので、こちらの無理のし甲斐もあったけれど、いまのように所得の高い保護者を見ると、お母さんが無理して働かなくても、と思ってしまう」「フルタイムでは子どもが可哀想だから、パートに変わったらどうでしょう」(橋本、2008)、そのような言葉が、つい保育者の口から出てしまうのも、むしろ当然のことなのかもしれない。自分たちの健康を害してまでの、ぎりぎりの中で幼い子どもの命を守らなければならない緊迫した保育の様子がうかがえる。

　図12-1に、これまでの議論をモデルに示した。政策上の子育てのまなざしは、保育へのまなざしと通じるものである。子守りの延長として価値づけられた保育は、労働環境の厳しさ、待遇の低さを余儀なくされた。それは、保母の健康を害し、負担感を強めるものとなる。同時に子どもの安全を十分に守れる保育でもなかった。子どもの事故を回避するために、「集団で管理する保育」にならざるを得なかった側面もあったと思われる。そうした保育形態は、保育者による子ども一人ひとりの理解を難しくし、それぞれの発達過程に応じた保育の構想を困難にする。子どもの命を守ることで精いっぱいの保育は、保育者の余裕を奪い、向上心を削ぐものとなる。多くの子どもを保育することの負担から、職場の事情が許すのであれば「できるだけ早く迎えに来てほしい」「どうしても、というときのみの保育にしたい」という、保育を抑制しようとする保育者側の要求を強めていく。一人ひとりにていねいにかかわりたい気持ちとは裏腹に、十分にみてやれないジレンマから、「子育ては家庭で行う方がよい」という意識を抱きやすくなるとも思われる。結果として、厳しい労働環境に置かれた保育者は、母親の継続就労を支えようという気持ちを持ちにくく、「子育ては家庭の仕事」、つまり「母親の仕事」

といった意識を強化していくことになるだろう。

　一方、母親の内面に着目すれば、抑制された保育政策は、就労意欲の高い母親に、より強い保育欲求を抱かせる。当初は「預かってくれさえすれば」という意識であっても、次第に保育時間の延長やより質の高い保育を求めるようになるのは当然のことである。しかし厳しい保育の現状や実際の保育者とのやり取りから、母親規範意識をめぐる葛藤を抱くことになる。保育者との情緒的な問題が軋轢となって表面化することも予測される。一見、その軋轢は、当事者同士の母親規範意識の「ずれ」となって見えるものの、実はその軋轢は、この社会が子育てや保育にそれほど価値を置いてこなかったことに起因するものであるととらえることができる。

5. 現代における保育の意義：生涯に影響を及ぼす乳幼児期の保育

　現在、乳幼児期の教育とケアは、乳幼児に人生のよいスタートを与え、特に低所得者層や母語が外国語であるグループの乳幼児に著しいという認識が広まりつつある（OECD、2006=2011）。スウェーデンやイギリス、フランスなどにおける研究から、乳幼児期のデイケアへの早い参加は、その後の子どもの創造性、対人的信頼感、独立心の高さなどに影響し、読解力や数的理解などのよりよい成績につながると指摘されている（OECD、2006=2011）。さらに、ペリー就学前プロジェクトでは、幼少期の環境を豊かにすること（ここでは子どもの「自発性」を大切にする活動を中心としている）が、認知的スキルと非認知的スキルに影響を与え、その後の追跡調査では、就学前教育を受けた子どもの方が、学力検査の成績や学歴が高く、持ち家率の高さ、生活保護受給率や逮捕者率の低さがみられているという（J.Heckman、2013=2015）。高い資格やトレーニングを受けた保育者による保育の質はより高く、子どもたちの成長を促進することもわかっている（日本子ども学会、2009）。

　このような研究の蓄積は、乳幼児期における教育とケア、つまり「保育」の社会的意義や価値を再確認するものであり、決して「子守りの延長」としての処遇や養成の在り方では十分ではないことを意味する。我が国で暮らす子どもたちが健やかに生まれ育ち、それぞれに未来を切り拓く能力を開花さ

せていくためにも、この社会で「子どもを育てる」営みを、より重要視していかねばならない。

6．忌避される労働としての「保育」

　近年、保育現場では慢性的な保育士不足が続いている。潜在保育士は70万人を超えるものの、保育士を採用できずに新設保育所の開設が遅れる、保育所の定員を充足できない、年度当初からクラス担任が欠員状態であるなどの問題も指摘されてきている（普光院、2016）。ハローワークにおける保育士資格を有する求職者のうち半数は保育士としての就業を希望しておらず、低賃金、責任の重さ、事故への不安、休暇の取りにくさなどを理由としてあげている。希望しない理由が解消された場合の保育士への就業希望は6割を超えるが、回答者1人当たりの希望しない理由選択数は3.7と多岐に渡っており（厚生労働省、2013）、容易に問題が解決されるとは考えにくい。採用する側も、保育士なら誰でもよいわけではなく、保育の質の低下を実感する園もある（日本保育士協会調査研究部、2014）。

　保育士の調査からは、平均賃金の低さ、勤務継続年数の短さ、離職率の高さが目立つ（厚生労働省、2015）。大阪市の民間保育所では、勤続年数が5年未満の保育士が約6割を占め、その平均給与は短大卒の平均給与よりも下回る（大阪市、2016）。保育士の非正規割合も年々増加し、特に公立では非正規保育士の割合が高い。自治体によっては、保育所には一人のみの正規保育の配置だったり、全員が非正規だったりする現実もあるという（原田、2013）。ある公立保育所の非常勤保育士は「同一労働をしているにもかかわらず、私たち派遣保育士と正規職員の年収差は200万円から400万円に上ります。（略）精神的な疲労から神経を病んだ人がいます。円形脱毛症の人、眠れないという人もたくさんいます。私も担任としての重圧に加え、休憩時間に研修や草むしりをさせられるなど、疲労とストレスから味覚障害になってしまいました。（略）書類仕事も持ち帰っています。余裕のある状態で保育をしたいと願っていますが、職員にたいする複雑な感情が払拭できないのは否定できません」と訴える（非正規公務・保育士、2007）。この声が60年前の保母たちの訴えに重なるように思えるのは、筆者だけだろうか。

第Ⅲ部　子ども・家族の生活を支える教育福祉的アプローチ

7．保育のまなざしの変容と保育のゆくえ

　現在、とも働き家庭が一般化しワークライフバランス憲章や女性活躍推進法の制定など、男女の仕事と子育ての両立に関する政策的な認識は大きく変容した。ブログに端を発した一連の動きや加速する待機児童対策からも、保育に対する「必要悪」といったまなざしは、もはや希薄になったように思われる。現代の待機児童問題は、女性の就労の一般化に保育所整備が物理的に追いつかない状況ととらえることができる。保育抑制策がとられた1950-60年代と比較すると、それは大きな社会的進歩といえよう。待機児童が解消されるにつれ、「とにかく預かってほしい」といったニーズはさらなる量の拡大や質の高さを求めるものへと変容していくだろう。保育は、子どもの将来に影響を及ぼす営みとして注目され、保育の質の向上を明確に目指していく必要性もさらに高まるものと思われる。

　一方、現代の保育者たちは、虐待や貧困対策、乳幼児突然死症候群や食物アレルギー児への対応、障害児保育、外国籍の子どもの保育、保護者支援、地域との連携、乳幼児教育の重要性など、すでに大きな役割が期待されていることを痛感している。**図12-1**と照らし合わせて考えれば、保育者の負担が大きく膨らんでいることを意味する。不安定な労働環境とその期待の大きさとのアンバランスに、疲弊していく保育者は多い。社会的な期待や責任が大きいものの、その待遇の低さから職業として選択されにくく、重い負担としてのしかかる保育の仕事は、これからも子どもの育ちを支えていけるのだろうか。そしてその負担は、保育者の子どもを受け入れたくない気持ち、母親の自己実現を応援できない気持ちにつながることはないのだろうか。

　いうまでもなく、我が国の子どもたちのよりよい育ちとそれぞれの家庭のワークライフバランスを保障していくためには、保育者自身が安心して継続的に働き、個人的・組織的に研鑽を積める労働条件と環境の整備は喫緊の課題である。子どもの育ちを保障し子育てを第一線で支えるはずの保育者が、子育ての社会化を妨げ女性の活躍を応援できない子育て・保育環境の再生産に寄与することはあってはならない。

第12章 「保育」に対するまなざしの変容と保育課題
－1950-60年代の保育抑制策と待機児童問題を手がかりに－

注
1 「保母」という資格は、1999年児童福祉法改正に伴って「保育士」として名称変更した。よってこれ以降、原典の表記に基づいて記述することを原則とするため、「保母」と「保育士」の表記が混在することを確認しておきたい。また、「保母」と「保育士」の双方、あるいは「保育教諭」をも含意する場合は「保育者」として表記する。

引用文献
新村出（1983）「広辞苑（第3版）」岩波書店
石井潤一郎・高橋健次郎（2016a）「政権一転、改善へ意欲強調　ブログ『保育園落ちた』共感広がる」朝日新聞、2016年3月9日朝刊
仲村和代（2016）「待機児童問題、広がる共感　首相交えた国会論戦も　ブログ「保育園落ちた　日本死ね」朝日新聞、2016年3月4日夕刊
諏訪きぬ（1981）「高度経済成長と保育要求の高揚」浦辺史・宍戸健夫・村山祐一編『保育の歴史』青木書店、pp.205-248
橋本宏子（2006）『戦後保育所づくり運動史』ひとなる書房
厚生省児童局編（1963）『児童福祉白書』日本児童福祉協会
野沢郁子「シンマイ公立保母の悩み」東京保育問題連絡会・橋本宏子・鷲谷善教編『働く婦人と保育所』労働旬報社1969、pp.104-109
石川節子「私立保母の実態と『保育危機』」東京保育問題連絡会・橋本宏子・鷲谷善教編『働く婦人と保育所』労働旬報社1969、pp.112-123
木村康子「Ⅶ父母の会」東京保育問題連絡会・橋本宏子・鷲谷善教編『働く婦人と保育所』労働旬報社1969、pp.151-195
普光院亜紀「待ったなし保育士の待遇改善」『ひろばユニオン』（651）2016、pp.14-16
厚生労働省雇用均等・児童家庭局・職業安定局「保育を支える保育士の確保に向けた総合的取組」2013
　　http://www.mhlw.go.jp/file/04-Houdouhappyou-11907000-Koyoukintoujidoukateikyoku-Hoikuka/0000026218.pdf
日本保育士協会調査研究部「保育士不足が保育現場に与える影響についての調査報告書」2014、http://www.hoikushi-kyo.jp/news_pdf/cyousa.pdf
大阪市「平成28年職員の給与に関する報告及び勧告参考資料（保育士及び幼稚園教員関係）その2」2016
　　http://www.city.osaka.lg.jp/gyouseiiinkai/cmsfiles/contents/0000376/376462/6 sankouhoikushi2.pdf
厚生労働省「第3回保育士等確保対策検討会参考資料1　保育士等に関する関係資料」2015、http://www.mhlw.go.jp/file/05-Shingikai-11901000-Koyoukintoujidoukateikyoku-Soumuka/s.1_1.pdf

原田智江子「保育士が元気に笑顔で働ける職場づくりを目指して」『労働調査』（524）2013、pp.8-11

非正規公務・保育士「同一労働・同一賃金を求めて」『女性のひろば』（341）2007、pp.40-42

OECD "Starting Strong Ⅱ：Early Childhood Education and Care" 2006（星美和子・首藤美香子・大和洋子他訳『OECD保育白書』明石書店、2011）

James Heckman "Giving Kids a Fair Chance" Massachusetts Institute of Technology 2013（大竹文雄解説・古草秀子訳『幼児教育の経済学』東洋経済新報社 2015

日本子ども学会編『保育の質と子どもの発達：アメリカ国立小児保健・人間発達研究所の長期追跡研究から』赤ちゃんとママ社、2009

第13章　排除型社会の只中で教育の役割を考える

西田　芳正

はじめに——中学生学習会の取り組みから

　小雨交じりの金曜日の6時過ぎ、古びた公民館のような場所に20人ほどの中学生が集まってくる。うつむき加減の無口な子やヤンチャそうな子が混じる一人ひとりに対して学習サポーターの大学生が寄り添い、それから2時間ほどの間、それぞれ机に向かって勉強が続いた。

　これは、生活保護を受けている家庭の中学生を対象とする学習会の一コマである。高校進学率の低さ、中退率の高さという実態を前にして、地域を担当する福祉事務所のケースワーカーが数年前に手弁当で始めたこの学習会では、高校進学に必要な学力をつけることだけを目指すのではなく、家庭に困難な条件が折り重なっている子どもたちにとって安心して過ごせる「居場所」を提供することも重視している。「お兄さん、お姉さん」的存在として大学生が個別につく体制をとり、週2回の学習会には数名のケースワーカーも常に参加している。学習会の成果として進学率は上昇し、経験者からは高校を中退した子は一人も出ていないとスタッフから聞くことができた。

　「こんな場所と取り組みがあることはほんとうに素晴らしい。」学習会を見学する機会を得た私は深い感銘を受けたのだが、それと同時に、苛立ちや疑問を抱かざるを得なかった。「なぜこうした取り組みが学校でできないのか？　いや、なぜ学校はこうした子どもたちを生み出してしまうのだろうか？」、「進学を可能にする学力をつけ、居場所を提供することだけでいいのか？」、そして、「こうした場を必要としている子どもたちは、ここに来ている子ども以上に多数いるはずだ」、このような思いである。

　10年ほど前から同様の学習会が全国各地でスタートし、今日では「子どもの貧困対策法」、「生活困窮者自立支援法」が制定されたことでさらに取り組

みが拡大しつつある。「子どもの貧困」問題が社会的関心を集め、ようやく国が対策を打ち出すに至ったが、ここで紹介した学習会の取り組みはその典型的なものの一つである。

　それらの対策、施策は評価すべきだが、そこに欠けているものがあるのではないか。先に記した苛立ちや疑問を手がかりとして、「子どもの貧困対策」が展開され始めた現代の日本社会——それはしかし、多くの人々が人間らしい生活水準からはじき落とされ、それ以外の人々も生きづらさを強いられている「排除型社会」と呼ぶべき状況にある——その只中で、教育の役割を改めて検討することを本稿の課題としたい。

1．貧困の捉え方についての問題性

1）「貧困＝生活保護」という見方

　改めて言うまでもなく、生活保護は我が国の貧困対策の代表的な制度であり、その重要性は極めて大きい。貧困状態にある人々の生活や意識を明らかにする調査研究においても、生活保護受給者を最も困窮度の高い層として位置づける例がしばしばみられる。

　しかし、制度としての重要さとは裏腹に、この制度が貧困状態にある人々のうちどれほどを対象としているのかについてみれば、わずかな部分に留まるというのが実態である。「捕捉率」の低さは、稼働年齢にある親のもとで育つ子どもについてはさらに深刻であり、生活保護を受ける子どもの率は1.29％（2014年）にすぎない。政府が公表する「子どもの貧困率」（直近の2012年度では16.3％[注1]）との間にある非常に大きな隔たりについて常に留意しておく必要があるだろう。

　「子どもの貧困」を捉える際に有効なモノサシとしては、小中学校段階の子どもを対象とする就学援助制度が重要である。その名称からは、生活保護の受給層よりも困窮の程度が軽い家庭が対象というイメージを受けるが、その要件は生活保護水準をやや上回るか同程度の世帯収入[注2]となっている。つまり、就学援助を受けている子どもの比率は、生活保護を受けてしかるべき貧困状況の中で生活し学校に通っている子どもたちが実際にはどれほどいるのかを表しているのであり、直近の15.6％（2014年度）という数値は「子ども

の貧困率」とほぼ重なる水準である。

　ところで、生活保護については預貯金がないなど「身ぐるみはがされた」状態でなければ受けられないという点が問題として指摘されているように、生活保護に至る前の困窮度は極めて高かったはずである。しかし、対象となった後には、最低限度の生活を保障する給付がなされ、医療などのサービスも利用することができる。さらにケースワーカーの目が向けられ、冒頭で紹介した学習会といった資源を利用することも可能である[注3]。

　一方、貧困状況にありながら生活保護を受給できていない子どもたちの生活はいかなるものだろうか。貧困層（所得が貧困線以下の人々）だけを取り出しそのなかの格差の程度を測定するモノサシである「貧困ギャップ[注4]」についてみると、他の多くの先進国と比べ日本では高い数値となっている（山野、2014）。16.3％という貧困率の数値から「6人に1人の子どもが貧困状態にある」ことが注目されたが、貧困線を大きく下回る低所得で生活する親子が少なからず存在しているのである。「学校給食だけがまともな食事」であったり「病気になっても医者にかかれない」といった、その時代、社会において人間として認められるべき最低限の生活（相対的貧困の考え方）からほど遠い困窮状態に置かれた子どもが無視できない広がりで存在していることを示唆している。

　貧困層を生活保護受給層に置き換えて捉える見方は、事態の一部のみを捉える危険性があり、支援のための取り組みは対象を大きく拡大して設定する必要がある。しかしながら、生活保護を受ける人々に対する非難のまなざしが以前から根強くあり、そうした主張は共感を得にくいものだろう。次に、生活保護を含め、貧困層に対して向けられる人々のまなざしがはらむ問題性に視点を移そう。

2）貧困バッシングという見方

　貧困層への非難については、「子どもの貧困」をめぐる報道で取材対象となった高校生の持ち物や行動が「ぜいたくだ」とする激しい非難にさらされたケースを最近の事例としてあげることができる[注5]。

　こうした、貧困・生活保護受給者に向けられているものと同様のまなざ

しと意識がそれ以外のさまざまな対象に対しても抱かれているという点で、「排除された」人々が多数生み出されているだけでなく、それ以外の人々の側に「排除する」意識が強まっているのではないかと筆者は危惧している。そう考える契機となったのは、若年就労問題をテーマとした大規模調査の分析に関わった経験であった。返送された調査票の自由記述欄に「ニート・フリーター」に対する「甘えている」、「甘やかされた結果だ」などという辛辣な非難が多数書き記されており、それらは「就職氷河期」をともに経験した同世代からのものであることが強く印象に残っている。

　他に関わった自治体の人権意識調査では、同和対策について「利権」だとする批判が多数書き込まれ、なかには「同和地区の人だけでなく、生保も、障害者も、外国人も同様に利権を得ている」と続ける記述も見られた。「誰も彼も利権を得ている」と連続させて記した人はごくわずかだが、対象を異にする非難やバッシングは共通する意識傾向の表れではないだろうか。「特定の人々が理不尽な優遇＝利権を得ている一方で、自分たちは不当な不利益を強いられている、差別されているのは自分たちの方だ」という論理が、一連の非難のメッセージから読み取れるためである。

　近年注目を集めつつあるヘイトスピーチも、その過激な差別と排外主義のメッセージや行動に目が向きがちだが、その裏面には同様の意識があるはずである（安田、2012）。

　それでは、なぜこのような意識が強まるまでに至ったのだろうか。筆者にとっては、先に記した「ニート・フリーター」への非難の書き込みが手がかりとなった。激しい非難のメッセージを記した人の多くが正社員とその妻であり、調査票の設問への回答からは、信じ難いほどの長時間労働や厳しい職場環境の実態が浮かび上がり、当然として課される「サービス残業」や子育て支援の手薄さなどについての悲鳴のような言葉が自由記述欄に記されていたのである。

　失業や非正規雇用に追いやられた人々だけでなく、正社員として働く人とその家族も非常に厳しい生活を強いられている。そして、多くの人々が生きづらさを強いられ、不満と不安を高めているにもかかわらず、生きづらさをもたらす元凶に目を向けるのではなく、客観的には自分たちよりも厳しい生

活を強いられている人々に対して誤解や偏見に裏打ちされた非難のまなざしを向け、あからさまな言動としても示している、という構図を見て取れる。「排除型社会」として現代社会の特徴を捉えた社会学者が、人々の不満が「見下し」として下方に吐き出される傾向について指摘しているが（ヤング、2007）、これはまさに「罠に囚われている」と表現することがふさわしい状況ではないだろうか。

貧困対策は、困窮者を支え貧困から脱却させる取り組みだけでなく、罠に囚われている人々に自分たちの生きづらさの元凶に気づかせる働きかけも必要ではないか。それは、支援策への支持につながるだけでなく、社会全体を変えていく契機となり得るからである。

その両者の課題の担い手として、本稿では教育に注目したい。ただし、貧困と学校教育の現在の関係性を見るとき、否定的な側面から検討を始めなければならない。

2．学校教育が担うべき役割

1）学校からの排除

冒頭に紹介した学習会の場で、「学校で『お前は来るな』と言われた」、「学習会は『わからない』と言っても叱られないから好きだ」という参加者の声をスタッフから紹介された。そうした声を受けてであろう、学習会の説明資料には、参加する子どもの特徴として「学校からの排除」を経験しているとの文言が見られる。

「お前は来るな」という言葉は、たとえば髪を染めたり制服を変形させたりといった校則違反の生徒に対して校門で指導に当たる教師が口にするものである。「服装の乱れは心の乱れ」といった言葉も教師はしばしば用いるが、その背後には貧困に由来するさまざまな困難さが重層している場合が少なくない。生活の「乱れ」は学習条件の阻害にも直結し、落ち着いて勉強することができない（「勉強以前」の）環境のなかで学力の遅れがもたらされる。しかし、「学力」が重視される教室場面では「わからない」ことが疎外と排除につながることを先の言葉は物語っている。

「学校からの排除」は欧米の学校研究で用いられてきた言葉であるが、日

本においても家庭生活の困難さが低学力や学校での疎外経験につながっていることを示すデータが蓄積されており、欧米と同様の排除状況が見られると言わざるを得ない。

今日の日本の学校では、「学力向上」が強調され、学校間で「学力テスト」の結果が競わされる状況が広がっている。こうした事態は、従来から存在した学校の排除的な性格を強める方向で働き、困難層の子どもが「お荷物」扱いされる傾向が強まり、同時に、「できない子たち」に対しての周囲の「見下し」意識を強めていることが予想される。

ただし、「学校からの排除」について学校・教師の側だけを責めることは誤りだろう。たとえば、就学援助率の高い小学校を訪問した際、1年生の教室で遅刻して登校する数人の子どもの姿を目にしたことがある。その子たちは授業についていくことに苦労している様子で、「落ちこぼれ」が極めて早い時期に生み出される現実がそこにはあった。学校は親との連絡を密にし、遅刻しないようはたらきかけているが、深夜におよぶ親の就労は子どもの学校生活にマイナスに働いてしまう。学校での疎外経験の重なりは、後には学校・教師への反抗としても現れ、「異装（髪型や服装の違反）」や「問題行動」は「秩序ある学校・授業を守るため」として排除の対象とされることになる。

学校・教師の姿勢のみを問うことでは何の解決にもつながらないのであり、「親の貧困」をなくすための手立てが不可欠なのである。さらにまた、生活困窮者が地域的に集まる傾向を踏まえるなら、そうした地域の学校に十分な資源＝定員を超えた教職員が配置される必要がある。

2）子どもを支える学校

学校は排除が生起する場であり教師はその担い手である。そうした現実は確かに存在するが、同時に、さまざまな不利が重層したなか学校に通ってくる子どもたちを支えようと奮闘してきた教師たちがおり、少数だが学校をあげて取り組む事例もある。志水宏吉らは「力のある学校」と呼び（志水編、2009）、筆者は「排除に抗する学校・教師」と名付けて注目してきた。

子どもたちが抱える「しんどさ」（関西の学校では子どもたちが直面する困

難な状況をこう呼ぶことが多い）に教師が改めて向き合い、子どもたちを支えることを自分たちが担うべき課題として捉え直すよう促す出来事が、そうした学校では経験されており、また、生活の「乱れ」をもたらす困難さについて理解し支えようとする学校での多様な取り組みがなされている。その詳細は別の著作に譲りたい（西田、2012）。

「学校・教師は子どもの生活にどこまで関わるべきか」について、以前から議論されてきた。近年では、教師の多忙化が問題とされ、「子どもの貧困」対策としても進められつつある学校への福祉専門職（スクールソーシャルワーカー）の配置が、多忙な状況を軽減し「教えること」に専念することを可能にする、との議論もある。「力のある学校」、「排除に抗する学校」の教師たちが家庭訪問を繰り返し、子どもや親と「話し込む」営みは、多忙をもたらす余分な業務なのだろうか。

大半の公立小中学校、そして私立を含む高等学校の多くでは、子どもの生活の「乱れ」と学校内外で生起する「荒れ」の問題に向き合わざるを得ない。それに対して「お前は学校に来るな」と「排除する」方向ではなく、学校にとどめ、学習を促し成果をあげるためには、生活背景の理解と子ども本人や親との信頼関係の構築が不可欠である。そして、そうした営みは先輩や同僚教師の支えの中でなされ、また子どもや親の変化を目にすることも、教師としての達成感や力量の向上につながっていることを「力のある」、「排除に抗する」学校・教師を対象とした研究は報告している。

先述した福祉専門職の学校への配置や学校外の機関との連携は非常に重要なサポートであることは間違いないが、教師が子どもを支えてきたその営みについて十分理解し、促す方向で進められることが必要だろう。

3）「支える」先にある課題

こうした実践が多くの学校に広がることが求められるが、ここでは学校教育が担うべき役割のうち、「支える」取り組みの先に位置する課題について提起しておきたい。

筆者は、学校が子どもたちに身につけさせるべき力について、「排除型社会を生き延びる力」と「排除型社会を認識し作り変える力」の2点として整

理している（西田、2012）。

　そのうち前者は、基礎学力の定着と可能な限りの教育を受けることだけでなく、労働者を守る権利と法規や福祉の仕組みについて、さらには男女の対等な関係性について知ることを含んでいる。雇用の不安定化、生活困窮に陥る危機が広がっているなか、福祉の仕組みや労働者の権利に関する知識はすべての子どもたち、若者たちにとって「生き延びる」ために不可欠なものとなっているにも関わらず、学校で教える知識に組み込まれてきたとは言い難い。また、古典的とも言うべきジェンダー観を持つことで、男女ともに不利な生き方に追い込まれている現実がある。[注8]

　後者についてはまず、困難な生活の只中にある子どもたちにその生活を認識させようとしてきた過去の教育実践を取り上げたい。

　歴史をかなりさかのぼることになるが、1950年代から60年代の初めにかけて日本各地で取り組まれた「生活綴り方」と呼ばれた教育運動がある。当時のよく知られた例をあげれば、極貧の農村地帯で、父母が、そして子どもである自分自身が骨身を削って働き続けても困窮状態から逃れられない生活について徹底して見つめさせ、作文（綴り方）として書かせ、さらに教室で互いに読み合うという取り組みである。これは、子どもたちに自らの生活を捉え作文として言語化し、さらに読み合う＝共有化することで、貧困をもたらす社会のあり方への認識を深め、生活を向上させる力量を身に着けさせようとした教育運動であった（無着、1995、原著は1951年刊行）。

　また、被差別部落の子どもたちを支える同和教育の取り組みにおいては、学力保障、進路保障に力点が置かれたが、それに加えて、差別のなかで苦闘する親や自らの生活を見つめるなかから差別する側、社会の側にこそ原因があることを認識させ「差別に負けない力」をつける取り組みが展開された。さらにその対象は部落の子どもだけにとどまらず、校区に部落のない学校で、学級内のさまざまな取り組みを重ね互いの生活をノートに綴り共有することによって、それぞれが抱える「しんどさ」を互いに隠すのではなく支え合う関係性を作り出そうとする「仲間づくり」の取り組みも行われてきた（同和教育については中野他、2000を参照）。[注9]

　近年の実践例としては、困難な生活背景を持つ生徒が多数通う公立高校で

1年間を通したプログラムとして展開されている「反貧困学習」をあげることができる。これは、アジアの「ストリートチルドレン」の事例から生徒たちにとって身近な「一人親家庭」の困難さまで一連のテーマを取り上げ、なぜそうした現実が生み出されたのか、その背景を知り、さらには自分たちの生活を捉え直すことが目指される（大阪府立西成高等学校、2009）。

これらの取り組みから学ぶべき点は多い。しかしながら、貧困が身近にある、共感できる生活背景を持つ者には訴求力のある内容であっても、それ以外の層にとっては「自分は貧困ではなくてよかった。両親に感謝」といった感想で終わってしまう危険性があるだろう。

一見「安定」した生活のなかで育つ多くの若者にとっても、家族や自分がはじき落とされるリスクが高まっているだけでなく、1節で示したように、「罠に囚われた」状態に置かれ他者を「見下す」ことで自分を保っている面があるのかもしれない。では、この層に対して自分たちの生きづらさやそれをもたらすものが何であるのかを認識し、社会を作り変える力を身につけさせるプログラムは可能だろうか。

その可能性を、同世代の若者たちがアルバイトや企業社会で「働く」経験を整理した乾彰夫の著作に見出せる（乾、2012）。『若者が働きはじめるとき』と題された本のなかには、苦労の多い職場のなかで働く喜びを見いだし、働きづらさを自分たちの工夫によって改善した事例が示され、さらに労働者の権利と労働組合の大切さ、利用できる福祉の仕組み、それらが実現した歴史について、さらに「一人ひとりの体験を、ほかの人たちとつきあわせたり重ねたりすること」の意義が記されている。

ここで取り上げられる内容は、先に示した「生き延びるための力」と重なるものである。ただ、それらを「困った時に役立つ」知識として教えるのではなく、「排除型社会を認識し作り変える力」として伝えていくことが可能だろう。自分たちの現在、そして将来の生活のなかに働きづらさ、生きづらさという現実が待ち受けているのだが、その困難さを軽減する工夫、働きかけが可能であり、実際に自分たちを守るさまざまな仕組みが存在している。そして、そうした仕組みを作り出したのが、生きづらさに苦しんできた人々であり、人々が立ち上がり行動した成果なのだということを知ることであ

る。

　「世界人権宣言」や「国際人権条約」について、近年の日本の例では「男女雇用機会均等法」や「障害者差別解消法」について、単に成立年と概要を知識として勉強するのではなく、誰が、どのようにして、何を目指して求め勝ち取ってきた成果なのかを知ることこそが、「生きやすい社会をつくるための態度やスキルを身につける」ための人権教育のプログラムだとして編集されたテキストは、同様のアプローチとして注目される（肥下・阿久澤編、2015）。

　それでは、学校教育のなかでこうした力を子どもたちに伝えるために、その具体的な方途はどのようなものになるのだろうか。まずは教科の授業で直接に関連のある「社会科」や「家庭科」のなかで、また「国語科」の作文指導において展開することが可能だろう。さらに、2017、18年度からそれぞれ小中学校で教科として教えられることになった「道徳」では、作成される教科書に「苦しくとも家族で支え合って生きる」ことなどを強調するメッセージが盛り込まれることが予想されるが、実際の授業のなかで人権を軸に上記した内容を展開することが十分可能ではないか。

　さらに、教科外で「キャリア教育」、「人権教育」、「総合的な学習」として設定されている時間に盛り込むことも現実的である。

　その際、「生きづらさを強いる社会と生活のあり方について知り、作り変える力を身に付ける」という大きなテーマのもとで、子どもの成長段階や生活背景の違いに対応できるカリキュラムが構築されることが重要な課題となる。その作業のための素材となる多様な教育実践が、学校外、国外も含め分厚く蓄積されてきたはずであり、たとえば先述した同和教育の実践は、「わからない時にわからないと言える学習集団づくり」できびしい家庭背景の子どもたちに高い学力を定着させている取り組みや（志水、2005）、今日注目されているスクールソーシャルワーカー、コミュニティソーシャルワーカーとしての活動も担ってきた「同和担当教員」の位置づけなども含め、現在および将来の学校教育を豊かなものにするために継承されるべき遺産として活用されなければならない。

第13章　排除型社会の只中で教育の役割を考える

おわりに——排除型社会と教育の役割

　「あなたは決してひとりではありません。子ども食堂でともにテーブルを囲んでくれるおじさん、おばさん。学校で分からなかった勉強を助けてくれるお兄さん、お姉さん。あなたが助けを求めて一歩ふみだせば、そばで支え、その手を導いてくれる人が必ずいます」という首相の呼びかけは、近年ようやく取り組まれ始めた「子供の貧困」対策を「国民運動」として進めようとする国の姿勢を象徴するものである。冒頭で紹介した学習会や「子ども食堂」の取り組みが各地で展開されており、対策は広がりを見せている。[注10]

　学校教育に関しては、福祉専門職であるスクールソーシャルワーカーが配置され、福祉も含む多様な人々が学校に関わることで子どもが安心して学べる場にするための取り組みが展開されている。

　それでは、現在行われている取り組みで「子どもの貧困」をなくし「連鎖」を断つことは可能だろうか。子どもが「居場所」としご飯を食べることのできる場や学べる場が地域の人々の手で提供されること、そして、学校で子どもたちが支えられ安心して学べる場となることの意義はどれほど強調しても足りないほどに重要である。しかし、「親の貧困」を生み出し、「子育て」に大きな負担がかかる社会のあり方が変わらない限り、つまり、労働や福祉、税と社会保障による再分配の仕組み、そして教育のかたちが変わらない限り、「子どもの貧困」が大幅に軽減されることはあり得ず、「連鎖」の程度がいくばくか軽減される程度でしかないだろう。

　多くの人々がさまざまなかたちで生きづらさを強いられ、貧困に陥る人も増えている。さらにそうした状況をもたらす元凶には気づかないままにより困難な層への「見下し」で不満を吐き出しているという、罠に囚われた状況に置かれているのが排除型社会の現実である。そうした事態に人々が気づき、罠から抜け出し生きやすい社会を模索し始めることこそが、貧困・排除問題の根底的な解決に向けた端緒ではないだろうか。そして、その可能性を拓く場が学校教育であるはずだと論じてきた。

　1950、60年代にブラジルで識字運動を主導したP.フレイレは、民衆が文字を学ぶと同時に自分たちを抑圧してきた社会のあり方についての認識を獲

得し変革に向け立ち上がるよう促した（フレイレ、2011）。彼はその取り組みの目指すところを「意識化」と呼んだが、貧富の差が拡大し多くが生きづらさを強いられる排除型社会において、フレイレが目指した「意識化」が、学校外ではもちろんのこと、学校教育における課題として設定される必要があるだろう。

注

1　「貧困率」とは平均的な所得水準（厳密には等価可処分所得の中央値）の50％を「貧困線」とし、それを下回る所得で生活する人が占める比率。
2　全国でも高い援助率（2015年で26.8％）となっている大阪市では、生活保護と同水準となっている。
3　後述するように、生活保護受給者に向けられた偏見、バッシングは重大な問題である。なお、ケースワーカーによる子どもへの支援が手うすなものになりがちな状況については後の嵯峨論文を参照。
4　貧困層だけで集計した際の所得中央値が貧困線の額とどれほど離れているかを示す。
5　2016年8月18日のNHK「ニュース7」の報道が発端。同年9月14日付けの朝日新聞朝刊に追跡記事が掲載された。
6　「同和対策」とは、部落差別の解決を「国の責務」、「国民的課題」とし、被差別部落（「同和地区」とはその行政上の用語）が置かれた劣悪な生活実態の改善を法律に基づいて進めた事業である。なお、2002年の法失効によってこの事業は終了している。
7　「雇用の柔軟化」という名目で非正規雇用への代替を進め営利追求を最優先してきた企業社会と、その動きを「新自由主義」の立場から後押しする政治のあり方こそが主たる「元凶」である。
8　生活不安定層の若者を対象とした調査で、男が強く女は従うべきというジェンダー観が本人たちに不利な生き方を選択させていることが明らかとなった（西田、2012）。また、女性を依存させる社会のあり方が今日の女性の貧困をもたらしているとの認識も重要である（小杉・宮本編、2015）。
9　部落問題学習の意義については、部落について差別的な言動に出会った場合でも差別してきた側が悪いのだと言い返せるようになった、「知ることで強くなれた」という、調査を通して聞くことのできた部落の女性の語りを紹介しておく。また、部落外での取り組みの実例としては、中学での一年間の取り組みの後に母子家庭で暮らす女子生徒が「班ノート」に記した言葉を引いておきたい。「私のママは『生いたちなどだれにも言ってはいけません』と言うんです。だけど、私はそういう『はずかしいから』というママの気持ちをなくしてほしいです。」

（新保、2000）
10 「日本の未来を担うみなさんへ」と題され、2016年11月8日付けで出されたメッセージ。「あなたの未来を決めるのはあなた自身」であり「あなたが夢をかなえ、活躍することを応援しています」と結ばれる。
11 十分に教育を受けられないまま学校を離れる、あるいは学校に行かない／行けない人が増加するなか、識字・成人基礎教育の必要性が高まっている。（岩槻編、2016）

文献

フレイレ, P.（2011）『被抑圧者の教育学』亜紀書房
肥下彰男・阿久澤麻理子編著（2015）『地球市民の人権教育－15歳からのレッスンプラン』解放出版社
乾彰夫（2012）『若者が働きはじめるとき－仕事、仲間、そして社会』日本図書センター
岩槻知也編著（2016）『社会的困難を生きる若者と学習支援－リテラシーを育む基礎教育の保障に向けて』明石書店
小杉礼子・宮本みち子編（2015）『下層化する女性たち－労働と家庭からの排除と貧困』勁草書房
無着成恭編（1995）『山びこ学校』岩波書店
中野陸夫・池田寛・中尾健次・森実（2000）『同和教育への招待』解放出版社
西田芳正（2012）『排除する社会・排除に抗する学校』大阪大学出版会
大阪府立西成高等学校（2009）『反貧困学習－格差の連鎖を断つために』解放出版社
志水宏吉（2005）『学力を育てる』岩波書店
志水宏吉編（2009）『「力のある学校」の探求』大阪大学出版会
新保真紀子（2000）「人権学習をとおして生徒集団の高まりを」中野他編『同和教育への招待』解放出版社
山野良一（2014）『子どもに貧困を押しつける国・日本』光文社
安田浩一（2012）『ネットと愛国－在特会の「闇」を追いかけて』講談社
ヤング, J.（2007）『排除型社会』洛北出版

第14章　社会的養護の子どもたちの教育ニーズと自立支援

伊藤　嘉余子

1．社会的養護の子どもたちの自立と教育ニーズ

1）社会的養護とは何か

　社会的養護とは、保護者のない児童や、保護者に監護させることが適当でない児童を公的責任で社会的に養育し、保護するとともに、養育に大きな困難を抱える家庭への支援を行うことである（厚生労働省）。また、厚生労働省は社会的養護の理念として「子どもの最善の利益のために」と「社会全体で子どもを育む」の2つを掲げ、実の家庭で育つことのできない子どもの養育を社会の責任として行うこととしている。

　2015年3月31日現在、社会的養護の下で生活している子どもは45,677人であり、これは日本の総子ども人口の約0.76％にあたる。

　社会的養護を必要とする子どもの背景（施設入所理由）としては、虐待や育児放棄、親の精神疾患等が増加傾向にある（**表14-1**）。

2）社会的養護の子どもの自立支援

　1997年の児童福祉法改正によって、児童養護施設をはじめとする社会的養護施設の目的として「自立支援」が明記された。それまで、施設の目的は「子どもたちの保護・養育」が中心とされてきたが、施設で生活している間の支援だけではなく、退所したあとの自立生活を見据えた支援を積極的に展開すべきであるとの方向性が示されたといえる。

　さらに、2004年の児童福祉法改正では、児童養護施設の目的として「退所

第14章　社会的養護の子どもたちの教育ニーズと自立支援

表14-1　児童の措置理由　　　　　　単位：人数（人）、［　］構成割合（％）

	2013 （平成25）	2003 （平成15）	1992 （平成4）	1983 （昭和58）
（父・母・父母の）死亡	663　［2.2］	912　［3.0］	1,246　［4.7］	3,070　［9.6］
（父・母・父母の）行方不明	1,279　［4.3］	3,333　［11.0］	4,942　［18.5］	9,100　［28.4］
父母の離婚	872　［2.9］	1,983　［6.5］	3,475　［13.0］	6,720　［21.0］
父母の不和	233　［0.8］	262　［0.9］	429　［1.6］	630　［2.0］
（父・母の）拘禁	1,456　［4.9］	1,451　［4.8］	1,083　［4.1］	1,220　［3.8］
（父・母の）入院	1,304　［4.3］	2,128　［7.0］	3,091　［11.3］	4,090　［12.8］
（父・母の）就労	1,730　［5.8］	3,537　［11.6］	2,968　［11.1］	220　［0.7］
（父・母の）精神疾患等	3,697　［12.3］	2,479　［8.2］	1,495　［5.6］	2,890　［9.0］
虐待（放任・怠惰・虐待・酷使・棄児・養育拒否）	11,377　［37.9］	8,340　［27.4］	4,268　［16.0］	2,890　［9.0］
破産等の経済的理由	1,762　［5.9］	2,452　［8.0］	939　［3.5］	
児童問題による監護困難	1,130　［3.8］	1,139　［3.7］	1,662　［6.2］	
その他不詳	4,476　［14.9］	2,400　［7.9］	1,199　［4.5］	2,340　［7.3］
総　数	29,979［100.0］	30,416［100.0］	26,725［100.0］	32,040［100.0］

児童養護施設（旧養護施設）入所児童等調査

した子どもたちの支援」が追加され、退所後3年間は子どもたちを支援することが施設の役割として義務付けられた。

　多くの施設では、子どもの自立支援として、基本的な生活習慣の習得のほか、洗濯や料理等の家事スキルの習得の支援を行っている。また、自立や進学等のための資金を貯めると同時に就労体験の機会としてアルバイトを奨励している施設も多い。

　しかしながら、現在施設で行われている自立支援が、退所後の子どもたちの生活をしっかり支え得る内容になっているかといえば、必ずしもそうとはいえない現状にある。では、施設入所中に行うべき自立支援とはどのような

第Ⅲ部　子ども・家族の生活を支える教育福祉的アプローチ

表14-2　児童養護施設（旧養護施設）入所児童等調査

里親	家庭における養育を里親に委託		登録里親数	委託里親数	委託児童数	ファミリーホーム	養育者の住居において家庭養護を行う（定員5〜6名）	
			9,949世帯	3,644世帯	4,731人			
	区分（里親は重複登録あり）	養育里親	7,893世帯	2,905世帯	3,599人		ホーム数	257ヵ所
		専門里親	676世帯	174世帯	206人			
		養子縁組里親	3,072世帯	222世帯	224人		委託児童数	1,172人
		親族里親	485世帯	471世帯	702人			

施設	乳児院	児童養護施設	情緒障害児短期治療施設	児童自立支援施設	母子生活支援施設	自立援助ホーム
対象児童	乳児（特に必要な場合は、幼児を含む）	保護者のない児童、虐待されている児童その他環境上養護を要する児童（特に必要な場合は、乳児を含む）	軽度の情緒障害を有する児童	不良行為をなし、またはなすおそれのある児童および家庭環境その他の環境上の理由により生活指導等要する児童	配偶者のない女子またはこれに準ずる事情にある女子およびその者の監護すべき児童	義務教育を修了した児童であって、児童養護施設等を対処した児童等
施設数	134ヵ所	602ヵ所	43ヵ所	58ヵ所	243ヵ所	123ヵ所
定員	3,865人	33,017人	1,962人	3,753人	4,869世帯	826人
現員	2,939人	27,828人	1,358人	1,397人	3,465世帯 児童5,766人	486人
職員総数	4,539人	16,672人	995人	1,788人	2,067人	519人

小規模グループケア	1,218ヵ所	地域小規模児童養護施設			329ヵ所

※里親数、FHホーム数、委託児童数は福祉行政報告例（平成27年3月末現在）
※施設数、ホーム数（FH除く）、定員、現員、小規模グループケア、地域小規模児童養護施設の箇所数は家庭福祉課調べ（平成27年10月1日現在）
※職員数（自立援助ホームを除く）は、社会福祉施設等調査報告（平成26年10月1日現在）
※自立援助ホームの職員数は家庭福祉課調べ（昭和27年10月1日現在）
※児童自立支援施設は、国立2施設を含む

ものが考えられるだろうか。次の節で、退所者アンケート調査の結果から考えてみたい。

3）施設退所者の声から「自立支援のニーズ」について考える
（大阪市調査からの考察）

1）調査の概要

ここで紹介する調査結果は、大阪市所管の児童福祉施設（児童養護施設、情緒障害児短期治療施設、児童自立支援施設、乳児院、母子生活支援施設等）を過去5年間に退所した者を対象に実施したアンケート調査の結果である。

調査期間は2011（平成23）年6月である。配布数は634件で、有効回収数は161件（有効回収率25.4％）である。

2）現在の世帯の状況

「自分と親の世帯」が38.4％と最も多く、次いで「ひとり暮らし」18.3％、「自分とパートナー／配偶者と子ども」が13.0％であった。

3）退所後の転居

退所後の転居の有無については「転居したことがある」が49.6％であった。さらに、転居経験のある人に、その回数を尋ねたところ「5ヵ所目以上」が33.3％と最も多く、次いで「2ヵ所め」が26.3％であり、複数回転居をしている人が半数以上であった。

4）主な収入源と手取りの月収

「就労による自分の収入」が40.0％と最も多く、次いで「生活保護等の公的扶助」が23.5％であった。また、「収入はない」が10.0％であった。

就労による収入があると答えた人に、手取りの収入を尋ねたところ「10～15万円未満」が34.8％と最も多かった。次いで「20～25万円未満」が21.7％、「15～20万円未満」が10.9％となっており、所得の低い層が多いといえる。

5）加入している年金や保険

加入している公的年金についてきいたところ「加入していない」が23.5％と最も多かった。次いで「わからない」が20.9％となっており、退所前に年

金等に関する説明をしておく必要性が示唆された。加入しているもののなかでは「厚生年金」(20.0%)が最も多かった。

加入している医療保険については「企業の健康保険」が33.9%と最も多かった。一方「加入していない」は9.6%であった。

6)退所後困ったこと

退所直後に困ったことと、現在困っていることについて尋ねたところ、どちらも「生活全般の不安や将来について」が最も多かった。次いで「生活費等の経済面」「心身の健康面」であった。また、退所直後に困ったこととして「親との家計」「学校や職場での人間関係」が多かった。

7)相談相手

相談相手については「学校の友達や職場の同僚」が30.4%と最も多かった。次いで「親」25.2%、「退所した施設の職員」21.7%であり、これらは「配偶者／パートナー」(20.0%)よりも多かった。一方「相談できる人はいない」10.4%、「相談することはない」12.2%であった。

8)転職経験

転職をしたことがあると回答した人は41.1%、「転職したことがない」50.0%、「離職しており現在無職」8.9%であった。

転職経験のある人に、その回数を尋ねたところ「5ヵ所目以上」が30.4%と最も多く、次いで「2ヵ所目」が21.7%で、複数回転職している人が半数以上を占めている。

転職・離職した時期については「1-2年未満」が25%と最も多い。その理由について尋ねたところ「その仕事へのやりがいが見いだせなかった」28.6%、「収入が少なかった」25.0%となっている。一方「その他」が46.4%と最も多く、その内訳では、倒産や事業縮小等が挙げられていた。

第14章　社会的養護の子どもたちの教育ニーズと自立支援

9）施設退所前に必要なこと

　施設退所前に必要だと思うことについて「日常生活」「進学」「仕事」の3つに分けて尋ねている。

　「日常生活」については「人とのコミュニケーション/人間関係の作り方」と「社会生活上の基本的マナー・ルール」がともに46.1％と最も多かった。

　「進学」については「進学に必要な学力等を身に着けるための手助け」が29.6％と最も多く、学習支援のニーズの高さがうかがえた。

　「仕事」については「能力や適性にあった就職先のアドバイス」が27.8％と最も多く、次いで「資格取得の手助け」27.0％であった。

10）大阪市の調査結果からみえてくること

　この調査結果からみえてくる自立支援の課題として以下の3点が挙げられる。

　第一に、年金や社会制度などに関する十分な情報提供の必要性である。自分が年金に加入しているかについて「わからない」と回答した者や「加入していない」と回答した者が多かった。この背景には「18歳で施設を退所して自立を目指すケースが多いこと」が関係していると考えられる。年金加入は20歳からになるため、施設退所時にそのことを十分伝えられていないのではないだろうか。施設退所時のリービングケアでは、退所時や退所直後に想定される困りごとだけではなく、数年後の見据えた情報提供や支援が必要になると考えられる。

　第二に、大学進学や資格取得につながるさらなる支援の充実の必要性である。

　アンケートへの回答者の多くが非常に低い賃金で就労しており、また転職回数も多かった。こうした背景には、学歴や資格のなさ等といった理由によって、あまりよくない条件で就労せざるを得ない現実が関係していると考えられる。安定した自立生活を実現するためには、安定した就労は必要条件といえる。「18歳を迎えるので、とりあえず就職」という進路指導・支援ではなく、もっと早くから、さまざまな選択肢の提示や就労イメージの獲得を支援しながら進路決定できるような支援が必要といえよう。

第三に、施設退所後も気軽に相談できる「よろず相談」の窓口の必要性である。

退所直後および現在困っていることとして最も多かったのは「生活や将来に対する漠然とした不安」であった。また、困っていることとして挙げられていたものの中には、福祉事務所や弁護士等といった専門機関につながることによって解決するものよりも、精神的なサポートを必要とするニーズが多かった。施設入所中から「退所後も気軽に相談できる人間関係」を職員と子どもとで構築していくことが重要であるといえる。

4）児童養護施設児童の進学/進路の状況

児童養護施設の子どもの高校進学率は95.4％（2014）となっており、昔と比べると、一般家庭の子ども（98.4％）とほぼ同率になっている。

しかし、高校卒業後の進路については、全高卒者の53.8％が大学等（専修学校、短期大学、高等専門学校を含む）に進学するのに対して、児童養護施設入所児童の大学等進学率は18.6％となっており、高卒で就職する者が多い現状である。

半数以上の若者が大学進学する今日、頼れる親や実家がない社会的養護の子どもたちにとって、「学歴や資格も十分でないまま就職せざるを得ない状況」は非常に不利であるといえる。近年は、NPOや民間団体や企業等による「社会的養護の子どもを対象とした奨学金制度」が充実してきている。その影響もあって、少しずつではあるが社会的養護の子どもたちの進学率も向上してきている。ただ、こうした奨学金の多くは給付ではなく貸付型で、卒業後に返還しなくてはいけない。そのため、大学等を卒業して就職後に奨学金の返済が負担となって、生活が苦しくなったり心身の健康が保持できなくなったりするケースも少なくないという。社会的養護の子どもたちにも、家庭の子どもと同じような進学や就職などのチャンスが与えられるような社会や仕組みづくりを検討すべきである。

第14章　社会的養護の子どもたちの教育ニーズと自立支援

表14-3　卒業後の進路
①中学校卒業後の進路（平成25年度末に中学校を卒業した児童のうち平成26年5月1日現在の進路）

	進学				就職		その他	
	高校等		専修学校等					
児童養護施設児　2,388人	2,279人	95.4%	43人	1.8%	30人	1.3%	36人	1.5%
（参考）全中卒者 1,193千人	1,173千人	98.4%	4千人	0.4%	4千人	0.4%	10千人	0.8%

②高等学校卒業後の進路（平成25年度末に高等学校を卒業した児童のうち平成26年5月1日現在の進路）

	進学				就職		その他	
	大学等		専修学校等					
児童養護施設児　1,721人	197人	11.4%	193人	11.2%	1,211人	70.9%	110人	6.4%
うち在籍児　231人	43人	18.6%	31人	13.4%	122人	52.8%	35人	15.2%
うち退所児　1,490人	154人	10.3%	162人	10.9%	1,099人	73.8%	75人	5.0%
（参考）全高卒者　1,047人	563千人	53.8%	242千人	23.1%	183千人	17.4%	60千人	5.7%

③措置延長の状況（予定を含む）

4月1日から6か月未満	20歳に到達するまで	その他
87人	83人	61人

児童養護施設児は家庭福祉課調べ（「社会的養護の現況に関する調査」）。全中卒者・全高卒者は学校基本調査（平成26年）5月1日現在）。
※「高校等」は、高等学校、中等教育学校後期課程、特別支援学校高等部、高等専門学校
※「大学等」は、大学、短期大学、高等専門学校高等課程
※「専修学校等」は、学校教育法に基づく専修学校及び各種学校、並びに職業能力開発促進法に基づく公共職業訓練施設

2．各施設・団体等における自立支援の取り組み

1）児童養護施設の取り組み
東京都単独事業「自立支援コーディネーター」を全施設に配置
　「自立支援コーディネーター事業」とは、2012（平成24）年度に東京都が始めた単独の事業で、すべての児童養護施設に「自立支援コーディネーター」を常勤職員として配置するものである。

第Ⅲ部　子ども・家族の生活を支える教育福祉的アプローチ

自立支援コーディネーターの主な役割は以下の4点である。
・自立支援計画書および退所後援助計画書の作成および計画に基づく支援
・児童の学習・進学支援、就労支援等に関する社会資源、他施設や関係機関との連携
・高校中退者など個別対応が必要な児童に対する生活指導、再進学または就労支援
・施設退所者に関する継続的な状況把握および支援（アフターケア）など

2）母子生活支援施設の取り組み
東さくら園における取り組み：退所児学習塾「ひだまり」

　東さくら園では、施設を退所した子どもを対象とした学習支援として、無料の学習塾「ひだまり」を2014年度から開設している。2015年度には、延べ300名の子どもたちが「ひだまり」を利用した。

　参加者アンケートによると「ひだまりで勉強するようになって変わったことはあるか」との問いに対して「学校の勉強がよくわかるようになった」等の学力向上を実感する喜びの意見のほかに、「毎週ひだまりに来たいと思った」等といった意見が多く寄せられていた。つまり「ひだまり」が単なる学習の場ではなく、安心できる居場所であることが伺える。

　ひだまりに参加する子どもの多くがひとり親家庭の子どもである。親は仕事・家事・子育ての負担が大きく、我が子と向き合ったり宿題や勉強をみたりする余裕がないというのが実態だと考えられる。そうした親の子育てを支えるべく、子どもの学習面や精神面のサポートをしようというのが「ひだまり」の大きなねらいのひとつといえる。

　また、「ひだまり」は施設職員だけでなく、主任児童委員や学生ボランティアなど、さまざまな立場の人たちがサポートに参加している点が特徴である。子どもにとって、たとえ煩わしい勉強であっても、たくさんの大人が自分を応援してくれている、見守ってくれていると実感できることによって、将来に希望をもって努力したり苦しみを乗り越えたりしていくことができるのではないだろうか。

3) アフターケア相談所の取り組み
ゆずりは（東京都）における高卒認定資格取得支援

　東京都にあるアフターケア相談所「ゆずりは」の母体は、児童養護施設「子供の家」や自立援助ホーム「あすなろ荘」を運営する「社会福祉法人：子供の家」である。アフターケア相談所は、児童福祉法に基づく児童福祉施設ではなく、社会福祉法人：子供の家が独自に設立した、社会的養護出身者のための施設である。

　「ゆずりは」では、毎週木曜日の夜に、国立大学の学生を講師に招いて「高卒認定資格取得を目指す勉強会」を無料で実施している。「家族という頼れるものがないからこそ、自分の後ろ盾に最低限必要な学歴に再チャレンジする人たちを応援し、増やしていくこと」を目的としている。そのため勉強会参加者には、交通費と夕食を出し、試験代4回分までを負担しているという。

　勉強会の参加には年齢制限はなく、何歳であってもやる気を持っている人に門戸を開いており、9年かけて資格を取得した人もいるとのことである。

4) NPO法人の取り組み
merry me'ズによる施設退所者の進学支援

　NPO法人merry me'ズでは、児童養護施設を退所した若者が「自分らしく希望をもって暮らすことができること」を目標に進学応援プロジェクト【あすつな基金】を行っている。

　あすつな基金とは、大学、短大、専門学校に通う子どもたちに一人当たり1ヶ月3万円を卒業するまで支援（給付。返済なし）するプロジェクトである。資金援助を受ける子どもたちは、毎月1回、merry me'ズが提供するSSTに関連するプログラムに参加しながら、自立生活に必要なスキルや思考力等を習得していく。このプログラムによって、子どもたちは、自分の将来の夢や目標等を記入していく「あすつなファイル」を卒業までに一人一冊完成させていく。「あすつな」という名前には「明日を私たち(us)がつないでいく」という思いが込められている。

5) これらの取り組みからいえること

本書で紹介した4つの取り組みに共通することは、どれも「既存の法制度では支援が届かない人に、既存の法制度には整備されていない内容の支援を提供している」という点である。各自治体や施設・団体等が、社会的養護の下で育った子どもたちのニーズをキャッチし、法制度の枠を超えて多様な支援を提供しようとしているのが現状である。このままでは、こうした先進的な取り組みが行われている自治体や団体等がある地域に生活している人しか必要な支援を受けることができない。支援を受ける立場の人にとって地域格差がないように法制度を整備する必要がある。

3. 社会的養護の子どもたちの自立支援と教育福祉アプローチの可能性

1) 社会的養護の子どもたちの教育ニーズと意欲格差

社会的養護とは、さまざまな理由により家庭で育つことのできない子どもたちを公的責任において養育する仕組みである。そのため、家庭で育つ子どもたちと同様のさまざまな体験・機会を保障する責任があり、進学もそのひとつである。しかし実際には、社会的養護の子どもたちの進学率は家庭で育つ子どもたちと比べて低く、教育ニーズが十分に満たされているとはいえない状況である。

子どもたちの人生にとって「教育」の機会は非常に大きな意味をもつ。青木（2003）や阿部（2015）は、貧困の世代間連鎖を防ぐための教育の必要性を主張するとともに、子どもの自己肯定感に最も影響するのは「学力」であるとしている。

貧困などいわゆる社会的に不利な状況にある子どもにとっての教育の重要性が強調される一方で、刈谷（2001）は、日本の教育の危機として、「意欲格差（インセンティブ・ディバイド：incentive divide）」を指摘している。社会階層の低いグループの子どもは「いくらあくせく勉強しても将来大きな成果は期待できない」と考え、忍耐し勉強するよりも、今の現実を楽しみたいと感じるようになるという。つまり、学校での「成功物語」から降りることによって、自身の価値を高め、自己肯定感を向上させようとしているという指

摘である。

　冒頭で紹介したとおり、児童養護施設の子どもたちの高校進学率は、一般家庭の子どもたちの高校進学率に年々近づいてきてはいる（厚生労働省、2012）。一方、大学進学率については、全国が53.2％に対して、施設の子どもは12.3％と大きな開きがある。さらに、ブリッジフォースマイルが2014年に施設在籍中の高校生を対象に実施したアンケート調査によると「大学進学を希望する」と回答した者は36.2％と一般家庭の大学進学率よりも低くなっており、一般家庭で育つ子どもと施設の子どもとの間に、意欲格差が生じていることがわかる。

　施設で育つ子どもたちの進学意欲を向上させるためには何が必要か。

　1つには、経済的保障の必要性が挙げられる。進学したくても学費が用意できない、進学しても生活費や学費を確保するためのアルバイト等に追われて学業との両立に苦しむであろうことが明白な状態で、進学しようという意欲を形成することは困難である。

　2つめとして、「施設退所後、大学進学して、その後、社会人として安心・安全な生活を送っている」といった「ロールモデルの存在」の必要性が挙げられる。社会的養護で育つ子どもたちは、自分の親を含めて「大学で学ぶ」「正規雇用で安定した収入を得る」「毎日規則正しい生活をする」「余暇を楽しむ」等といった生活を営んでいるモデルをもたない人がほとんどといってよい。進学や就職を含め、自分の明るい将来のビジョンを描き、その実現に必要な努力や忍耐を「いま」行うためには、明確な目標やモデルが必要といえる。

2）施設における「措置延長」の積極的活用の必要性

　社会的養護の下で暮らす子どもは、原則18歳に達すると、または高校を卒業すると施設を出て社会で生活していかなくてはならない。自分の親や家族という後ろ盾がない18歳前後の若者がひとりで、社会で自立して暮らしていくことは決して容易なことではない。社会的養護の下で育った若者には、親に代わる人たちから「愛されている」「大切にされている」と感じながら生活する時間がもっと長く必要である。

「18歳での自立は早すぎる」「社会的養護で育つ子どもたちが、もっと【生きる力】を育む時間がもてるように」という考えから、社会的養護における「措置延長」という制度が設けられている。これは、各自治体の判断で、児童養護施設や里親家庭等での養育を18歳から20歳まで延長できるというものである。

また、法律上の根拠は何もないにもかかわらず、18歳未満であっても、高校を中退した子どもが速やかに施設を出て自立しなければいけないというルールが慣例化している施設や自治体もあるという。法的には高校を中退しても18歳までの施設在所が認められているにも関わらず、である。

こうした中、2011年に厚生労働省は、各県知事に以下のような通達を出した。

児童福祉法第31条により、満18歳を超えて満20歳に達するまでの間、引き続き措置を行うことができることから、当該規定を積極的に活用すること。
・具体的には、
① 大学等や専門学校等に進学したが生活が不安定で継続的な養育を必要とする児童等
② 就職または福祉的就労をしたが生活が不安定で継続的な養育を必要とする児童等
③ 障害や疾病等の理由により進学や就職が決まらない児童等であって継続的な養育を必要とするもの
などの場合、児童養護施設等や里親等の意見を聴き、あらかじめ、児童等およびその保護者の意向を確認するとともに、延長することが必要と判断された場合に活用すること。

しかし、この措置延長の制度をすべての自治体が実施・活用しているわけではないことが、2015年の全国里親会の調査で明らかになっている。制度として定められているのに積極的に措置延長を活用しない理由として「高校中退や中卒で就職した子どもと、学校に通う子どもが同じ施設内で生活をしていると、生活リズムの違い等、相互に支障をきたすことが多い」という施設側の意見が挙げられる。はたして10代で就職した子どもと高校生や中学生等

が一緒に生活することは、それほど困難なことであろうか。

　子どもたちがむき出しで社会に出されることを避けるためには、まず高校中退を回避できるためのあらゆる策を講じることが重要課題といえる。そのために、施設職員と高校教員の連携や協働は非常に重要になると考える。

　児童福祉法改正により、2017年度からは22歳までの措置延長が可能になる。制度上の話だけで終わるのではなく、この措置延長が積極的に活用されるように各施設や自治体に働きかけていく必要がある。

3）子どもたちの自己肯定感向上と学校生活との関係

　社会的養護の下で暮らす子どもたちは、親からの虐待やネグレクト等といった不適切な養育を受ける中で、「自分なんて生まれてこない方がよかったのではないか」と思わされるような経験を重ね、自己肯定感が低い状態にあることが多い。

　フレイザー（Fraser、2009）は、自己肯定感の低下を防ぐ最も重要な要素として「親子の良好な関係」を挙げるとともに、もう1つの重要な要素として「思いやりのある大人（メンターを含む）の存在」を挙げ、その例として「教師」を挙げている。

　また、アメリカの「Big Brother Big Sister」プログラムのように、特定の大人（メンター）との関係を促進することが貧困世帯の子どもに良好な影響をもたらすことはすでに立証されている（Levine & Zimmerman、2010）。

　学校の教師は、子どもにとって最も身近な「親以外の大人」であり、とりわけ義務教育中はすべての子どもに、教師と何らかの接点をもつチャンスが保障されているといえる。社会的養護の子どもの自己肯定感を向上させるために、教員に期待できる役割は大きいと言える。

　阿部（2015）は、2012年11月に実施した「大阪子ども調査」の結果の中で、子どもの「学力」以外に「スポーツ、音楽、美術」といった、学力以外の能力と自己肯定感との相関関係の強さを指摘するとともに、「教師との良好な関係は自己肯定感の低下を防ぐ効果が期待できる」と結論づけている。学校で教師が子どもたちに、学力をはじめとするさまざまな力を習得できるよう支援していくプロセスの中で、子どもたちの自己肯定感や進学意欲を高

めていくことができることがこの調査結果から示唆されているといえる。

社会的養護、特に施設で暮らす子どもが長時間接する大人は「施設職員」と「教師」である。どちらも、一人（あるいは少数）の大人で大勢の子どもたちのケアをする立場であり、子どもと1対1の密度の濃い関係を構築していくことが容易ではないともいえる。社会的養護の子どもたちの自己肯定感の低下を防ぎ、向上を図るためには、養育者の役割を果たす施設職員による、1対1の時間を大切にした関わりによる愛着形成と、学校教員によるさまざまな学力・能力習得支援や励まし、個別の関わりとの協働が必要ではないかと考える。

参考文献

阿部彩・埋橋孝文・矢野裕俊（2013）「大阪子ども調査　結果の概要」科学研究費補助金基盤研究（B）『貧困に対する子どものコンピテンシーをはぐくむ福祉・教育プログラム開発報告書』（2011-2013年度、研究代表者：埋橋孝文）

阿部彩（2015）「子どもの自己肯定感の規定要因」埋橋孝文・矢野裕俊編著『子どもの貧困／不利／困難を考える』ミネルヴァ書房

青木紀（2003）『現代日本の「見えない」貧困』明石書店

フレイザー，マーク・W. 編著／門永朋子・岩間伸之・山縣文治訳（2009）『子どものリスクとレジリエンス：子どもの力を活かす援助』ミネルヴァ書房

刈谷剛彦（2001）「学力と階層」朝日文庫

Levine, P.B.& Zimmerman, D.J.（2010）*Targeting Investments in Children: Fighting Poverty When Resources Are Limited*, University of Chikago Press.

大阪市（2012）「施設退所児童支援のための実態調査報告書」

第15章　生活保護制度における子ども・家族

嵯峨　嘉子

はじめに

　生活保護制度は、社会保障制度の最後のセーフティネットとしての機能を有し、生活困窮の状態であれば、理由を問わず、給付を行うとされてきた。しかし、実際の生活保護利用者の特徴として、「単身化」、「非稼働化」の傾向が長年指摘されてきた。

　現在、子どもの貧困対策が先行しているが、「子ども」あるいは「家族」に着目したとき、生活保護制度は、貧困の救済策としてどのような役割をはたしてきたといえるのか、また課題として何が問われているのか。本稿では、生活保護制度における「子ども・家族」に対する課題を検討する。

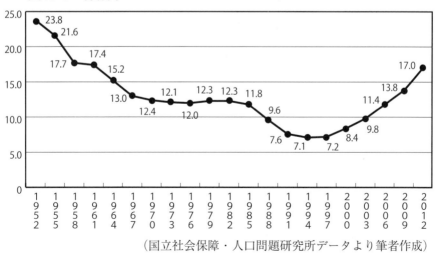

図15-1　保護率（人口千人比、単位：パーミル）

（国立社会保障・人口問題研究所データより筆者作成）

第Ⅲ部　子ども・家族の生活を支える教育福祉的アプローチ

1．生活保護制度利用者の特徴

まず、行政統計から、生活保護利用者の特徴を確認したい。生活保護利用率の推移は、図15-1のとおりである。戦後、減少傾向が続くが、1995年（7.0パーミル）を底として、再び増加傾向となり、直近の2013年データでは17.0パーミルとなっている。

表15-1　生活保護利用世帯　世帯類型別、就労世帯の構成割合（2015年）

	世帯総数	高齢者	母子	傷病	障がい	その他
実数	1,602,551	803,298	99,726	243,849	178,092	277,586
％	100.0	50.1	6.2	15.2	11.1	17.3
世帯主が就労している割合（％）	15.6	4.5	48.0	14.8	17.9	35.4

出所）厚生労働省「被保護者調査」より作成

世帯類型別に見ると、高齢者世帯の比率が年々増加しており、2015年時点で、傷病・障害者世帯とあわせると、8割を超える（表15-1）。母子世帯や「その他」世帯は、稼働能力を有する世帯と捉えがちではあるが、疾病等の理由もあり、母子世帯の就労率は48.0％、「その他」世帯では、35.4％と高いわけではない。とりわけ、近年、「その他」世帯の増加が特徴的であるが、年齢別の内訳を見ると、稼働年齢層がこの世帯類型の典型というわけでは決してないことがわかる。人員別に見た場合、生活保護利用者全体の平均年齢は、56.0歳で、「その他」世帯の平均年齢は、47.0歳と全体に比べて平均年齢は確かに低いが、表15-2に見るように、55歳以上をあわせると43.4％を占めている。

表15-2　生活保護「その他」世帯の年齢階層別割合（2015年、％）

〜19歳	20〜24	25〜29	30〜34	35〜39	40〜44	45〜49	50〜54	55〜59	60〜64	65〜69	70〜74	75〜79	80歳〜
14.7	3.0	2.6	3.3	4.6	7.9	9.5	10.6	13.0	19.6	3.1	2.7	2.2	2.8

出所）厚生労働省「被保護者調査」より作成

第15章　生活保護制度における子ども・家族

　生活保護利用者全体の年齢階層別割合を示したのが**表15-3**である。60歳以上でみると、55.5％と過半数を占める。稼働年齢層である「20～40歳」「41～59歳」は、それぞれ9.2％、22.5％と高齢世帯に比べて少なくなっている。5歳以下の就学前でまとめると、2.4％、小学生・中学生に相当する年齢では、6.6％と稼働年齢層である親世代の少なさを反映して、子どもの割合も低くなっている。

表15-3　生活保護利用者　年齢構成割合（2015年）

年齢	全体	0歳	1～2	3～5	6～8	9～11	12～14
人数	2,127,841	5,905	15,077	30,534	39,299	46,062	55,652
割合(%)	100.0	0.3	0.7	1.4	1.8	2.2	2.6
年齢	15～17	18～19	20～40	41～59	60～64	65～69	70歳以上
人数	60,351	19,016	196,067	478,344	213,982	269,090	698,462
割合(%)	2.8	0.9	9.2	22.5	10.1	12.6	32.8

出所）厚生労働省「被保護者調査」より作成

　生活保護利用全世帯に占める18歳以下の子どもがいる有子世帯の割合は9.9％で、有子世帯を100としてみた場合、世帯構成の割合は、ふたり親世帯13.8％、ひとり親世帯76.1％、それ以外の世帯10.1％となっており、生活保護を利用している世帯で子どもがいる世帯の7割強は、ひとり親世帯が占めている（厚生労働省、2016）。

表15-4　世帯人数別割合（2015年）

総数	1人世帯	2人世帯	3人世帯	4人世帯	5人世帯	6人以上世帯
100.0	78.1	15.0	4.3	1.6	0.6	0.3

出所）厚生労働省「被保険調査」より作成

　また、世帯人数は、1人世帯が78.1％を占め、単身化の傾向が示されている。

以上、生活保護利用世帯のデータを見てきたが、そこで明らかになるのは、稼働年齢層が生活保護利用にほとんどつながっていないということである。もう1つの特徴は、生活保護利用者の「単身化」である。確かに、現在の生活保護制度の利用者の特徴は、単身の高齢者など、貧困リスクの高さを反映しているといえなくもない。世帯員が複数就労している多就労世帯は当然貧困リスクが低くなる。しかし、稼働年齢層が生活保護制度から排除されてきたことは、たとえば、名古屋の林訴訟や岸和田の稼働能力訴訟などに表れているように明らかである。

　生活保護法上は、生活困窮に陥った理由を問わない一般扶助主義を採っているにもかかわらず、実際の運用上では、失業やワーキングプアを理由とした経済困窮にはほとんど対応してこなかったといえる。90年代にホームレスが急増した際も、65歳以上でなければ生活保護の対象外とするとの窓口での説明は、残念ながら珍しい話ではなかった。生活保護率が減少する一方で、路上生活者が増加する、という異常な現象が90年半ばまで続いたのである。[注1] 岩田正美は、「一般扶助原理の下で保護の引き締め策が可能であったのは、実質上、受給資格と同じ機能を果たすことになったにもかかわらず、要件という曖昧な表現でこれをぼやかした」のは生活保護法4条の補足性の原理に他ならないと指摘する（2005）。「ゲートを狭くし、単に量としての捕捉率を低めただけではなく、若年者を含めた」ワーキングプアへの対応を一部の母子世帯等に限定していくのは、それほど難しいことではなかったという（同前、184）。

　現在、生活保護制度を利用する世帯のイメージを示したのが次の**図15-2**である。稼働年齢層のいわゆる子育て世代は現在の生活保護利用世帯のイメージからほど遠いといわざるをえない。生活保護制度における稼働年齢層の排除は、その背後にいる子どもの排除を同時に意味するといえるのではないか。岩田美香（2009）は、父子世帯は、養育上の理由により、子どもは児童養護施設に入所するなどして離れて暮らすことにもなり、「父子世帯」として生活することもままならないと指摘したが、現在の生活保護利用世帯を想定したときにも同様のことがいえないだろうか。現行の生活保護制度においても「家族」が「家族」のまま救済されることは少なく、家族が分解し、

図15-2　生活保護利用者層のイメージ図（筆者作成）

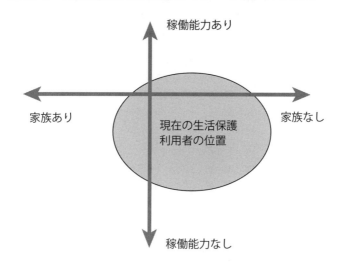

単身世帯やひとり親世帯になってやっとはじめて救済される制度になっているといえる。このことは、生活保護制度が、家族の分解・解体が生じる以前に対応する救済制度として機能していないことを示している。生活保護制度を子育て世帯が利用しづらい、さらなる要件は、資産要件であろう。預貯金の保有が実質的に制限されており、自動車の保有も認められるには通勤に用いるなどの諸条件をクリアしなければならない。生活保護の利用のために、現在保有しているさまざまな資産を手放すのは、とりわけ家計の長期的な展望を求められる子どもを抱える保護者にとっては容易なことではないだろう。

2．生活保護制度における子どもおよび保護者の生活状況

　ここでは、いくつかの先行研究・調査を参考にしながら、生活保護世帯の子どもが抱える課題を明らかにしたい。

　稲葉（2013）も触れているように、「生活保護母子世帯調査等の暫定集計結果」（厚生労働省社会・援護局保護課（2009年12月11日）では、DV経験を経験している割合が69.9％を占める結果が明らかとなっている。それらの影響は、母親自身の「健康被害」（77.9％）にとどまらず、子どもにも影響を与

えている (63.2%)。教育社会学の分野では、以前から、家庭の経済状況が子どもの学力に与える影響が研究されてきた。苅谷は、総合的な学習や学習意欲への影響について次のように指摘する。「総合的な学習の時間などで想定される学習活動へのかかわり方には、子どもの家庭環境の差異が大きく反映している。文化階層上位グループの子どもほど、こうした学習に積極的であり、まとめ役にもなる。他方、階層下位グループの子どもは、こういう学習には強いかかわりをもたない。これだけ大きな差異が階層間で生じているのであり、『自ら学び、自ら考える』力の学習にも階層格差が生じている」（苅谷、2007）。また、「学習能力にかかわる学習態度においても、小学校段階から階層差が生じている」（同前）ことが明らかとなっており、これらの結果は、今、自治体で実施されている学習支援の取り組みだけではなく、就学前の多様な支援の必要性を物語っている。

　生活保護利用世帯の中学生を対象にした調査では、成績（数学）の自己評価の低さについて、ベネッセ調査（全国調査：16.7%）と比較して、過半数を超える55.8%が「下のほう」と回答している。一般世帯との格差は、学力だけにとどまらない。部活動の状況についても、「入っていない」割合は、ベネッセ調査が6.5%に対し、生活保護世帯では、51.3%と過半数が部活に参加していない。さらに、部活をしている子どもでも、「運動部に入って積極的に参加している」と回答した割合がベネッセ調査では、63.7%であるのに対して、生活保護世帯では、20.5%とここでも大きな差が見られる（田中、2013）。

　次節では、これらの生活状況の差が進学先の違いにどのように現れるのかをみる。

3. 生活保護制度と教育

　内閣府HPで公表されている「2015年度の子供の貧困の状況と子供の貧困対策の実施状況」のデータから、生活保護世帯の子どもの高校等進学率をみると、大綱掲載時（2013年）の90.8%から上昇し、全世帯の数値に近づいているようにも見える（表15-5）。しかし、注意をしなければならないのは、その内訳である。全日制の高校に限定してみると、全世帯の数値が91.4%

に対し、生活保護世帯の子どもは67.4％と24ポイントも差がある。定時制をみると、生活保護世帯11.7％に対して、全世帯ではわずか2.0％にとどまる。もちろん多様な学びの選択肢があっていいが、とりわけ定時制高校は、卒業までたどりつくのが難しく、定時制高校等の割合の高さが、生活保護世帯における高校等の中退率の高さにもつながっているといえる（生活保護世帯4.5％、全世帯1.5％）。阿部（2015）は、子どもの貧困指標として高校等進学率だけでなく、高校卒業率にも着目すべきだとする（2015年12月29日付日本経済新聞朝刊記事）。「貧困の連鎖の危険性が最も高いのが高校中退層で

表15-5　子どもの貧困の状況

（出所：内閣府、2015。生活保護世帯に関連するデータのみ抽出）

指標		大綱掲載時	直近値	全世帯の数値（直近値）
生活保護世帯に属する子供の高等学校等進学率	①全体	90.8%	92.8%	98.8%
	全日制	67.6%	67.4%	91.4%
	定時制	11.5%	11.7%	2.0%
	通信制	5.1%	5.2%	2.0%
	中等教育学校後期課程	0.1%	0.1%	0.4%
	特別支援学校高等部	4.9%	6.9%	1.9%
	高等専門学校	0.7%	0.4%	0.9%
	専修学校高等課程	0.9%	1.2%	0.2%

※直近値：厚生労働省社会・援護局保護課調べ（平成27年4月1日現在）／大綱掲載時：同調べ（平成25年4月1日現在）
※全世帯：文部科学省「学校基本調査」（平成27年度）を基に算出

②生活保護世帯に属する子供の高等学校等中退率	5.3%	4.5%	1.5%

※直近値：厚生労働省社会・援護局保護課調べ（平成27年4月1日現在）／大綱掲載時：同調べ（平成25年4月1日現在）
※全世帯：文部科学省「児童生徒の問題行動等生徒指導上の諸問題」（平成26年度）

生活保護世帯に属する子供の大学等進学率	③全体	32.9%	33.4%	73.2%
	大学等	19.2%	20.0%	51.8%
	専修学校等	13.7%	13.5%	21.4%

※直近値：厚生労働省社会・援護局保護課調べ（平成27年4月1日現在）／大綱掲載時：同調べ（平成25年4月1日）現在
※全世帯：文部科学省「学校基本調査」（平成27年度）を基に算出

あり」、高校中退を食い止める政策に取り組む必要性を指摘する（同前）。一般世帯と生活保護世帯の格差は、大学等進学においてさらに大きく開く（表15-5）。生活保護制度の現行の運用では、世帯内にとどまったままの大学進学は、夜間大学をのぞいて認められていない。大学進学をする場合は、世帯分離を行い、大学進学した子どもの分の保護費が減額されることとなる。

　生活保護世帯において、なぜ、一般世帯との進学率の違いが出てくるのか。それは、子どもたちがおかれている厳しい家庭環境を反映しているのに加えて、制度上の問題もある。生活保護法において、扶助の一つである「教育扶助」は、義務教育に限定されている（生活保護法13条）。高校等への進学は、世帯内での就学は認められていたものの（生活扶助費は支出される）、高校等就学費（生業扶助費）[注3]が支出されるようになったのは、学資保険の保有をめぐって争われた中島訴訟を契機とした2005年以降にすぎない。生活保護法を起草した小山進次郎によると、1950年の新法草案には、「義務教育以外の学校教育についてもこれを行うことを妨げないと但し書きがあり、たとえば、高等学校以上に在学する者を含む世帯が世帯主が突然死亡したために生活困窮し、本法の保護を受けるような場合、若しその高等学校以上に在学する者があと半年間程度その学校に通学することによって一応纏まった資格が得られ、有利な就職ができ、その結果他の世帯員をも扶養することができる見込みが確実な場合には、義務教育以上の教育費に対しても扶助の道を開かんとする内容になっていた」という（小山、1951）。法案段階での議論から、高校等就学費の実現まで実に55年の長い時間が必要とされたことになる。

　池谷は、生活保護ケースワーカーとしての経験から、生活保護ケースワーカーによる子どもへの関わりは、保護者を通しての把握が多く、直接子どもとの関わりは薄くなりがちだと指摘する（池谷、2008）。生活保護世帯の子どもを対象にケースファイルの分析、アンケート調査、インタビューを行った貴重な研究として、林（2016）の研究が挙げられる。生活保護世帯の子どもが、単に養育される者ではなく、家事等を担う家庭生活の重要な担い手であって、結果として学校生活の周辺化を招き、それらが進路選択にも影響を与えているといった重要な知見が示されている（林、2016）。印象的なのは、福祉事務所が開催をする学習支援を利用している子どもに対するインタ

ビューのなかで、生活保護ケースワーカーに関する発言がほとんど見られないことである。2005年から全国で開始された「自立支援プログラム」における学習支援は、生活保護制度において「子ども」が支援の対象として認識される契機になったといえる。しかし、林の研究結果は、生活保護世帯の子どもへのケースワーカーの関わりの現状を表しているともいえるのではないか。

「生活困窮者自立支援のあり方等に関する論点整理のための検討会(第6回)」では、高校進学等の進路が生活保護の脱却にどのようにつながっているかを示す調査資料[注4]が提出されている(厚生労働省、2017)。全日制入学者のその後の自立廃止は77%、定時通信制高校は57%、中卒は41%と、貧困の連鎖防止に資する進学支援の必要性が示されるデータとなっている。

4．生活保護制度における扶養の課題

先に触れた厚労省のデータは、中学後の進路によって世帯の自立状況が異なることを明らかにしている。進学支援の必要性が示される一方で、生活保護世帯の子どもは、学校終了後、家族の扶養をすることが「善し」とされてはいないか、という疑問も生じる。世帯の「自立廃止」とは、「親の就労、子の高校卒業後の就労等により自立廃止が実現している」世帯と説明されており、自立廃止の詳細は明らかではないが、子どもが就職した後、子どもの収入を収入認定することで自立廃止に至ったケースも含まれていると想定される。さらに、子どもの収入が収入認定され、しかし保護継続されるとすれば、子ども自身の生活水準も最低生活水準のまま継続することを意味するのではないだろうか。

労働科学研究所が1952年に静岡県の被保護世帯を対象に実施した「生活保護世帯調査」を再分析した小山は、子どもが近い将来中学校を卒業して労働者になることを生活保護からの脱却のもっとも確実な手段とみなす記述が多かったと指摘する(2016)。たとえば、民生委員による記述では、「長女は本年中学卒業し就職するので更生(＝生活保護の停止)の日も近いと認められる」などが見られる(同前)。こうした見方は、過去の話ではなく、現在でも現場では聞かれる話だと推測される。

第Ⅲ部　子ども・家族の生活を支える教育福祉的アプローチ

　大阪府Ａ市の福祉事務所では、2015年6月、生活保護の対象になっていた世帯で唯一働いていた長男（当時18歳）が独立して家を出たことについて「世帯の自立から遠ざかる行為」と非難する指導指示書を出していたことがわかった（2015年10月4日付け毎日新聞朝刊記事）。この世帯は両親と子ども3人の5人暮らしで、両親は就労ができないため、長男の給料の大半が世帯の収入と認定され、その分、市の支出する保護費は減っていたという。相談を受けた弁護士が抗議をしたことで、事務所側は指導指示書を撤回した。

　扶養について、生活保護法では「民法に定める扶養義務者の扶養及び他の法律に定める扶助は、すべてこの法律による保護に優先して行われる」（4条2項）と規定されている。扶養は、保護の要件ではなく、実際に扶養がある場合に優先をする、つまり収入認定をすることを意味する（吉永、2011）。扶養義務は、生活保持義務と生活扶助義務に二分され、夫婦間相互と未成熟子（中学生まで）に対する親には生活保持義務（最低生活費を超過する部分の扶養）が求められ、それ以外の兄弟姉妹間や成人した子の親に対する扶養義務は、生活扶助義務とされ、「社会的相応の生活を確保した上でなお余力があればその範囲で援助すればよい」と解釈されている（吉永、2011／近畿弁護士会連合会編、2014）。2013年の生活保護法改正では、扶養義務者に対する通知義務規定の新設（改正法24条8項）など、扶養を強化する流れにある（吉永、2015）。

　生活保護世帯で育った子どもは、自分自身のためだけに、人生をスタートすることが許されないのだろうか。稲葉は、子どもに親の扶養を求める運用に対し「裕福な家庭に育った子どもには免除される義務が、生活保護世帯の子どもたちには親がなくなるまで課せられる」と批判する（稲葉、2013）。学校外教育が一般的ともなり、教育を私的に負担することが前提とされている日本社会において、とりわけ貧困家庭の子どもは、厳しい状況におかれる。青木は、「とくに強い家族主義と市場主義の型の中で、貧困の家族の子どもは必然的に不利になる可能性が、他の先進諸国よりも強い枠組みにおかれている」と指摘する（青木、2011）。生活保護利用世帯の子どもは、頼るべき「家族」を持たない社会的不利を抱えているだけではなく、さらに、家族の扶養を強いられる存在ともなっている。

5．保護基準の引き下げ

　2013年2月19日の全国厚生労働関係部局長会議資料（厚生分科会）の資料によると、2013年から2015年の3年間での生活扶助基準額の変化が世帯構成ごとに算出されている。もっとも引き下げ額が高いのは、世帯人数が多い子どもがいる世帯となっている。たとえば、夫婦と子1人世帯（30代20代4歳）では1ヵ月あたり1万6千円の減額、夫婦と子2人世帯（40歳夫婦と小中学生）では、2万円の減額となっている。その後保護基準の引き下げは、生活扶助費にとどまらず、冬季加算および住宅扶助費の引き下げがさらに実施されている[注5]。

　生活保護基準の引き下げは、生活保護利用世帯への影響のみならず、他の制度対象者にも影響を及ぼす。たとえば、生活保護基準を対象選定の基準に用いている就学援助制度では、今回の保護基準引き下げに対して、何らかの対応を直接的に行っていない市町村[注6]が全国で27市町村存在する（文科省、2015）。

　近年、学習支援や子ども食堂をはじめとする子どもの居場所づくり支援が進んでおり、一見すると、子どもの貧困対策が進んでいるかのように見える。しかし、経済給付そのものに着目すると、現実には、生活保護費の引き下げが実施されていることに注意しなければならない。松本は、「貧困対策に「子どもの貧困」という観点が入ることは、日本の政府レベルの政策ではこれまでなかったこと」と歓迎する一方で、生活保護の「切り下げによって最も打撃を受けるのは、子どもを養育している世帯」であり、今の「子どもの貧困」をめぐる政策の「ねじれ」を指摘している（松本、2013）。岩田は、貧困層をバスの乗客に例えて、「公的扶助の利用者を固定的貧困層の一部（特に非稼働層）に限定し、またその給付水準を低めることは、かえって彼らを「バスに閉じ込めてしまう」役割をはたしかねない危険を内包している」と述べている（岩田、2006）。

6．最低生活保障制度の課題－個人・家族を支える制度の両立を目指して

　これまで、生活保護利用世帯の多くが高齢の単身世帯であること、子どもがいたとしてもその多くは「ひとり親世帯」に含まれており、子育て世代である稼働年齢層の貧困に対して、生活保護制度が十分捕捉できていない状況を見てきた。阿部が指摘するように、生活保護利用世帯の子どもは、子どもの「貧困ピラミッド」のごく一部にすぎない（阿部、2015b）。

　家族が何らかの理由で困窮状態に陥った場合、救済するのは生活保護制度なのか、という議論もありえるだろう。本来であれば、子育て世代の貧困の予防施策として、社会保険、児童手当、住宅手当などの社会手当制度がまず対応すべきで、それがほとんど機能していないあるいは欠落している日本において、生活保護制度の課題にならざるをえないこと自体も問われなければならない。生活保護世帯の子どもの大学進学の問題も本来であれば、ヨーロッパ諸国の高等教育の例をみるように、大学の授業料が無料あるいは低額で、給付型奨学金の受給によって生活費の補填が可能であれば、生活保護制度がカバーすべき問題の範疇ではないともいえる。

　若者や子育て世代である稼働年齢層が生活困窮に陥った際に、活用できる資源がなければ、できるだけ早期の段階で生活保護制度を活用できるよう、稼働能力活用や扶養のあり方の見直し、資産要件の緩和が必要とされている。

注
1　たとえば、杉村は、90年代前半において、寄せ場を抱える山谷や寿・釜ヶ崎における相談機関の相談件数が増加する一方で、生活保護の件数は減少していたことを指摘している（杉村、1997）
2　「子どもの貧困対策の推進に関する法律」第7条において、政府は毎年1回子供の貧困の状況と子供の貧困対策の実施の状況を公表することとされている。
3　現在、高校等就学費は生業扶助費の枠内で対応されているが、岡部は、「教育扶助の前提とする人間の全面的な発達・成長を図ることを目的・目標とする教育とは、その位置づけが異なる」と指摘し、教育の延長線上で捉えるべきとする（岡部、2013）。

4　2009〜2011年までの横須賀市の生活保護世帯の中学卒業生113名（累計）が属す世帯が、2014年12月までに自立したか否かについて全数追跡調査を実施している。
5　生活保護基準額の引き下げに関する問題点の詳細は、白井康彦（2014）『生活保護削減のための物価偽装を糾す！―ここまでするのか！厚労省』（あけび書房）を参照のこと。
6　「影響への対応を直接的には行っていない市町村」とは，就学援助制度上での影響が出ないよう直接的な取組は行っていないが、就学援助制度以外の、さまざまな義務教育段階の子どもの貧困対策（たとえば、経済的に困窮している児童生徒に対する学習支援や子ども医療費助成制度など）を行っている市町村を指す（文部科学省、2015）。

引用文献

青木紀（2011）「貧困・家族・子ども」『貧困研究』 6 巻、明石書店
阿部彩（2015a）「日本経済新聞2015年12月29日付け朝刊記事」
阿部彩（2015b）「子どもの貧困とは何か」『世界の児童と母性』79巻、資生堂社会福祉事業財団
池谷秀登（2008）「生活保護現場からみる子どもの貧困」浅井春夫／松本伊智朗／湯澤直美編『子どもの貧困』明石書店
稲葉剛（2013）『生活保護から考える』岩波書店
岩田正美（2005）「『被保護層』としての貧困」岩田正美／西澤晃彦編著『貧困と社会的排除－福祉社会を蝕むもの』ミネルヴァ書房
岩田正美（2006）「バスに鍵はかかってしまったか？－現代日本の貧困と福祉政策の矛盾」『思想』983号、岩波書店
岩田美香（2009）「階層差からみた父子世帯の実態」家計経済研究所『家計経済研究』81号
岡部卓（2013）「貧困の世代的継承にどう立ち向かうか－生活保護制度における教育費保障の観点から」『貧困研究』11巻、明石書店
苅谷剛彦（2007）「『学習資本主義』と教育格差」社会政策学会編『格差社会への視座－貧困と教育機会』法律文化社
近畿弁護士会連合会編（2014）『生活保護と扶養義務』民事法研究会
厚生労働省（2015）「被保護者調査」
厚生労働省（2016）「第25回社会保障審議会生活保護基準部会（2016年10月 7 日開催）」会議資料
厚生労働省（2017）「生活困窮者自立支援のあり方等に関する論点整理のための検討会（第 6 回、2017年 1 月23開催）」会議資料
小山進次郎（1951）『改訂増補　生活保護法の解釈と運用』財団法人中央社会福祉協

議会
小山裕（2016）「家庭のなかの子どもからみた学校と戦争」相沢真一／土屋敦／小山裕／開田奈穂美／元森絵里子『子どもと貧困の戦後史』青弓社
白井康彦（2014）『生活保護削減のための物価偽装を糾す！－ここまでするのか！厚労省』あけび書房
杉村宏（1997）「わが国における低所得・貧困問題」庄司洋子／杉村宏／藤村正之編『これからの社会福祉2　貧困・平等と社会福祉』有斐閣
田中聡一郎（2013）「生活保護受給世帯の中学生の学習・生活実態と教育支援」社会政策学会編『社会政策』5巻2号、ミネルヴァ書房
内閣府「2015年度子供の貧困の状況と子供の貧困対策の実施状況」（アクセス日：2017年1月19日）
林明子（2016）『生活保護世帯の子どものライフストーリー－貧困の世代的再生産』勁草書房
松本伊智朗（2013）「教育は子どもの貧困対策の切り札か？－特集の趣旨と論点（特集　子どもの貧困と教育の課題）」『貧困研究』11巻、明石書店
文部科学省初等中等教育局児童生徒課（2015）「『2013年度就学援助実施状況等調査』等結果」
吉永純（2011）『生活保護の争点-審査請求、行政運用、制度改革をめぐって』高菅出版
吉永純（2015）『生活保護改革と生存権の保障－基準引き下げ、法改正、生活困窮者自立支援法』明石書店

障害/健常といった線引きを超える
教育福祉的アプローチ

「第Ⅳ部　障害／健常といった線引きを超える教育福祉的アプローチ」について

吉田　敦彦

　障害／健常、強い／弱い、できる／できない、優れている／劣っている、そして福祉／教育……。こういった線引きをする二分法的な固定観念が破れ、線引きのこちら側と向こう側とで、越境、逆転、交流、協働などが生まれる時がある。第Ⅳ部では、そのような越境が生まれる諸相を、各執筆者がそれぞれに具体的な事例を取り扱いながら、教育だけでも福祉だけでもない両者の交点に立って、考察していく。

　まず松田は、「障害者／健常者という枠からの解放」というテーマに、真正面から取り組む。人びとは〈障害者＝援助を受ける人、健常者＝援助を提供する人〉という図式に囚われてしまいがちであるが、この図式が当てはまらないさまざまなケースがある。障害者／健常者という枠組みを含め、社会的に創り出されるさまざまなカテゴリーやアイデンティティから解放され続けることの大切さを論じる。

　森岡は、そもそも「価値のある生」と「価値のない生」を判断する基準は存在するのか、という根本的な問いを、「相模原障害者殺傷事件」の検討を交えて考察する。能力が高い／低い、優れている／劣っているといった基準で、前者にのみ価値があるとする能力主義や優生思想を吟味しつつ、あらゆる条件の人間を生存させるための「社会」を実現するために教育と福祉のはたすべき役割を探る。

　田垣は、障害者が生涯にわたって発達していく時間的なプロセスを、社会文化的文脈な視点を踏まえて検討する。特に，障害を肯定的あるいは否定的といった二分法的な立場からとらえるのではなく，それぞれが並行したり，らせん状に結びあったりする様子を，人生の途中で運動機能障害をもつようになった人々に対するインタビュー調査から明らかにしている。

　最後に吉田は、できる／できない、ありのまま／もっとよく、そして教育／福祉といった線引きによる二分法を超えて、では、両者の区別がなくなり、一つに融合するのが目指すべき着地点なのだろうか、と問うて、不登校や「発達障がい」等の支援にかかわる「居場所／学び場」問題を事例として考察しながら、〈教育的まなざし×福祉的まなざし〉の複眼的アプローチを提案する。

第16章　障害者／健常者という枠からの解放

松田　博幸

はじめに

　教育と社会福祉との接点を考える際に、一つのテーマとして、対人援助専門職者のための教育（以下、専門職教育）をあげることができる。対人援助専門職者（以下、専門職者）には、社会福祉、教育、保健、看護、医療、介護、臨床心理などの領域において人に直接的な援助をおこなうさまざまな人たちを含めることができるが、それらの人たちに対する教育がどうあるべきなのかを考えることは大切である。これから専門職者として活動をおこなっていこうとする人たちだけでなく、すでに専門職者として活動をおこなっている人たちのためのそういった場や過程のことも考える必要がある。
　一般的に、専門職教育においては、専門職者として仕事をするのに必要な知識を身につけることが強調される。たしかに、知識を身につけることでそれまで見えてこなかったことが見えてくるようになることがある。しかしながら、知識を身につけることで、その知識に縛られてしまい、人と人とがつながるための妨げになることがあるのではないだろうか。ある人たちが名づけられ（「患者」「クライエント」「生徒」「障害者」「子ども」「高齢者」等々）、名づけられた人たちは一定の理論の枠の中に取り込まれてしまう。そして、そのような枠を超えて人と人とが情緒・感情的につながることよりも、相手を枠に入れて「理解」することが優先されるようになってしまう。
　かつては、アイデンティティを確立することに価値が置かれていたが、現在では、「脱アイデンティティ」（上野、2005）という語に表されているように、アイデンティティにとらわれないことに価値が置かれることがある。また、unlearn（学び捨てる）という語が用いられているが、人が知識を手放すことで他者との新しい大切な関係が生じるという文脈で用いられている。専

門職教育においては、アイデンティティや知識から解放されることが必要になることもあるのではないだろうか。本章では、専門職教育において、専門職者を目指す人たちあるいは専門職者が、障害者／健常者という枠から解放されること、言い換えれば、アイデンティティから解放されることの意義について述べたい。そして、そのためには専門職教育においてどのような場を創り出す必要があるのかを述べたい。なお、本章においては精神障害をもつ人たちのことを中心に取り上げる。

1．専門職者によるコントロールの外で生じていること

1）専門職者によるコントロール

専門職教育という文脈において障害者／健常者という枠が用いられる場合、人びとは、〈障害者＝援助を受ける人、健常者＝援助を提供する人〉という図式、そして、専門職者は健常者であるという前提にとらわれてしまいがちである。実際には、障害者だとされる人が、健常者だとされる人を援助することはいくらでもあるし、専門職者として活動をしている人が障害をもっていたり、援助を受けていることもいくらでもあるだろう。しかし、専門職を目指す人たちあるいは専門職者がそのような図式や前提にとらわれてしまうと、自分自身に対して全能感をもってしまい、障害者だとされる人をコントロールしてしまう危険が生じる（たとえば、グッゲンビュール＝クレイグ（1981）は、こういった現象をユングの理論を使って説明している）。このような危険については、ソーシャルワークにおいて以前より警鐘が鳴らされてきた。たとえば、尾崎 新は次のように述べている。

> 「全能感幻想」に固着した援助は、クライエント自身による問題解決や自己決定を援助するものではない。むしろ、援助者自身の不安と無力感の解消をはかるものである。あるいは、援助者が自己満足感の獲得を目指すものである。したがって、このときの援助は「クライエントが活用する援助」ではなく、援助者の「全能感幻想」を補強するための「過干渉」や「大きなお世話」に変質する。（尾崎、1997）

第16章　障害者／健常者という枠からの解放

　精神障害をもつ人たちの国際的な当事者運動のリーダー、ジュディ・チェンバレン（Judi Chamberlin）（2010年没）に筆者が会ったとき、彼女はこのように言った。

　　専門職者って、説く（preach）んだよね。

　このとき彼女が使ったpreachという語は、全能感にとらわれた専門職者の姿をよく表しているように思う。preachのイメージには聖職者による説教も含まれる。
　一方、専門職者によるコントロールの外で、障害のみならず何らかの生きにくさをもつ当事者の手によって、体験や感情をわかちあう活動が展開されてきた。セルフヘルプ・グループ（自助グループ）の活動がそれにあたる。旧いものとしては、1935年にアメリカで生まれた、飲酒を止めることを望む人たちのＡＡ（アルコホーリクス・アノニマス）があげられることが多い。セルフヘルプ・グループの活動がどのようなものであるのかを示すために、以下、筆者がセルフヘルプ・グループに関わったときの体験を述べることにする。

２）セルフヘルプ・グループの活動

　私は精神科病院でソーシャルワーカーをしているときに初めてセルフヘルプ・グループの活動にふれた。アルコール依存症の人たちや薬物依存症の人たちのセルフヘルプ・グループの集まり（「ミーティング」「例会」と呼ばれていた）に見学者として参加するようになったが、まず、驚いた。アディクション（嗜癖、依存症）の場合、本人の周囲の人たち（家族、友人など）が必死になって本人のお酒や薬などを止めさせようとするが、また、本人も意志の力で何とか止めようとするが、止めることができず、仕事やお金や住むところを失い、人間関係も壊れ、身体も心もボロボロになっていく。私は、病院で勤務する前は福祉事務所で生活保護のケースワーカーとして勤務していたが、私が関わった人たちのなかには、身体がお酒を受け付けなくなっても飲酒が止まらず、亡くなった人もいた。しかし、そういった人たちが、セ

ルフヘルプ・グループの集まりに参加し続けることでお酒や薬のない生活を実現していること、そして、そこには専門職者がおらず、すべての活動がアディクションの当事者によって運営されていることが大きな驚きであった。

さらに、そのような集まりが非常にシンプルな形でおこなわれていたことも驚きであった。「言いっぱなし、聴きっぱなし」と呼ばれるルールが用いられ、ある人が自分の体験を語る間、他の人たちはその語りに耳を傾け、話し終わってもコメントやアドバイスはおこなわれなかった。そして、次の人が語りを始めた。また、体験や気持ちが非常に正直に具体的に語られていると感じることが多かったが、凄惨な体験が淡々とした落ち着いた口調で語られているのにも感動した。専門職者にはできないことがアディクションの当事者たちの手で実現されているのだということを強く実感した。

その後、私は、ソーシャルワーカーの仕事を辞め、大学院に進学したが、専門学校で週1日の講師のアルバイトをすることになった。そして、そこで、いわゆる学級崩壊を体験することとなった。生徒たちは歩き回り、教室内は騒然としていた。一番前にいる生徒はヘッドフォンをつけて漫画の週刊誌を読んでいた。大声で「うるさい！」と怒鳴ることもあったが、状況は何ら変わることはなかった。そういった状況を毎週体験し続けていると、精神的にまいってきた。教室で体験したことが四六時中頭から離れなくなり、ちょっとしたことでビクッとするようになった。かつていじめを受けていたときの感覚が蘇るようになったり、しまいには、生徒を傷つけたいと感じるようにもなった。不安にとりつかれていた。

そんなとき、私の頭に浮かんだのは、セルフヘルプ・グループに参加することであった。当時、自宅から電車で1時間くらいのところで、感情面の問題をもつ人たちのセルフヘルプ・グループが毎週1回、集まりを開いていた。アディクションのセルフヘルプ・グループのやり方を取り入れた集まりだった。私は、そのセルフヘルプ・グループに転がり込んだ。とにかく助けて欲しかった。心のなかを支配している苦しさを何とかしてほしかった。

恐る恐る会場にいくと、7、8人の人たちが雑談をしていた。もちろん、そこには、専門職者はいなかった。時間が来ると、司会の人がこれから集まりを始めることを告げた。

第16章　障害者／健常者という枠からの解放

　その時に聴いた、あるメンバーの話を今でも忘れることができない。その人はあることを目の前にして大きな不安を抱えていた。語りが自分の体験と重なった。しかし、その人は、そのような状態でもある1日をとても楽しく過ごすことができたという具体的な体験談をいきいきと語った。私にとって、その人の姿は希望であった。ここに来続ければあの人のようになれるかもしれないと感じた。

　結局、そのグループに毎週通うことにした。出席や発言はまったく強制されなかった。参加している人たちの話を聴いていると、私とまったく同じような体験、つまり、学級崩壊を体験している人はいなかったが、他の人たちの語りと私の体験が断片的に重なった。また、最初は自分の体験を語ることはできなかったが、少しずつ語れるようになっていった。そこが安全な場だということがわかったからだと思うし、他の人たちの語りを聴きながら、語るための言葉を得ていったからだと思う。やがて、私は、学級崩壊以外のさまざまな体験をそこで語るようになった。弱音を吐いたり、情けない話をしたり、それまで誰にも話したことのなかったことも話すようになった。そして、他の人たちの多くの語りを聴いた。そういったことを通して、苦しい状況を生きのびていくのに必要な知恵や気づきを得るようになっていった。私がセルフヘルプ・グループから得たのは、希望や生きのびるための知恵であった。

　セルフヘルプ・グループの研究においては、専門職者がセルフヘルプ・グループを援助の対象者としてとらえるのではなく、仕事のパートナーとしてとらえる必要があることが指摘されている（蔭山、2002）。そのように考えれば、専門職者がパートナーから学び全能感から解放されることが専門職教育の課題となるだろう。

　しかし、ことはそう単純ではない。さまざまな疑問が出されるだろう。たとえば、"セルフヘルプ・グループの活動について学ぶといっても何をどのように学べばよいのか" "専門職者は障害者／健常者という枠組みにとらわれやすいと述べたが、障害をもつ当事者もそれにとらわれることがあるのではないか" "セルフヘルプ・グループにおいてあるメンバーが他のメンバーをコントロールすることはないのか" といった疑問である。

以下、限られた紙幅のなかで、それらの問いに答える努力をしながら、専門職教育の課題を明確にしたい。それは、専門職者がそのコントロールの及ばないところから何をどのように学べばよいのかを明らかにすることでもある。

2．取り込まれの問題．

筆者はかつて、専門職者の文化が価値を置くこととセルフヘルプ・グループの文化が価値を置くこととの比較を試みたことがある（**表16-1**）。専門職者の文化はサービス供給システムを支える文化でもある。そして、セルフヘルプ・グループの文化はそれとは根本的に質の異なるものである。ちなみに、文化とは、①慣習化された行為・行動様式、②ルールや価値観、③文化的生産物、をあわせたもの（倉本、2000）とする。

ここで気をつける必要があるのは、セルフヘルプ・グループの文化は、専門職者の文化とは没交渉なところで育まれているわけではないということである。両者は、せめぎあい、衝突し、パワー・バランスがたえず変化する動的かつ政治的な関係にある。そして、重要なのは、専門職者の文化の力のほうが、セルフヘルプ・グループの文化の力よりも大きく、前者の文化が後者の文化を支配する傾向があるということである。

表16-1　援助専門職者の文化とセルフヘルプ・グループの文化（松田試案）

援助専門職者の文化が価値を置くこと	セルフヘルプ・グループの文化が価値を置くこと
論理的思考・科学的思考	物語的思考
理性的であること	情緒・感情的、スピリチュアルであること
科学的知識	体験的知識
意味の単一性	意味の多義性
支援する人が個人的な物語を語らないこと	支援する人が個人的な物語を語ること（自己開示）

（松田、2013）

第16章　障害者／健常者という枠からの解放

このことを具体的に考えるために、専門職者の文化がセルフヘルプ・グループの文化を支配してしまっている例として、取り込まれ（co-optation）という現象を取り上げたい。そして、そのような現象が専門職者と障害をもつ当事者の間において生じうるだけでなく、障害をもつ当事者のコミュニティにおいても生じうることを述べたい。

1）専門職者と障害をもつ当事者との間における取り込まれ

先に述べたように、専門職者によるコントロールの外でセルフヘルプ・グループの活動が展開されてきたが、一方で、精神障害をもつ当事者が専門職者主導の機関にスタッフとして雇用されるという現象が生じてきた。近年、わが国においても、「ピアサポーター」「ピアスタッフ」「ピア職員」「当事者職員」「当事者スタッフ」などの名称で、精神障害をもつ当事者がスタッフとして雇用されるようになってきており、2014年には、それらの人たちによる協会「日本ピアスタッフ協会」も結成された。

このような現象に対しては、専門職者にはできないことができる人たちをスタッフとして受け入れることで、サービスの受け手に対して、サービスの提供者本人に対して、そして、その機関全体に対して、肯定的な影響が及ぼされる可能性が示されている（Carlson, Rapp, & McDiarmid, 2001）。

しかし、一方で、雇用された当事者がサービス供給システムに取り込まれる危険が指摘されている。アメリカにおいて作られた、ピアサポートのためのガイドブックや当事者団体の資料においては、なぜそのような状況が生じるのかについて述べられている。[注2]

トラウマをもつ女性のためのピアサポートのガイドブックにおいては次のように述べられている。

> ピアサポートという状況において、取り込まれが生じる。それが生じるのは、ピアサポーターがピアの価値とのつながりを失い、ピアでないスタッフの視点や考えを取り入れ始めたときである。そして、その人たちは、ピアサポート関係ではなく、典型的な専門職的関係、治療的関係において、女性たちに関わるようになってしまう。（略）周囲の人たちと同じにならないといけ

ない、周囲に溶け込まないといけないというプレッシャーは、あなたの役割に対する自己不信や混乱を生み出すだろう。〔ピアサポーターが〕ピアでないスタッフのようになってしまう理由は単純である。意見を述べ合えるような誰か、学ぶことのできる誰かがいないからだ。(Blanch, Filson, & Penny, 2012 〔 〕は松田による補足)

また、うつ病および双極性障害の当事者が運営する団体の会報においても次のように述べられている。

「取り込まれ」というのは、ピアとしての役割を見失うことであり、伝統的な支援者の特徴や行動を取り入れることである。(略) なぜこういった現象が生じるのだろう？ ピアスペシャリストとして新しく働くようになった人は、よい職員として、そして、サービス提供チームの正当な一員として職場に適応したいと思う。それらの人たちは、他の職員たちが理解できるような形で自らの有能性を証明しようと必死になる。他の職員たちは、自分たちの伝統的・臨床的な言葉を話す人に対しては容易に関係を作るだろう。(Depression and Bipolar Support Alliance、2007)

ピアスペシャリスト[注3]の団体の報告書においても次のように述べられている。

さまざまな理由から、ピアスペシャリストが、伝統的で医療的なモデルを志向する臨床家のように実践をおこなっていることがある。それは、回復している人が他の人を勇気づけたり、いきいきときせることに焦点をあてているのとは対照的である。(略) こういった取り込まれが生じる理由はたくさんあるが、一つには、職場環境に適応したいという欲求がある。私たちは覚えておかないといけない。多くの人びとにとって、ピアスペシャリストとして雇われることは、回復している人が長年体験したことのなかった、あるいは、初めて体験する、大切な雇用なのだ。だから、その人たちは、成功したいという欲求から、すでにいる職員の技術をまねたり、態度を取り入れる

ようになる。しかし、その職員たちは回復の考えや実践について知らないのだ。(NAPS、2011)

以上で述べられているような状況を裏づける調査結果として、当事者をスタッフとして雇用した機関においては、ピアサポートを提供するスタッフに対するスーパービジョンが、当事者ではなく専門職者によっておこなわれていることが多いことが示されている(相川、2013／Alberta & Ploski、2014)。
　以上、専門職者と障害をもつ当事者の間における取り込まれについて述べてきたが、そのような状況は、セルフヘルプ・グループのような、障害をもつ当事者のコミュニティにおいても生じうることを次に述べたい。

2）障害をもつ当事者のコミュニティにおける取り込まれ

アメリカにおいて精神障害をもつ当事者の間で広く受け入れられている、ピアサポートのためのアプローチ「意図的なピアサポート」(Intentional Peer Support)の開発者として知られるシェリー・ミード(Shery Mead)は、精神科病院への入院体験を経て、仲間とピアサポートの活動を始めたが、当初、活動はうまくいかなかった。彼女は自らの体験を次のように振り返っている(Mead、2004)。

> 人びとが支持的な人間関係やコミュニティを作り出すのを、最終的には私たちが助けることができる、と私は確信していた。審判されたり、さらにラベルを貼られたり、信じてもらえなかったりすることなく、語る必要のあることを何でも語ることができる、そんな人間関係やコミュニティを作り出すのを。
> しかしながら、そのためには、私たちがされてきたことを続けないための多くの実践が必要なのだということがすぐにわかった。結局、居心地の悪さを感じているときにパワーとコントロールを使ってしまうのは簡単なのだ。そして、ともに学びながら、人びとが自分のパーソナルな強み(strength)を発見できるようにサポートするのはかならずしも簡単ではないのだ。私たちは、伝統的な「援助」モデルをあてにするのではなく、私たち自身のトレー

ニングを開発する必要があるということに気づいた。（Mead 2004　傍線は原文による）

しばしば、私たちは、他者との旧い役割や関係に陥ってしまう。私たちは、（「あの人たち」の言語を使わない場合でさえ）お互いの間で臨床型の相互作用を取り入れてしまい、審判、ゴシップ、パワーの濫用によってお互いを傷つけあってしまう。言い換えれば、つねに自覚することがなければ、私たちは多くの団体がしているのと同じことをしてしまうのだということである。（Mead、2004）

以上から見えてくるのは、セルフヘルプ・グループの活動をおこなうためには、活動への参加者が内面化している専門職的な感覚や考えを自覚し、そこから解放される必要があるということである。精神障害をもつ当事者ではあるからというだけで、専門職的な感覚や考えから自由になれるわけではないということである。チェンバレンも同様の問題意識に基づき、精神障害をもつ当事者の活動においては意識覚醒（consciousness raising）の過程が不可欠であり、そのような過程を欠いた活動は変質してしまうことを強調している（チェンバレン、1996）。

3．アイデンティティからの解放とオートノミー

1）アイデンティティからの解放

以上から見えてくるのは、〈専門職者＝取り込む人、障害をもつ当事者＝取り込まれる人〉という図式の限界であろう。専門職者が障害をもつ当事者を取り込むのではない。専門職者も障害をもつ当事者も、ともに、専門職者の文化に取り込まれるリスクがあり、それから解放される必要があるということである[注5]。

では、具体的にはどうすればよいのかということになるが、筆者はアイデンティティからの解放が重要なのではないかと考える。石川准は、「『名付け』と『名乗り』のポリティックス」において「アイデンティティを立ち上げずにポジションを引き受ける」（石川、2004）生き方があるとする。アイ

デンティティを立ち上げる生き方ではなく、アイデンティティを立ち上げない生き方であり、「アイデンティティからの自由」（石川、2004）を大切にする生き方である。

このことを理解するためのビデオをインターネットで視聴することができる。カナダのトロントにあるライアーソン大学で制作されたSelf Labelling and Identityというビデオである（Ryerson University、2010）。精神障害をもつ当事者である活動家たちが自分たちをどのように名付けているのかを語っているが、たとえば、次のようなことが語られている。

> 私は、自分にあてはまる、さまざまなラベルをもっています。そして、精神医学的なラベルをどのようにして使うのかについては慎重に考えています。なぜかというと、どのような人を相手にするのかによって、どんな影響を与えたいのかが変わってくるからです。ふつう、私は、自分を「精神医療サバイバー」だとしていますが、相手によっては、私は自分のアイデンティティは「狂った人」だと言っています。

> 自分自身の意識のなかで自分のことをどのように考えるのかは大切な一つのことです。しかし、ふつう、人と話すときに、私は、状況になじむと自分が考える語を使います。

> 私は、コンシューマー／サバイバー[注6]という言葉は好きではありません。コンシューマーという言葉は、人が選択肢をもっていることを意味していると思います。でも私は、私たちが選択肢をもっているとは思いません。精神保健の雑貨屋さんにいって自分に役に立つサービスを選ぶことなんてできません。

> 私は母親であり、祖母であり、狂った人であり、サバイバー（生きのびてきた人）であり、レズビアンであり、女性です。

石川の論述や上のビデオから見えてくるのは、人は、アイデンティティに

とらわれてしまうのではなく、アイデンティティを戦略的に選択したり、アイデンティティを立ち上げないという選択をおこなう、オートノミー（自律性、主体性、自治性）をもつことが可能だし、それが大切であるということである。

　そして、専門職者の文化からの解放という場合、上で紹介したビデオのように当事者がアイデンティティから解放されるオートノミーをもつだけでなく、専門職者もアイデンティティから解放されるオートノミーをもつ必要があるのではないかと考える。そして、そのようなオートノミーをもてるようにすることが専門職教育の課題となるのではないだろうか。たとえば、本稿の冒頭で述べたような、障害者／健常者という枠についていえば、専門職者だとされている人が健常者というアイデンティティから解放されることである。具体的には、専門職者が、自分自身の「健常者」ではない部分に目を向けること、そういった作業をていねいにおこなう必要があるだろう。

2）オートノミーとつながり

　一般的に、アイデンティティをもつことと、コミュニティに所属することとは結びついている。あるコミュニティに所属することと、自分はそのコミュニティの一員であるという意識とは不可分である。したがって、上で述べたような、アイデンティティからの解放が可能になるには、特定のコミュニティの規範から解放されることが必要になってくる。ここまで、専門職者のコミュニティ、当事者のコミュニティという言葉を用いてきたが、コミュニティという概念を通してアイデンティティからの解放への道筋を探し出すのには無理があるのかもしれない。

　しかし、他者との関係を断ち切って、アイデンティティからの解放をひとりでおこなうことは困難なのではないかと考える。ひとりで、何者でもない自分を引き受けて生きていくことは孤立につながる。コミュニティという形をとらない、何者でもない自分と他者とのつながりが必要なのではないだろうか。アイディティティからの解放を可能にするオートノミーがあるのではないかと述べたが、そのようなオートノミーは共同性をもつのではないかと考える。

第16章　障害者／健常者という枠からの解放

　そういったオートノミーが可能になるには、人びとが集まり、社会的な役割を脇に置いて、体験をわかちあいながら情緒・感情的なレベルでつながる（あるいは、つながりながら体験をわかちあう）ことが必要なのではないだろうか。たとえば、自分自身の「健常者」ではない部分に目を向けるということを述べたが、人は、そのような作業をわかちあってくれる信頼できる人たちとの情緒・感情的なつながりがあるからこそ、そういった作業をおこなうことができるのではないだろうか。アイデンティティからの解放と、人と人との情緒・感情的なつながりは、絡み合いながら進行するものだと考える。セルフヘルプ・グループはまさしくそのような場となりうるが、そういった場は専門職者だとされている人たちにとっても必要なものであろう。

　そのような場の具体的な形を考えるために、ここでは、精神障害をもつ当事者が開発した、クライシス対応のための教育的プログラムにおける例を紹介したい。

　人が情緒・感情的なクライシスに陥ったとき、専門職者を含め、周囲の人たちが本人にどのように関わればよいのかというのは精神保健福祉領域における重要なテーマであるが、このような関わりを学ぶための教育的プログラムが開発、普及されている。アメリカにおいて、かつてそのようなクライシスを体験したことのある人たちの手によって開発された「エモーショナルCPR」（emotional CPR　以下、eCPR）はそのような教育的プログラムの一つである。eCPRの参加者としては、すべての人が想定されており、実際に、トレーニングには「精神障害者」「患者」「専門職者」といったカテゴリーに関わりなく、クライシスにある人に対する関わり方を学びたい人たちが参加している。わが国では015年5月に大阪と東京においてトレーニング（いずれも2日間）が開催されたが、参加者の立場、職業はさまざまであった。

　eCPRのトレーニングにおいては、ロールプレイなどを用いて、肩書きや社会的役割、あるいは、自分の考えを脇に置いて（suspend）人と人とが情緒・感情的につながるための実践がおこなわれる。「あなたの帽子はドアのところに脱いできてください」（Leave your hat at the door.）というフレーズも用いられている。ミードの「意図的なピアサポート」の場合と同じく、人が社会においてすでに身につけている感覚や考えから解放されながら、

231

unlearnしながら、他者と情緒・感情的につながることが強調される。また、他者を変えようとするのではなく、ともにいることが大切にされる。

以上は、クライシス対応のための教育的プログラムについてであるが、クライシスにない場合においても、何らかの苦しみをもつ人と関わる際には、同様の態度が必要なのではないだろうか。

アメリカのある精神保健団体はボランティアを受け入れており、専門職者がボランティアとして活動に関わることもあった。しかし、ボランティアとしてやってくる人たちは精神障害をもつ当事者を上から見下ろすような視線を手放すことができなかった。そこで、その団体の活動に関わっている、精神障害をもつ当事者がボランティアのためのプログラムを開発した。参加者は、自らが苦しかった体験を思い出し（思い出しても差し支えないものを選ぶ）、そのときにどんな助けがどのように役に立ったのかを振り返りそれを語るというものである。そして、そのプログラムを実施するようになってから、ボランティアの態度は変わったとのことであった。[注10]

上野は、「アイデンティティの理論の革新は、アイデンティティ強迫や統合仮説と対抗してきたが、それらの努力は『宿命』としてこの強いられた同一性から逃れたい、または逃れる必要があると考える、（少数派の）人々によってこそ担われた」（上野、2005）としているが、そのように考えれば、以上で示した、アイデンティティからの解放の実践がいずれも精神障害をもつ当事者によって開発されていることはけっして偶然ではないだろう。

専門職者が、このような、当事者が開発した実践から学び、他者とのつながりのなかで自分の体験や感情を正直に表現し、障害者／健常者という枠組みを含め、社会的に作り出され続けるさまざまなカテゴリーから解放され続けることは専門職教育において重要なのではないだろうか。人が何らかのカテゴリーやアイデンティティから完全に解放されるのは不可能だろう。しかし、カテゴリーやアイデンティティを超えて人と人とが情緒・感情のレベルでつながる努力を止めてしまえば、人はいとも簡単にそれらにとらわれ、他者をコントロールしてしまうのではないだろうか。

第16章 障害者／健常者という枠からの解放

注
1 本章においては、このように筆者の個人的な語りを交えるが、より自然な表現を用いたいので、その部分については、主語を「筆者」ではなく「私」とする。
2 ピア（peer）というのは仲間という意味であり、ピアサポートは、何らかの生きにくさをもつ人が自分と同じような体験をもつ人に対しておこなうサポートを指す。セルフヘルプ・グループあるいは日常的な場面における相互的なサポートのことを指す場合がある一方で、機関にスタッフとして雇用されたそれらの人が自分と同じような体験をもつ利用者に対しておこなうサポートを指す場合もある。ちなみに、わが国ではピアサポートという語は教育と社会福祉、両方の領域で用いられており、前者においては学校等において生徒・学生が生徒・学生に対しておこなうサポートを指す。筆者は社会福祉の文脈においてピアサポートという語を使っているが、2つの領域の間で実践や研究をめぐる交流はほとんどないと思われる。
3 アメリカにおいては、「回復した、あるいは回復中であり、ピアサポートサービスを提供するための特別なトレーニングを受けた人」（Fisher & Chamberlin, 1999）がピアスペシャリストと呼ばれる。
4 現在の名称はiNAPSである。
5 ここで、専門職者が専門職者の文化から解放されることなど可能なのか（専門職者が専門職者でなくなるのではないか）、あるいは、その必要があるのか、といった意見が示されるかもしれない。この点は専門職教育を考えるうえで非常に重要であるが、紙幅の都合上、本稿において論ずることはできない。ただ、近年、精神保健福祉領域において世界的に注目されている、フィンランドの西ラップランドで実践されている「オープン・ダイアローグ」に関わっている実践者による次の言葉のみ紹介しておきたい。「私たちは、自分は専門家ではないと言うことにかけて専門家なのです」（ウィタカー、2012）
6 カナダのオンタリオ州では、精神障害をもつ当事者を呼び表わすのにconsumer/survivorという語が用いられることも多い。
7 カテゴリー、アイデンティティというのは認知をめぐることがらであり、情緒・感情をめぐることがらではない。ここから、身体性に向けて考察を展開することも可能だろう。
8 同様の問題意識に基づいて開発されたプログラムとしては、2001年にオーストラリアで開発された「メンタル・ヘルス・ファースト・エイド」（Mental Health First Aid）がある。わが国を含め、オーストラリア以外の国ぐににおいても紹介されるようになった。アメリカにおいて精神障害をもつ人たちの当事者活動をしている人たちの間には、それが診断名にとらわれた医学モデル的なものであるという批判があり、eCPRが生み出される一つの契機となった。
9 hatには、地位、役割、立場という意味もある。
10 筆者が2014年7月に参加した、国際的なアドボカシー団体、マインドフリーダ

ム・インターナショナルの第2回「クリエイティブ・リボリューション大会」（開催地：アメリカ、コネティカット州）にて参加者から得た情報より。

引用・参考文献

翻訳書については、原著の情報は省略した。本文の文献注において示している発行年は翻訳書のものである。

相川 章子（2013）．『ピアスタッフの活動に関する調査報告書』（2012年度「プロシューマーが提供するサービスの意義および効果に関する包括的研究」［科研費研究課題番号：24530724］）（http://psilocybe.co.jp/wp-content/uploads/peer2012.pdf 2016.8.22アクセス）

Alberta, A. J., & Ploski, R. R. (2014). Cooptation of peer support staff: Quantitative evidence. *Rehabilitation Process and Outcome*. 3, 25-29.

Blanch, A., Filson, B., & Penny, D. (2012). *Engaging women in trauma-informed peer support: A guidebook*. National Center for Trauma-Informed Care.

Carlson, L. S., Rapp, C. A., & McDiarmid, D. (2001). Hiring consumer-providers: Barriers and alternative solutions. *Community Mental Health Journal*. 37(3), 199-213.

チェンバレン、J.（1996）．『精神病者自らの手で：今までの保健・医療・福祉に代わる試み』（中田 智恵海 監訳）解放出版社

Depression and Bipolar Support Alliance (2007). *Outreach*. (Fall、2007).

Fisher, D. & Chamberlin, J. (1999). *Personal assistance in community existence: Recovery through peer support*. National Empowerment Center.

グッゲンビュール＝クレイグ、A.（1981）．『心理療法の光と影：援助専門家の〈力〉』（樋口 和彦・安溪 真一訳）創元社

石川 准（2004）．『見えないものと見えるもの：社交とアシストの障害学』医学書院

蔭山 正子（2002）．「セルフヘルプ・グループへの専門職の関わり」『保健の科学』44（7）pp.519-524.

松田 博幸（2013）．「ソーシャルワーカーが自らの生の過程と向き合う専門性」『社会福祉学』54（3）pp.91-94.

Mead, S. (2004). From the authors: Shery Mead. In M.E. Copeland, & S. Mead, *Wellness recovery action plan & peer support: Personal, group and program development*. Peach Press.

NAPS (2011). *Recovery to practice: Situational analysis*. NAPS.

尾崎 新（1997）．『対人援助の技法：「曖昧さ」から「柔軟さ・自在さ」へ』誠信書房

Ryerson University (2010). *Self Labelling and Identity* [video]. (https://www.youtube.com/watch?v=pxbw 7 dDMX60 2016.8.25 アクセス）

上野 千鶴子（2005）.「脱アイデンティティの理論」上野 千鶴子 編『脱アイデンティティ』勁草書房、pp.1-41.
ウィタカー、R.（2012）.『心の病の「流行」と精神科治療薬の真実』（小野 善郎 監訳）福村出版

第Ⅳ部　障害／健常といった線引きを超える教育福祉的アプローチ

第17章　身体障害者における語りとしての生涯発達
－時間的視点と社会文化的文脈－

田垣　正晋

　本稿では、障害者の生涯発達を検討する。特に、障害を肯定的あるいは否定的といった二分法的な立場からとらえるのではなく、それぞれが並行したり、らせん状に結びあったりする様子を、人生の途中で運動機能障害をもつようになった人々に対するインタビュー調査から明らかにする。

　障害者を含めて人間の生涯発達を考える際、人の年齢に該当する時間的視点と、生活世界の広がりに相当する空間的視点の２つを設定することが可能である。人間は、さまざまな時代や、文化や諸制度のなかに生きているので、この２つの視点は歴史的文脈、社会文化的文脈とそれぞれいいかえることができる。

　生涯発達という考え方は、ライフコース、ライフサイクルとして社会福祉においてもとり入れられている。斉藤・本田（2001）を参考にすれば、ライフコースとは、年齢により区分された一生涯を通じていくつかのトラジェクトリー、すなわち人生上の出来事についてのタイミング、持続時間、配置、および順序にみられる社会的パターンといった意味といえる。ライフサイクルとは、次の世代に交代するまでの規則的変化のプロセス、というような意味である。すなわち、「人間に関しては出生から死までの生涯における一連の人生出来事や、身体的心理的進展プロセスを表すためしばしば用いられる。より正確にいうならば、出生、成長、結婚し、子どもの誕生に至るライフコース上の一連の段階を意味する」という意味である。ライフコースという言葉は、学歴、職歴等、社会の変動との影響をうけやすいトラジェクトリーを含んでいる。

　ライフサイクルは、ある人が次の世代を育てるという意味をもつ。ライフサイクルを理論化したのはエリクソン（1959）である。彼は、ジェネラティビティ（世代継承性、世代生成性と訳される）という概念を作り、次世代の育

第17章　身体障害者における語りとしての生涯発達　－時間的視点と社会文化的文脈－

成を、生物学的な意味の子孫に限らず、新しい教師が学生を指導する、援助職が後輩を指導する、障害者団体の活動家が、活動家を育てていくという広い意味にした。したがって、ライフコースよりもライフサイクルのほうがより世代間の伝達という意味が強くなるのだろう。ライフスパンとは、時間範囲を明確にするということ、ライフステージとは、ライフスパンのなかのそれぞれの局面といえる。

「障害」における社会文化的文脈は、ようやく国際社会や日本政府においても支持されるようになった。国際生活機能分類（WHO、2001）は、障害を、医学的あるいは心理学的な次元での内的過程に加えて、法制度、慣習、信念という社会文化環境と一体的なものであると見なすようになった。わが国の障害者基本法は、第2条第1項において障害者を「―中略―障害および社会的障壁により継続的に日常生活又は社会生活に相当な制限をうける状態にあるもの」とし、また第2項においてこの「社会的障壁」を「障害がある者にとつて日常生活又は社会生活を営むうえで障壁となるような社会における事物、制度、慣行、観念その他一切のもの」としている。個人モデルといった批判をうけてきたリハビリテーション心理学も、社会文化的視点の重要性が認識している（Olkin & Pledger、2003）。

ブロンフェエンブレナー（Bronfenbrenner、1979）は、人間は、ミクロ、メゾ、エクゾ、マクロという4つの次元に位置しながら発達することを指摘している。この視点は、障害者理解にも必要という指摘がなされている（小川、2003）。

1．物語モードと論理実証モード

本稿は、2名の脊髄損傷の男性に対するインタビュー調査の分析結果を提示する。筆者が、合計3時間くらいの調査を一対一でおこない、受障前から調査時点までの生活の流れを尋ねた。このようにして得られたデータを逐語記録として、KJ法（川喜田、1967）と呼ばれる手法によって、筆者がそれぞれの時点における語りの全容を再構成した。このような研究は、質的研究と呼ばれ、広い意味での言語データを数値に還元することなく、言語のまま分析結果を提示する。読者は、2名の調査結果から、断定的な知見を得ること

は無理ではないかと思われるだろう。確かに、筆者は、この知見がすべての脊髄損傷者に該当するとは考えていない。むしろ、筆者は、既存の知見に対して異議を唱えるような「ものの見方」を提示することを意図している。

Bruner（1986）は、人々の言明のスタイルを論理実証モードと物語モードという2つの語りの様式を提示している。論理実証モードとは自然科学に代表される様式であり、条件と帰結の規則性を見出すことを特徴としている。物語モードは、人々の個々の経験のさまざまな結びつきを見出すこと、そうして生成する解釈ないし意味づけの豊穣さを重視する。彼は、このような意味づけこそが行為（acts）であると考えている。Kleinman（1988）は、障害や病気の研究においては、生物医学的説明モデルと「病い」を提示しており、両者は論理実証モードと物語モードにそれぞれ対応する。病の語りには、障害者の独自の説明モデルが組み入れられており、生物・医学的な説明モデルとは合わないにせよ、当人が生きていくうえで大きな意義をもつ。なお、論理実証モードと物語モードは、法則定立型と個性記述型という類型とは異なる。個性記述型は、法則定立型の前段階として、事例の収集が意図されるのに対して、Bruner（1986）の2つのモードは、それぞれが必要とされながらも、一方がどちらかに還元されることを想定していないのである。

1）語る時点からの過去の再構成

生涯発達やライフコースの研究においては、扱う時間軸が長くなるため、質問紙調査のみならず、インタビュー調査によって、それまでの経験を語ってもらうことが多く、これはライフストーリーと呼ばれる。ライフヒストリー（生活史）は、本人の語りのみならず重要な他者の証言等他の情報源を用いて、人生の歴史的真実に焦点をおくのに対して、ライフストーリーは、本人の人生の経験的真実や解釈に焦点をおく。語られた内容は、語る時点から過去が再構成されたものであり、過去の完全な再生ではない。だが、語りの研究においては、この再構成において意味が生成することを重視する。ライフストーリーの研究では、インタビューデータから時系列に沿って個人史が構成され、そこに現れた生活上の出来事や、重要な他者との関係性に分析の焦点がおかれやすい。後述の協力者の経験も、このような視点から分析さ

れている。人が人生を回顧的に語ったものは、ライフストーリー（人生の物語）と呼ばれる。

２．ある障害者のライフストーリーと考察

L4のライフストーリー

受障から入院

L4は、現在49歳であり、今から21年前に事故で脊髄損傷になった。現在は家族と住んでおり、「有名な」会社に勤務している。受障前は「365日24時間もうずっと動きっぱなし」「もうほんま毎日時間がないぐらいで動き回って」というほど趣味や社会活動に参加していた。

事故直後は、「手術すれば何とかなるだろう」と考えていたが、不治の宣告をされたとき、「今までやったことが全部できないとかね。すべてが否定されるような感じ（がした）」、「そらもう奈落の底に、底に落ちたみたいな感じ（がした）」「色んな困難が待ち受けている、そういうことがあるってゆうことはわかったけども、具体的にどんな困難があるかゆうのは全然わからなかった」と語った。

彼は同種の障害者からの励ましが有益だったことにも言及した。同種の障害者から障害の見通しを教えられた。特に再入院した脊髄損傷者から、排尿をうまくする方法や、床ずれを防ぐ方法を教えてもらった。

彼は家族の重要性を語った。家族への「責任」があると同時に、家族がいるので「とりあえずの生活」ができるので恵まれていたと語った。入院中から「一家の世帯主として、だからやっぱり本当に社会的に自立すると、経済的に自立することが本当に自分の自立」と語った。

退院後

29歳で退院した後、車いすバスケットボールのチームに参加するようになった。同じ障害があるメンバー同士は「対等やからね。そういう（障害に関して）気を使う部分とか、意識することが全くない」と「仲間」であると語った。

前の仕事に復帰（29-32）：受障前の会社に復職したものの、重いものを運

べないといった困難があり、このような作業を同僚に「お願い」をすることに「煩わしさ」や「気苦労」があり、転職を決めたと語った。一方、この頃、「いろんな複合的に重なった」結果、障害を「わりきれる」になった。これには「やっぱり（事故後）2、3年間かかった」と語った。

32歳で職業訓練施設に入った。新聞の隅にたまたま記事を見つけて、募集が終わっているはずなのに入れた。これは「極めてラッキー」で「千載一遇のチャンス」だった。その後、リハビリテーションセンターの紹介で、コンピューターとは違う職種だが、企業の事務に就職した。32歳から40歳までは、仕事に「がむしゃら」だった。そして40歳まで「がむしゃら」に働いた。40歳から「仕事も慣れてきたし、余裕ができて、生活のリズムもかなり確立した」ので社会運動や障害者スポーツをするようになった。また、今の会社に入った頃は、必要度に応じて頼むか頼まないかを考えていたが、しばらくしてから、やりたいことであれば、必要度がそれほど高くなくても人に頼むようになった。

現在

彼は、「世界的な会社」に「ハンディキャップがあったから」就職できたと語った。また、彼は受障前に社会活動に参加していたが、「障害者運動というのは全然わからなかった」が、今は「当事者」として障害者問題に積極的にかかわっていることを重視していた。この意味において、社会会運動への関心の継続は、受障前から今まで大事にしているものである。

彼は障害に伴う不利益も多く語った。「自分の体調悪なったときとかね、…排便とか排尿でコントロールがうまくできなくて、トラブルあったときとか、やっぱりこうイライラ」する。ただし、「イライラするとか、やっぱり歯がゆいとか、やっぱりこう思い通りにいかんとか、むしゃくしゃするとか、それからストレスを感じるというの（こと）は（健常者、障害者に限らず）共通した問題」とも語った。車いすはめがねと同じで、わりきっている。ただし、障害と年齢の影響によって疲れやすいので趣味で外出する日をとったら、必ず休息の日をとるようにしている。

彼は、受障から今までの生活を振り返って、環境と施策が改善された時代

に生きてきたことを指摘した。「色々な施策が確立、提言される年」であり、車いすの不自由さは改善されてきたと語った。

L6のライフストーリー
受障から入院

　L6は現在32歳であり、16年前の高校生の頃に、事故によって脊髄損傷になった。今は家族とともに住み、障害者福祉の施設の代表をしている。彼は、事故直後に入院し、当初は治ると考えていたが、医師から不治を告げられたときには、大きな衝撃をうけた。どうして自分だけがこのような経験をするのかと腹立たしくなったり、学校に行けないことを悔やんだりした。自分の同級生が自分より先に就職や進学をすることから、自分が取り残されているように思えた。この頃、彼はリハビリテーションが、機能の回復にはつながらない無意味なものと見なしていた。しかし、自分と同じ種類の障害をもつ他の人々をみるにつれて、自分も努力せねばならないと考えるようになったという。

退院後

　退院後、自分が障害者であるという印を背負って歩いているように思えたから最初の2年間は車いすに乗ることに大きな抵抗感があった。ところが、奇抜な格好をしている人が、他人の視線を気にせずに出歩いている様子を、彼が見て大きな衝撃をうけた。自分自身がその人をジロジロと見ていることをよく考えてみると、車いすに乗っていることは、奇抜な服装をしていることと同じであると考えるようになった。

　彼はあらゆることに対して受身的であることを語った。彼が22歳のときに家族のすすめによって、ダイビングに挑戦し成功した。この経験が契機になって、新しいことに積極的に取り組めるようになったと語った。たとえばアテンダントを使いながら外出をしたり余暇を楽しんだり、障害者施設に自分の意思で新しい事業を展開したいと考えるようになったと語った。ところがこの数年間、ダイビングを含めて、消極的であるとこを気づいたと語った。ダイビングは、自分の意思よりも周囲の人々の働きかけによるところが

多いことのおかげだからなのである。一方、彼は周囲の人々のサポートの重要性を築くようになったとも語った。たとえば姉や、ダイビングの現場の人々の支援がなければダイビングをできなかったと語った。もしこのような支援がなければ自分は同じところにとどまっていたかもしれないとも語った。

現在
　今は障害者施設の代表として自分のアイデアを実現することを考えている。しかしながら現時点においてどのように実現していくのかという方向性については決められていない。また、彼は、出勤回数が少ないので、自分でできることは少なく、代表というのは肩書きにすぎないものの、これは同世代で障害がない人たちにはできないものであり、仕事を順調にしているクラスメートと同様に、自分自身の道を歩んでいることを語った。

　「（障害者団体の）会長になったり、（施設の）代表になったり」することは「同世代の人たちにはできなかったことかもしれないから、……そのなかにもそれなりにちゃんと道があって歩んで」いると思うようになった。

　一方、彼は自分の家族が高齢になったので、家族に介助を頼ることがなきないこと、行動範囲が狭いことちょっと動作ができないことの「歯がゆさ」に言及した。たとえば運動して汗をかいている人がうらやましい「その瞬間、瞬間でちょっとやっぱり後悔みたい」なものが「一瞬頭をよぎる」ことがあるという。

3．考察

1）自己努力と支援の受け入れのジレンマ
　2人の協力者は、一旦肯定的にとらえていた受障後の生活をみなおしたことを強調していた。L4は、障害者になる前の職場に復職したものの、自分では十分にできない仕事があるために、転職を決断した。L6は、当初は自らのやる気をもって積極的に参加していたダイビングではあるものの、自ら

第17章　身体障害者における語りとしての生涯発達　－時間的視点と社会文化的文脈－

は受動的であり、タイミングがうまくいったのは、家族のおかげであると考えるようになった。このみなおしによって彼は、福祉活動など他の分野への関与についても考え直すようになったと語った。彼は、施設の「代表」は肩書きにすぎないと語っていた。

　一方、L6は、施設の代表であることに価値をおいていた。運動機能障害者の間では、家族と離れて、介助者を活用しながらひとり暮らしをすること、障害者のスポーツをすること、福祉活動に関与することが重視されることがある。L6は、このような価値観を踏まえたと同時に、他者から助けをうけるだけではなく、他者を支援できる立場にあることを語ろうとしたとも解釈できる。

　能智（2003）は、失語症の人々を事例にして、障害に関する意味は、時間の経過とともに複層的になっていることを示している。彼の指摘によれば失語症は当初はその人にとっての否定的な側面であったものが、一時的な状態、挑戦すべき課題となり、そして同様の障害者と共用できる属性であるいう意味合いも加えられるようになった。

　本研究においても、L6は、自らの主体性を再検討することによって、障害に対する新しい意味づけを見出すことになった。L6がさまざまな人々からの助言によって活動に参加しているということを、主体性がないと見なすべきではない。L6の受動的な態度は、友人や家族の支援に対する重要性の認識と裏返しなのである。主体性の強調は、障害者自らの行為の結果の責任を障害者におわせることにもつながりうる。L6の受身的態度は、このような負担感を減らすことになるのかもしれない。

　2人の経験は、全体として、いわゆる障害者役割という立場から説明することができる。Wright（1983）やMurphy（1987）は、障害者は、「健康」で「病者」でもないので、社会的に「中途半端」な位置におかれやすいことを指摘している。病者は、病気が完治するまでの間、仕事などの社会的役割を免除される代わりに、治療に専念することが、社会的に認められている。

　日常生活において障害者は、可能な範囲での努力と、努力が及ばない場合における支援の受け入れを社会的に求められるが（Phillips, 1985）、いわば、自己努力と支援の受け入れのジレンマに陥りやすい。障害者に対する「障害

に甘えてはいけない」という指摘は、何かができない理由を障害のみに帰属させるのを、障害者が慎むべきであるという意味合いをもっている。一方、可能な範囲における努力の要請は、過度な努力が、「障害を認めず、無理をしている」というような批判を、障害者がうけかねないことを意味する。そもそも、関係者間において努力の程度に関する合意をすることは不可能であるばかりか、ある行為をできない理由を単純に決めることはできない。

2）障害者としてのアイデンティティ

L4もL6も、自分以外の障害者に対する深い理解を示していた。また医学的、職業的リハビリテーションにも積極的に参加していた。Giele and Elder（1998）は、成人の長期的な発達をみる際には、本人と重要な他者の関係性をみることが重要であるといわれている。本研究におけるそれは、研究協力者と同様の脊髄損傷の人たちといえるだろう。彼らは、自分と同じような障害をもつ人々からの具体的なアドバイスや励ましによって、障害に伴う衝撃や無力感から回復することができた。このようなアドバイスは、車いす生活の実際の体験に基づき、医療専門職の知見よりも有益と語っていた。ただし、この助言が実際にどれほど有益なのかの「事実」は判断できない。むしろ、このような語りによって、病の経験の重要性を強調しようとしたともいえる。

L4は、障害者同士で集まることは、連帯感になることを語っている。経験に基づいた知見、集団活動は共通する経験やニーズを共有し、社会的アイデンティティを発展させることにつながっている（Hammell、2007）。障害者としての社会的アイデンティティは障害のない人からの否定的な態度に伴うスティグマ的な感情を減少させることにつながる（Manns & Chad、2001）。社会的アイデンティティとは、自分がどのような集団に所属しているかに関する認識のことである（Hogg & Abrams、1988）。

しかしながら障害の相違点も重視されている。協力者は、障害者における多様性に気づき、自らの立場と他の障害者等がどう違うかということを考えていたと思われる。中途障害者は、幼少期からの障害者と自らを線引きするという報告もある。しかしながら、このことを、「差別」ととらえることに

は慎重になるべきだろう。一般的に人は、自己と他者とを比較すること（いわゆる社会比較）によって自らの立ち位置を同定する。こうした社会比較は、自らの障害に関する認識を広げることにもつながるだろう（田垣、2012）。

3）首尾一貫性と「偶然」という語り

研究協力者たちは、受障前後の人生において何らかの一貫性を語っていた。これは、Antonovsky（1979）が提示した「首尾一貫性感覚」（sense of coherence）と呼ぶことができる。首尾一貫性感覚の概要は、自分の人生ないし生活は持続したものであり、いろいろな変化があるものの、予測と説明が可能である、と人が考えることである。首尾一貫性感覚は、身体機能や、社会環境の劇的な変化に伴う衝撃を減少させることにつながっている。障害者は、受障当初は、首尾一貫的な語りをすることは難しいだろう。だが、時間経過とともに、多様な経験を積み重ねることにより、そこから首尾一貫性的な語りを生みだせるようになるのかもしれない。この意味において、障害者の社会参加が重要といえるだろう。

障害以外の事柄が首尾一貫性の内容として語れることもある。たとえば、田垣（2012）で示したF氏は、受障からインタビュー時点までは、就労と褥瘡について語った一方、受障前からインタビュー時点までは、飲酒について語ったと解釈できる。受障前の家族構成の変化から飲酒をするようになり、飲酒が影響して受障をし、受障後は飲酒が原因となっていくつかの出来事が生じている、というストーリーが展開しているからである。

研究協力者は、現場があらゆる場面において、自らの、コントロールにおいてマネジメントされているとは考えていないようである。人が自分の行為の評価や原因を自己もしくは他者のどこに求めるかについては、心理学において、「統制の所在」（locus of control）（Rotter、1966）と呼ばれる。協力者は、よい時代に生まれた、たまたまよいサービスに巡り会った、というように「偶然性」を強調することがある。この偶然性が事実であるかどうかを断定することはできない。わが国の特徴である謙遜という価値規範を反映し、自分の行為のすべてを努力に帰属させることを避けているのかもしれない。語りは、完全な一貫性をもっていたり、静的なものであったりするのではな

く、どこかに隙間や矛盾をもっているので（Bruner、1986）、「偶然性」を要するともいえる。

4．まとめ

　筆者は、障害者の障害に関する経験を扱う研究は、「障害受容」といった、望ましい心理的状態増を前提にしたものと、このような前提を設定せず、経験世界にできるだけ迫ろうとするものに区分できると考えている。現在のわが国においては、質的研究の隆盛に伴って、後者の研究が増えているという指摘もある（Tagaki、2016）。

　筆者は、それぞれの研究目標が異なるために、双方が重要であると考えている。前者は、障害を受容すれば、医学的な職業的リハビリテーションへの努力、あるいは、社会活動への参加といった行動が促されるという考え方がある。障害受容の意味するところが曖昧であるという概念規定上の課題、受容した状態像を把握する手法の課題といった問題点がある。だが、一番大きな課題は、望ましいとされる行動の有無は、「障害受容」という人間の「心」に帰属される、という人間観に対する反省がなされていないのである。杉万（2006）は、社会構成主義の考え方を典型例にして、「心」とは、1つの語りであることを指摘している。

　L4の、同種の障害者からの助言に関する語りからわかるように、語りの研究においては、内容の真偽のみならず、語り手が語りを通じて強調しようとした立ち位置も重要になる。首尾一貫性感覚を語りとしてみた場合、その一貫性の真偽を断定することはできない。この意味からしても、語りは、経験の単純な投影とはいえないのである。

　本研究においては、障害者同士の関係性をみてきたので、実践的な提言を1つしておく。協力者たちは、種類の異なる障害者同士が長い間関係を結ぶことによって、受障最初とは異なる、障害者としての社会的アイデンティをもつようになった。この変化は、当事者参加型の障害者施策の会議にも参考になる。このような会議は、障害の種類に基づいた縦割り的な運営がなされやすい。障害者本人もそのような運営を求めることがある。だが、人は、他者と共通点を見つけるやいなや、相違点を見出そうとするのであり、障害の

種類を同じにしても、意見がまとまりやすいのではない。

　むしろ、一定期間に何回も会合を重ねることによって、互いにの違いや類似点がわかるようになる。いきなりすべての種類の障害をミックスするのではなく、一定の共通点を事前に仮定したうえで、活動を始めるとよい。たとえば運動機能障害者と視覚障害者における移動の困難、視覚障害者と聴覚障害者における代替的なコミュニケーション手段の確保、精神障害者と内部障害者における医療的ニーズ等である。これ以外にもさまざまな組み合わせを考えることが可能である障害の種類にこだわりすぎると、過度に細い分類をせざるをえなくなる。ひとつの組み合わせを手がかりにして活動を展開していけば、より豊かな語りが生まれると思われる。

注
本研究の一部は、Tagaki（2015）の加筆修正をしたものである。

文献

Antonovsky, A.（1979）. *Health, stress, and coping*. San Francisco, CA: Jossey-Bass Publishers.

Bronfenbrenner, U.（1979）. The Ecology of human development: Experiments by nature and design. Cambridge, MA: Harvard University Press. 磯貝 芳郎・福富 譲 訳 1996 人間発達の生態学（エコロジー）－発達心理学への挑戦 川島書店

Bruner, J.（1986）. Actual minds, possible worlds. Cambridge, MA: Harvard University Press.

Erikson, E. H.（1959）. Identity and the life cycle: Selected papers. New York: International Universities Press. 西平直・中島由恵 訳 2011 アイデンティティとライフサイクル 誠信書房

Giele, J. Z. & Elder, G. H.（1998）. Methods of life course research: Qualitative and quantitative approaches. Thousand Oaks, CA: Sage.

Hammell, W.K.（2007）. Quality of life after spinal cord injury: A meta-synthesis of qualitative findings. Spinal Cord, 19, 124-139.

Hogg, M. A., & Abrams, D.（1988）. Social identifications: A social psychology of intergroup relations and group process. London: Routledge. 吉森護・野村泰代 訳 1995 社会的アイデンティティ理論－新しい社会心理学体系化のための一般理論 北大路書房

川喜田二郎（1967）発想法 中央公論社

Kleinman, A.（1988）. The illness narratives: Suffering, healing and the human condition. New York: Basic Books.

Manns, P. J. & Chad, K. E.（2001）. Components of quality of life for persons with a quadriplegic and paraplegic spinal cord injury. Qualitative Health Research, 11, 795-811.

Murphy, R. F.（1987）. The body silent. London, UK: J. M. Dent & Sons.

能智正博（2003）.「適応的」とされる失語症者の構築する失語の意味－その語りに見られる重層的構造. 質的心理学研究, 2, 89-107.

小川巌.（2013）. 知的障害児の授業に社会−文化的文脈を取り入れる意義に関する研究: 領域と教科を合わせた指導に適用可能な学習理論の検討. 島根大学教育学部紀要. 教育科学・人文・社会科学・自然科学, 47, 17-27.

Olkin, P. & Pledger, C.（2003）. Can disability studies and psychology join hands? *American Psychologist*, 58, 296-304.

Phillips, J. M.（1985）."Try harder": The experience of disability and the dilemma of normalization, The Social Science Journal, 22, 45-57.

Rotter, J. B.（1966）. Generalized expectancies for internal versus external control of reinforcement. Psychological monographs: General and applied, 80, 1-28.

斎藤耕二・本田時雄（2001）ライフコースの心理学. 金子書房.

杉万俊夫（2006）コミュニティのグループ・ダイナミックス　京都大学学術出版会

田垣正晋（2012）福祉と心理の融合－ライフコースからみる身体障害者の心理社会的課題－　山野則子・吉田敦彦・山中京子・関川芳孝編　教育福祉学への招待　せせらぎ出版　pp.211-222.

Tagaki, M.（2015）Long-term experiences of men with spinal cord injuries in Japan: A qualitative study, Forum Qualitative Sozialforschung / Forum: Qualitative Social Research, 16. http://nbn-resolving.de/urn:nbn:de:0114-fqs150210 （Accessed, October, 1 st, 2016）

Tagaki, M.（2016）. Research development from acceptance to the meaning of acquired disability in people with impaired mobility in Japan, Japanese Psychological Research. http://onlinelibrary.wiley.com/doi/10.1002/jpr.2016.58.issue-s 1 /issuetoc（Accessed, October, 1 st, 2016）

Wright, B. A.（1960）.Physical disability: A psychological approach, New York: Harper & Row.

第18章　能力主義と優生思想
―すべての人間が存在するための「社会」―

森岡　次郎

1．能力主義――人間を格付けする思想

　人間の生には、判定可能な価値が備わっているのだろうか。「価値のある生」と「価値のない生」を判断する基準は存在するのだろうか。
　この問いは、反語に近い。いかなる条件の下で誕生しても、どのような生き方をしていても、どんな能力を持っていても、いなくても、人間は同等に存在してよいし、存在すべきである。私たちは天賦（生まれながら）の権利を有しており、すべての人間には存在する価値がある。
　ところが、現実の社会においては、ある特定の（特殊な）能力の有無によって、人間を格付けし、評価し、選別する思想も存在する。
　ある特定の能力、たとえば、製品を多く生産することができる、商品をたくさん売ることができる、テストで高い点数をとることができる、といった能力を持つ人には高い評価と報酬を与え、相対的に能力の低い人に対しては低い評価と報酬を与える。こうした価値観は、社会の中で一定程度、共有されているだろう。
　能力に応じて人間を序列化し、報酬などを定めていく考え方のことを「能力主義」という。私たちは日常的に、特定の場面（たとえば営利企業の職場や大学入試の試験会場）において、「能力主義」によって格付けされ、評価され、価値づけられている。
　それが、いつでも離脱可能な、狭い集団内で行われている限りは、取り立てて問題とすることもないのかもしれない。テストの点数に高い価値を見出したい人たちだけが、高い所得を得たい人たちだけが参加する、ゲームとしての能力主義。「能力主義」が適応される範囲を見定め、「この狭い場所から

離れれば他の価値基準がある。ここでの評価は私の存在価値とは関係がない」と考えることができれば、「能力主義」の問題は小さなものになるだろう。

しかし、私たちは「能力主義」を適応する範囲を拡大せずにはいられない。とりわけ、それを「国家」や「社会」といった規模の大きな集団へと敷衍する。「社会における生産性の低い人、役に立たない人は、社会の中に存在する価値がない」といったように、特定の能力の有無によって人間を格付けしたうえで、「生きるに値する生／値しない生」という、人間の存在価値までを格付けしてしまう。「社会」に貢献しない人は、存在する価値のない人として差別され、排除されてしまう。こうした「能力主義」が蔓延している社会状況のなかでは、それを「所詮はローカルなゲームに過ぎない」と対象化して考えることは難しい。

2．相模原障害者殺傷事件

2016年7月26日の未明、神奈川県相模原市の障害者施設「津久井やまゆり園」において、知的障害者19名が刺殺されるという凄惨な事件が起こった。事件の詳細については現時点（2016年12月時点）で十分に明らかとなっていない。今後もどれほど明らかとなるか、不透明である。[注1]

今回の事件は、いくつもの問題が、複雑に重なり合っている。

まず第一の問題は、この事件が知的障害者を対象とした「ヘイトクライム」であることにある。

自らが望んで知的障害者になる人はいない。また、知的障害者という属性からは、ほとんどの場合、個人の力では抜け出すことができない。個人では変更することが困難な属性を理由とした、偏見や差別、憎悪の感情による暴力行為を「ヘイトクライム」という。

知的障害以外にも、人種や民族、宗教や性的志向、ジェンダーなどは個人によって変更することが困難である。これらを理由とした暴力や加害も「ヘイトクライム」とされている。[注2]明らかに「知的障害者」という属性を標的とした今回の大量殺傷事件は、まずは「ヘイトクライム」の問題として捉えられるべきである。

第18章　能力主義と優生思想　－すべての人間が存在するための「社会」－

　第二の問題は、容疑者である植松聖が「津久井やまゆり園」の元施設職員であり、さらに、植松自身が精神障害者と疑われていることにある。
　知的障害者に対して凄惨な暴力を加えた容疑者が、精神障害を持っていたかもしれないこと。この事件の構図については慎重に考える必要がある。ともすると、知的障害者に対する「ヘイトクライム」を批判しつつも、「精神障害者は危ない、怖い」という話になりかねない。加害者側・被害者側のいずれであっても、(知的・精神的)障害者の関わる事件を論じる際には、いくつもの、慎重な留保が必要となる。
　加えていえば、容疑者は生活保護を受給していたらしいこと、常習的な薬物(大麻)使用者であったらしいことなども、この事件を論じ難くする要因となる。精神疾患による「措置入院」と措置解除後の保安処分についても、議論がなされつつある。
　当然のことながら、精神障害者であっても、薬物に依存していたとしても、生活保護を受給していても、そのことは「ヘイトクライム」とは直接には結びつかない。この事件を契機として「精神障害者や薬物中毒者や生活保護受給者という属性は危険なので社会から隔離すべきだ」という主張がなされるのであれば、それは「ヘイトクライム」と同型の論理となる。
　第三の問題は、障害者施設をめぐる施策についての問題である。知的障害者が同じ場所に大人数で暮らしていた、という障害者施設の現状についても、考える必要がある。
　19名もの知的障害者が一斉に殺害されたことの背景には、1960年代以降に進められた障害者に対する隔離と排除の施策、すなわち、街中から離れたところに障害者を収容するコロニー政策がある。障害者が分散して、健常者と同様に、ともに、街中で暮らしていれば、これほどの人数が同時に殺されることはなかっただろう。1964年に設立された「津久井やまゆり園」は、なぜ人里離れた場所に大型施設としてあったのか。障害者自立生活運動の歴史的文脈から――「施設から地域へ」という運動のスローガンとともに――障害者に対する隔離政策について、再考しなければならない。[注3]
　この施設での入所者と職員との関係はどのようなものであったのだろうか。学生時代には養護学校(特別支援学校)の教員を目指し、施設職員とし

て介護の現場をよく知っていた植松容疑者は、なぜ障害者を大量に殺傷するに至ったのだろうか。施設のあり方や社会保障の問題、障害者施設の労働環境の問題とあわせて、この事件の社会的背景についても考えていく必要がある。

また、精神疾患を疑われる容疑者が実名で報道され、多くの被害者については匿名のまま、という知的障害者をめぐる報道のあり方についても、今後、検討されなければならないだろう。

こうして、複雑な様相を呈しつつ、いくつもの難題を提起した本事件の報道において、最も多くの時間や紙面を割いて紹介されたのは、植松容疑者の障害者に対する差別的な思想であった。すなわち、重度の知的障害者を「生きるに値しない生」と見なして殺害を正当化する「優生思想」について、である。

3．優生思想——障害者殺しの思想

「優生思想」とは、人間の生命に優劣をつけたうえで、「優れた」人間を増やし「劣った」人間を減らそうとする思想である。この思想は、「劣った」人間の生殖に介入すること——断種手術や不妊手術を強制的に行うこと——や、社会から隔離すること、存在を抹消（殺害）することを、正当化する。「劣った」人間が増加すること、存在することは、国家や社会（そして私）にとって有害である、という認識が、「優生思想」を支えている。

植松容疑者は2016年2月に衆議院議長公邸を訪れ、衆議院議長大島理森を宛先とした手紙を渡している。犯行予告とも解釈できる手紙の内容は、事件発生直後から繰り返し、報道によって紹介された。そこには、「障害者は人間としてではなく、動物として生活を過しております。」「私の目標は重複障害者の方が……安楽死できる世界です。」「障害者は不幸を作ることしかできません。」といった内容が書かれており、重度障害者の抹殺は「日本国と世界平和の為」の「革命」であると主張されている。こうした主張は、まさに「優生思想」そのものである。[注4]

差別的な思想や憎悪の感情、障害者を冒涜するような発言は、親しい友人や施設の同僚などとの会話の中でも繰り返されていたという。こうした言動

第18章　能力主義と優生思想　－すべての人間が存在するための「社会」－

がきっかけとなり、植松は精神疾患を疑われ、「措置入院」させられている。

　植松は措置入院中の同2月に「ヒトラーの思想が2週間前に降りてきた」と病院の担当者に話していた、という報道もある。周知のように、ナチスドイツは国家として「優生思想」を採用し、障害者やユダヤ人を「劣った」人間と見なしたうえで、組織的な大量虐殺を行った。[注5]

　ナチスの行った残忍な大量虐殺への歴史的反省から、現在では「優生思想」を公然と、肯定的に主張する人はほとんど存在しない。しかし、それは「ナチスを肯定することになるから」「人道に悖るから」であって、「生きるに値しない命は殺してもかまわない」という優生思想的言説は、現在でも根強く存在している。ある一群の人びとの中には、公然と「社会に役立たない人間には存在する価値がない（税金を用いた福祉の対象とする必要はない）」という類の意見を表明する人もいる。

　たとえば、2015年11月、茨城県の教育委員が特別支援学校を視察した後の会議の場で「妊娠初期にもっと（障害の有無が）わかるようにできないのか。4ヵ月以降になると堕ろせない」「（教職員も）すごい人数が従事しており、大変な予算だろうと思う」「意識改革しないと。技術で（障害の有無が）わかれば一番いい。生まれてきてからじゃ本当に大変」「茨城県では減らしていける方向になったらいい」といった内容の発言を行った。

　この発言には「障害者は社会の負担となる」ため、「生殖に技術的に介入することで」「社会から（茨城県から）障害者を減らしていきたい」という「優生思想」が、明確に表明されている。発言は波紋を広げ、この委員は障害者団体などからの抗議を受けて謝罪し、辞職することになった。

　こうした発言の内容は、実は50年前からほとんど変わっていない。

　1960年代後半、兵庫県では他の自治体に先駆けて「不幸な子どもの生まれない施策」を推進し、発生予防を重視する母子保健対策のモデルとなっていた。当時（1967年）の兵庫県知事の言葉として、以下のような記録が残っている。

　　『不幸な子どもの生まれない施策　通ちょう集（第一輯改訂版）』[注6]
　　<u>しあわせを求めて</u>（当時の兵庫県知事）

第Ⅳ部　障害／健常といった線引きを超える教育福祉的アプローチ

　　ひとりで食べることも
　　歩くこともできない
　　しあわせうすい子どもが
　　さみしく毎日を送っています
　　「不幸な子どもだけは生まれないでほしい」
　　母親の素朴な祈りそれはしあわせを求める
　　みんなの願いでもあるのです
　　あすの明るい暮らしを創造するために
　　「不幸な子どもの生まれない施策」を／みんなで真剣に／進めてまいりましょう

　自分では食べることや歩くことのできない障害児・者は「しあわせうすい」「不幸な」存在であり、生まれてこないことが「みんなの願いでもある」。
　自治体を挙げてこうした運動がなされていたことにも驚かされるが、この主張は、およそ半世紀を経た現在でも、茨城県の教育委員に、守旧派の政治家や論客に、植松容疑者の思想に、そして私たちの社会の中に、ほぼそのままの形で受け継がれている。

4.「生産性」への批判

　兵庫県において「不幸な子どもの生まれない施策」が展開され始めたのとほぼ同時期、1970年代初頭から、活発な運動を展開してきた障害者団体がある。脳性マヒ障害者を中心とした団体、「青い芝の会」である。彼らは、健常者中心の、有用性や生産性が重視される社会のあり方を批判し、社会に蔓延する「優生思想」に抗い、障害者がありのままに存在することのできる世界の実現を目指した。
　以下は、「青い芝の会」の理論的中心人物、横田弘が今から40年近く昔に書いた文章、「障害者を殺そうとするもの」の一節である。

　　現在の社会、不況とインフレが同時進行していき、人びとが不安と絶望に打

第18章　能力主義と優生思想　－すべての人間が存在するための「社会」－

ち拉がれている状況の中にあっても、いやそういう状況だからこそ、権力は日本的資本主義体制を死守するために躍起になっているのだが、そうした社会にあっては、生産活動ができる人間だけが「存在価値」があるのだ。いくら人間的に優れていたとしても、その人が一本の釘をも造ることができず、一本の柱も建てることができなかったら、その人の社会的価値はゼロなのである。[注7]

　ここに書かれた横田からの批判は、私たちが暮らす40年後の社会に対しても当てはまる。私たちは、これ以上は経済的に豊かになる見込みも、あてもない状況の中で、資本主義体制における「能力主義」を広く採用することで、生産活動ができる人間のみに「存在価値」を見出している。生産性のない（けれども金のかかる）人間、高齢者や障害者や病人といった社会的「弱者」を煩わしく思い、「優れた」人間を増やすこと、「劣った」人間を減らすことに、躍起になっている。

　では、こうした「能力主義」と「優生思想」が蔓延する社会状況を変革していくには、どのようなアイデアがあり得るのだろうか。

　一つには、自らの人生を長い時間軸におき、人間のライフサイクルについて考えてみることである。私たちは誰もが、誕生してからしばらくの間は、「ひとりで食べることも、歩くこともできない」存在であった。そしておそらく、死の間際も、他の人に世話をされなければ、その命を維持することができないだろう。私たちは、他人に迷惑をかけることによって存在し、他人に迷惑をかけながら死んでいく。「生産性」という価値を重視できる時期は、人生において、ごく限られた時間に過ぎない。私たちはかつて「弱者」であり、将来的にも「弱者」である。いつ事故に遭い、病気となるのかはわからない。私たちはいつでも「弱者」になり得る。

　したがって、現在の自己の状態のみに立脚して「高齢者は早く死んで欲しい」「障害者は安楽死させた方がよい」というのは、短見に過ぎる。自分がどのように生まれ、どのように死んでいくのかについての想像力を欠いた人にしか、そうした発言はできない。

　また、有用性や生産性に依拠した「優劣」の判断基準、個人の能力につい

て、それを関係の中で相対化してみることもできる。

　私たちの能力は、個人の所有物ではなく関係性の中にある。個人の精神的・身体的な特徴は異なるとしても、それが何か価値のある「能力」であると見なされるのは、社会環境（制度や道具）や他者との関係の内においてのみである。純粋に個人に備わった、私的所有物としての「能力」は存在しない[注8]。

　だとすれば、問われるべきは、個別の存在や生のあり方ではなく、能力をめぐる関係性のはずである。本来的には関係性の問題であるにもかかわらず、それを個人の能力の問題とするのは誤りである。

　上述のような議論によって、「生産性」を重視する社会のあり方を批判的に捉えなおすことが可能となる。すなわち、私たちの人生において「生産性」が問えるのは、ごく限られた時間に過ぎず、また、能力の「優劣」や「有用性」「生産性」は関係のうちで、社会的な文脈において、相対的なものである。

　さて、このように個人のライフサイクルや他者との関係性に焦点化した議論にも、一定の説得力はあるのだが、以下ではさらに、私たちの「社会」について原理的に考察してみたい。

5．社会契約論

　「優生思想」では、「優れた」人間を増やし「劣った」人間を減らすことが「社会」にとって有益である、という論理が採用された。しかし、ここで考えられている「社会」とは何を意味するのか、なぜ「社会」が「劣った」人間の存在よりも優越するのか、その論理は明確ではない。

　こうした問いを考えるために、以下では「社会契約論」を取り上げる。

　近代国家や社会のなりたちについて考察した「社会契約論」という哲学は、17-18世紀頃にイギリスのトマス・ホッブズやジョン・ロック、フランスのジャン・ジャック・ルソーなどによって展開された。その概略は以下のようなものである。

　ホッブズはまず、社会が成立する以前の「自然状態」について演繹的に仮定する。そこでは、個々人が自己保存の欲望に突き動かされて暮らしてお

第18章　能力主義と優生思想　－すべての人間が存在するための「社会」－

り、限られた資源の奪い合いが生じている。「自然状態」においては「万人の万人に対する闘争状態」にある。そこで、お互いが死の（殺し合いの）恐怖から逃れるために、相互の権利を侵さない、という「社会契約」を結ぶことになる。

　この契約は、すべての自由で対等な個人間で結ばれるのだが、いつでも破られる可能性がある。そこで、各自が利己的な欲望を充足する権利を制限し、公権力にゆだねることによって国家が成立する。公権力は、本来は個人の持っていた権利の集合であり、構成員の安全を保障するためのものである。こうして登場した強大で絶対的な公権力は、『旧約聖書』に登場する怪物「リヴァイアサン」に喩えられる。

　ホッブズとは異なり、ロックは「自然状態」を平和な状態であると考える。しかし、「自然状態」での権利の保障は不安定であるために、個人の生命や財産、自由などを保護することを目的として、処罰権、警察的権力を公権力に委ねることになる。民衆に、国家に対する「革命」や「抵抗」の権利を認めている点が、ロックの社会契約論の特徴である。

　ルソーはロックと同様に（それ以上に）「自然状態」を肯定的に論じている。ルソーにとっての「自然状態」は、慈愛と優しさに満ちあふれ、個々人が自由に、動物のように自律して暮らす、平和な状態である。

　しかし、文明の発展にともない、共同体の形成によって貧富の格差が生じ、支配者と服従者の不平等が生じ、それらが固定化している現状がある。ルソーの社会契約論は、理想的な「自然」の観点から、文明の発展や資本主義の勃興を批判したうえで、最もラディカルに「直接民主制」を志向している。

　以下、いくぶん長くなるが、ルソーの『社会契約論』第一編、第六章「社会契約について」から、いくつかの言葉を抜き出してみよう。

　「各構成員の身体と財産を、共同の力のすべてをあげて守り保護するような、結合の一形式を見出すこと。そうしてそれによって各人が、すべての人々と結びつきながら、しかも自分自身にしか服従せず、以前と同じように自由であること。」これこそが根本的な問題であり、社会契約がそれに解決を与え

る。
　―中略―
　この（社会契約の）諸条項は、正しく理解すれば、すべてが次のただ一つの条項に帰着する。すなわち、各構成員をそのすべての権利とともに、共同体の全体にたいして、全面的に譲渡することである。その理由は、第一に、各人は自分をすっかり与えるのだから、すべての人にとって条件は等しい。また、すべての人にとって条件が等しい以上、誰も他人の条件を重くすることに関心をもたないからである。
　―中略―
　だから、もし社会契約から、その本質的でないものを取りのぞくと、それは次の言葉に帰着することがわかるだろう。「われわれの各々は、身体とすべての力を共同のものとして一般意志の最高の指導の下におく。そしてわれわれは各構成員を、全体の不可分の一部として、ひとまとめとして受けとるのだ。」^{注9}

　ルソーの主張は明快である。私たちは、共同体に自己のすべてを明け渡すことにおいて平等である。すべての構成員が共同体の運営に直接関わることになり、共同体からすべてのものを、受けとることになる。
　ここで登場する「一般意志」については、ルソーの『社会契約論』の核心であり、難解な部分である。私たちは個人として、「共同体」＝政治体と契約を結ぶのだが、その共同体には自らも含まれている。すなわち、「自分」と「自分たち」が契約する、という構図である。そうした契約によって成立した共同体には「一般意志」が備わっており、私たちはすべて「一般意志」の下に置かれている。
　「一般意志」は誰かの意思ではない。たとえば、特定の政党や政治家の考えや、選挙で示される「民意」とは異なる。ルソーによれば、それは社会の構成員すべてに共通する意思である。他方で、私たちはそれぞれに、ユニークな（特殊意志を持つ）存在でもある。しかし、「一般意志」は「特殊意志」の総和ではない。
　私たちはすべての構成員とともに共同体に参画する「市民」であると同時

第18章　能力主義と優生思想　－すべての人間が存在するための「社会」－

に、「市民」であることによって、私を含むすべての人たちの「一般意志」に従う「臣民」でもある。この理路は難解であるためにさらに説明が必要なのだが、ここではこれ以上は立ち入らない。ひとまず、ここで確認すべきポイントは、ルソーは自由で平等な抑圧のない、かつ強靱な共同体としての「社会」を実現するための「社会契約」についてのアイデアを記した、ということである。

　さて、話を元に戻そう。

　「社会にとって役に立たない人には存在価値がない」「生産性のない障害者は抹殺してもかまわない」という「能力主義」と「優生思想」の問題について、「社会契約論」の議論を通過した後に、何が言えるのか。

　「社会契約論」では、「国家」や「社会」が「いかにして、すべての構成員の自由や安全や財産を保障できるか」について論じられていた。あまりに「当たり前」にすぎるが、「あらゆる条件の人間が、生命や財産を保護しながら、安心して安全に生活するために社会を創り出したのであって、社会の存続のために構成員（私たち）が存在するのではない」のである。

　したがって、「社会にとって役に立たない人は存在価値がない」という主張は、その前提から間違っている。特定の条件（たとえば経済成長など）が満たされなければすべての構成員の存在が保障できない「社会」は、制度設計が間違っている。豊かな「社会」を実現するために「生産性の低い存在」を抹消する、というのは、まったくの本末転倒である。

　これは、すべての人間が自由に、自分らしさを求めて「自己実現」できるために「社会」が存在している、という話ではない。私たちは、自分たちの生存を保障するために、自らの権利や財産を部分的に放棄し、警察権を国家に認める。自己の欲望、自分らしくあることを剥き出しにはできない。みんなが平等に、少しずつ、（できれば主体的に）我慢する、というイメージに近い。ルソーは、徹底的に個人の「不自由」を回避し、可能な限り自由で平等な、抑圧のない国家・社会の実現について最も粘り強く考えた思想家であるが、それでも個々人は平等に「一般意志」の下に従属していることを強調する。

　「集団の利益に資するかどうか」という「能力主義」的な判断基準によっ

259

第IV部　障害／健常といった線引きを超える教育福祉的アプローチ

て、「価値のある存在」と「価値のない存在」を格付けする思想は、営利を目的とした私企業ならともかく、「国家」や「社会」といった組織には馴染まない。「社会」の目的は、利益を上げることでも、他国との競争に勝つことでもなく、すべての構成員の生命と財産を保障しながら存続し続けることである。「社会にとって役に立たない人には存在価値がない」という主張は「社会」のなりたちから考えれば矛盾している。「劣った」人間を排除しなければ存続できないような集団は、本来的な意味における「社会」とも「国家」とも言えないのである。

6．「社会の形成者」の育成に向けて

　教育基本法の第一条「教育の目的」には、「平和で民主的な国家及び社会の形成者」の育成が掲げられている。

　ここでの「社会の形成者」とは、英語で商取引のできる「グローバル人材」のことでもなければ、ヒット商品を生み出すための「イノベーション創出」技術をもつ人間のことでもない。こうした「教育の目的」は、要するに「金儲け」に帰結している。小学校から「英語」や「プログラミング」の授業を導入しようとする人たちは、「教育の目的」を「金儲け」と考えており、学校は「営利企業」に役立つ「人材」を育成する場であると考えている。

　「国家」や「社会」に利潤をもたらすことを目的とする限り、「能力主義」的人間観や「優生思想」から逃れることは困難である。「社会」に経済の原理を適応すれば、「生産性」が低い「弱者」は社会の底辺に格付けされ、「無価値」であるとみなされ、存在を否定されることになる。子どもや高齢者や障害者をいたわり、病人を癒やすような行為は、経済の効率性と淘汰原理の観点からすれば、端的に無駄である。

　しかし、「教育の目的」として掲げられる「社会の形成者」の育成は、「金儲け」ができる人材の育成、といった軽薄なものではないだろう。前節の議論を繰り返せば、「金儲け」をしなければ存続できないような集団は、「国家」でも「社会」でもないのである。「社会の形成者」とは、「社会」という制度が本来的な役割を担うための構成員として、把握されるべきである。

　すべての構成員の存在を肯定し、安心して暮らすことができる「社会」を

第18章 能力主義と優生思想 －すべての人間が存在するための「社会」－

実現するために、社会福祉の制度がある。子どもであっても高齢者であっても、障害を持っていても、無職の貧困者であっても、生存を保障され、「幸せ」に生きていけるための制度。それは、「能力主義」や「優生思想」に親和的な、経済合理性や利益追求にむけた競争原理には馴染まない制度である。

すべての構成員が等しく存在し続けるための「社会」、というアイデアは、私たちの、現代社会のリアリティからはかけ離れているのかもしれない。だからこそ、教育という営みを通じて「社会の形成者」の育成が必要となるのではないか。

そのアイデアが理想（論）的であり、直ちに、完全に実現することが難しいことは理解している。「金儲け」が重要であることは否定しないし、「生産性」の低い存在を疎ましく思う心性についても理解できる。告白すれば、私自身も「能力主義」や「優生思想」から完全に解放されているわけではない。

それゆえ、教育のはたす役割が重要となる。現代社会において、子ども（人間）を「ありのまま」に放置すれば、「万人の万人に対する闘争状態」において、限りなく自己利益を追求し、競争的に「弱者」を蹴落とし、無数に存在する支配と隷属の関係において支配者側に立とうとし、「社会にとって役に立たない人」の存在を否定してしまうかもしれない。現状をそれほど悲観しているわけではないのだが、どうやら私たちの社会における一部の人たちは、市場原理に基づく弱肉強食の世界に「リアリティ」を感じているようである（そうした「リアリティ」自体が「フィクション」であることは言うまでもないが）。そうした状況においてこそ、本来的な意味での「社会」の役割を教え、その形成者を育てる必要があるだろう。

これは、「社会の形成者」の育成を通じて社会福祉の制度を支える、というアイデアである。その実現のためには、教育を通じて子どもたちに、時には負担や我慢を強いることになるのかもしれない。

「生産性」を高めるために「能力（知識や技術）」を開発するだけでなく、「生産性という単一の価値尺度では人間の価値を計ることはできない」「できる／できない、という人間に対する価値尺度は狭い」という視点を与えるこ

261

第Ⅳ部　障害／健常といった線引きを超える教育福祉的アプローチ

とが、教育の目的と役割になるだろう。

　とはいえ、教育を受けるための前提として、社会福祉が充実していなければならない。衣食住が足りなければ、子どもたちは十分に学ぶことができない。と同時に、社会福祉の理念を拡充し、制度を充実させるためには、子どもたちを「社会の形成者」として育成する必要がある。現代社会における教育と福祉は、相即的な関係にある。

　「能力主義」と「優生思想」を克服し、あらゆる条件の人間を生存させるための「社会」を実現するために、教育と福祉のはたすべき役割は大きい。そのためにも、「社会の形成者」の育成という「教育の目的」について、あらためて、議論を深めていくことが肝要となるだろう。

　注
　1　この事件は私たちの社会に大きな衝撃を与えた。事件後、直ちに種々の障害者団体やその支援者から声明が出され、有識者もさまざまな視点からのコメントを出した。この事件を特集した雑誌も多く刊行されており、枚挙にいとまがない。たとえば『現代思想　緊急特集　相模原障害者殺傷事件』2016年10月号、青土社、に収められている各論攷を参照。
　2　たとえば、欧州基本権機関における「ヘイトクライム」の定義については、http://fra.europa.eu/en/theme/hate-crime　を参照。
　3　障害者自立支援運動については多くの研究がなされており、その思想と展開について幅広く知ることができる。たとえば、安積純子他（1990）『生の技法——家と施設を出て暮らす障害者の社会学』藤原書店、全国自立生活センター協議会編（2001）『自立生活運動と障害文化——当事者からの福祉論』現代書館、に所収の論文を参照。
　4　彼がなぜこうした思想を持つに至ったのか。先述の通り、容疑者は養護学校などで働くことを目指していた。その夢の実現に向けて、3年以上も障害者施設で働いていた。以前から障害者への差別的な感情を持ち続けていたとは考え難い。学生時代の友人などの証言によれば、当時から反社会的な言動を繰り返していたわけでもない。
　　　　彼は「イルミナティカード」やUFOなどのオカルトを信奉していたようである。「障害者470名を抹殺できます」といった、おおよそ常軌を逸した内容の手紙を衆議院議長宛に書いたということ、さらに、書いた手紙を公邸に持参し手渡していたことなども、不可解である。
　　　　これらを勘案すれば、事件当時の植松は正常な精神状態ではなかったのだろう。彼が強烈な優生主義者であったと考えるよりは、何かをきっかけに、たと

えば薬物中毒などの影響により、精神疾患が「発症」したと考えるべきなのかもしれない。

それでも、容疑者の手紙に表明された「優生思想」が、私たちの社会に大きなインパクトを与えたことには違いない。そして、「優生思想」は今もなお、私たちの社会のなかに存在しているという事実について、想起せずにはいられない。

5 ユダヤ人に対する組織的大量虐殺（ホロコースト）は有名であるが、ナチスドイツは優生思想に基づいて、障害者も大量に虐殺している。T４作戦（T4-Aktion）と名付けられたナチスの障害者安楽死計画については、エルンスト・クレーが詳細に論じている。Klee, Ernst（1983）*Euthanasie im NS-Staat. die "Vernichtung lebensunwerten lebens"*, Frankfurt am Main: Fischer S. Verlag GmbH.（松下正明 監訳（1999）『第三帝国と安楽死』批評社）。および、Klee, Ernst（1985）*Dokumente zur ≫Euthanasie≪*, Fischer, Frankfurt am Main. を参照。また、安楽死計画の中止までの経過を辿ったものとして、木畑和子（1989）「第二次世界大戦下のドイツにおける『安楽死』問題」井上他『一九三九―ドイツ第三帝国と第二次世界大戦』同文館出版、pp.243-283。

6 http://www8.cao.go.jp/shougai/suishin/kaikaku/s_kaigi/k_20/pdf/o1.pdf（2016年12月閲覧）

7 横田弘（1979）『障害者殺しの思想』JCA出版、p.21。

8 「能力の共同性」という観点については、竹内章郎（2005）『いのちの平等論－現代の優生思想に抗して』岩波書店。また、障害学においては、「障害」を個人的な能力の欠損としてではなく、社会的・制度的な問題として捉え直されている。こうした「障害」に対する観点を「障害の社会モデル」という。

9 上記３ヵ所の引用は、ルソー，J. J.（1954）桑原武夫・前川貞次郎訳『社会契約論』岩波書店、pp.29-31 より抜粋。丸括弧内は引用者による。

引用・参考文献

安積純子他（1990）『生の技法――家と施設を出て暮らす障害者の社会学』藤原書店

木畑和子（1989）「第二次世界大戦下のドイツにおける『安楽死』問題」井上他『一九三九―ドイツ第三帝国と第二次世界大戦』同文館出版、pp.243-283

全国自立生活センター協議会 編（2001）『自立生活運動と障害文化－当事者からの福祉論』現代書館

竹内章郎（2005）『いのちの平等論－現代の優生思想に抗して』岩波書店

横田弘（1979）『障害者殺しの思想』JCA出版

Klee, Ernst（1983）*Euthanasie im NS-Staat. die "Vernichtung lebensunwerten lebens"*, Frankfurt am Main: Fischer S. Verlag GmbH.（松下正明 監訳（1999）『第三帝国と安楽死』批評社）

Klee, Ernst（1985）*Dokumente zur ≫Euthanasie≪*, Fischer, Frankfurt am

第Ⅳ部　障害／健常といった線引きを超える教育福祉的アプローチ

　　Main.
ロック，J.（2010）加藤節訳『完訳 統治二論』（岩波文庫）岩波書店
ホッブズ，T.（1982-1992）水田洋訳『リヴァイアサン1-4』（岩波文庫）岩波書店
ルソー，J. J.（1954）桑原武夫・前川貞次郎訳『社会契約論』（岩波文庫）岩波書店

第19章 〈教育的まなざし×福祉的まなざし〉の複眼的アプローチ
―「もっとよく」と「ありのまま」の間で―

吉田　敦彦

1．はじめに―教育福祉学類一期生の「おくる言葉」に寄せて

　教育福祉学類（大阪府立大学）一期生は、卒業するにあたって、「〈教育×福祉×自分〉～この学び、学生の本気で伝えたい」と題したシンポジウムを自主企画し開催した（2016年2月）。そして後輩たちへの「おくる言葉」を自分たちの言葉でまとめ、「教育だけを学んでも、福祉だけを学んでも築いていけなかった価値観」を学びとった、と語った。どちらかだけでは学べない、両方を掛け合わせて学ぶからこそ得られるもの。それは何だったのだろうか。彼らが要約した3点は本稿の最後に紹介することにして、ここでは、彼らに触発されて、あらためて筆者が現時点で考えていることを述べてみたい。

　彼らは、教育も福祉も両方を学んだ、と語ったのではない。足し算ではなく、〈教育×福祉×自分〉と表現する、その真骨頂は何か。教育と福祉を、自分の外に眺めている対象領域とするのではなく、自分が現実を見て取るときに自分の中にある「ものの見方・考え方」、つまり視点や価値観のようなものとして理解している。その観点が、一つではなく、教育と福祉という二つの観点をもつ、複眼的なまなざしになっているところに、ポイントがある。〈教育〉だけの視点、〈福祉〉だけの視点からだと死角になりやすく、二つの視点で複眼的に見るからこそ、立体的に見えてくる現実。それは、教育と福祉がまったく融合一致して一つの視点になっても見えないもの。少し離れた二つの別の視点でありながら、それでもって同じ方向をみることができたとき、はじめて奥行きをもってリアルに見えてくる現実がある。

第Ⅳ部　障害／健常といった線引きを超える教育福祉的アプローチ

　ところで、本書の第3部では、障がい／健常の区別と排除と包摂をめぐる問いを中心に、できる／できない、強い／弱い、大きい／小さい、優れている／劣っている……といった二分法について、その線引きのこちら側と向こう側との、越境、逆転、交流、協働が生まれる場面や可能性を見てきた。線引きによる分断の固定化を超えて、では、両者の区別がなくなり、一つに融合するのが目指すべき着地点なのだろうか。おそらく、この問いに応えようとする際にも、教育的なまなざしと福祉的なまなざしとが掛け合わされる〈教育×福祉〉の複眼的アプローチによって、それらの事例を奥行きのある視座で捉えなおすことができるだろう。

　本稿では、以上のような問いを念頭におきつつ、〈教育的まなざし×福祉的まなざし〉の複眼的アプローチの概要とその意義を明らかにしたい。そのためにまず、これまでに「教育福祉（学）」を定義してきた試みに触れ、それと対照させて「〈教育×福祉〉複眼的アプローチ」を位置づける。次に、マズローのよく知られたニーズ階層説を参照して、〈教育的まなざし〉と〈福祉的まなざし〉の位置関係を説明してみる。それは、いささか図式的にすぎる仮説であるが、両者の立ち位置の違いと補完関係は明確になるため、視点は異なるが視野は重なり合う〈教育×福祉〉の複眼的アプローチに関する議論の出発点となる。そのうえで、筆者の研究フィールドから事例を取り上げ、「もっとよく」を目指す〈教育的まなざし〉と「ありのまま」を受けいれる〈福祉的まなざし〉とを絡み合わせながら、その事象を考察する。最後に、エイリッヒ・フロムの〈to have〉／〈to be〉をはじめ、いくつかの関連する対概念を用いて、二分法による線引きの両側でのデリケートな関係を再確認し、〈教育的まなざし〉だけでも、〈福祉的まなざし〉だけでも全体を捉えきれない現実の両義的な様相に迫る。

2．「対象の拡張」（教育＋福祉）から「複眼的視点」（教育×福祉）へ

　教育だけでも福祉だけでもない「教育福祉（学）」という新たな領域を創り出すことの意義について、本書の前作にあたる『教育福祉学への招待』（山野他、2012）の序章において解説した。そこで教育福祉学とは、「人間の生活と発達の包括的な保障と支援に関する学」であり、より具体的には、

第19章 〈教育的まなざし×福祉的まなざし〉の複眼的アプローチ
－「もっとよく」と「ありのまま」の間で－

「誕生から老いまで生涯にわたって、人間の尊厳をもった生活を保障する福祉的支援と、人間としての発達と学習を保障する教育的支援とを、有効に相互補完させることのできる社会システムや地域支援あるいは対人援助法について、問題解決的・実践的に理論化する研究」であると定義した。そして、その対象領域については、狭い意味の教育と社会福祉にとどまらず、従来はその両者の狭間で見落とされがちであった、あるいは周縁領域とされていた、しかし現代社会にあってはそこにこそ主題的に取り組むことが重要になっている領野があることを指摘した。

とはいえ、このような定義づけでは未だ、教育福祉（学）は、従来の教育と社会福祉の対象を包含し足し合わせたものである、と理解されがちである。1＋1＝2ではない、それ以上のものである、両者の間の＋αがある、と説明しても、それだけでは「教育福祉（学）」のもつオリジナルなインパクトが表現しきれていない。対象領域を加算し拡張しているだけではない、冒頭でみた比喩でいえば「掛け算」であるような「教育×福祉」のアプローチについては、十分な説明ができていない。

前著の時点（教育福祉学類の創設時）でも、単なる領域分野の加算ではないことを示すために図19-1（吉田、2012）を用いた。右上と左上から教育的支援と福祉的支援が同じ対象に向けて手を差し伸べているような（あるいは照光を当てているような）イメージを描き出している。また、「教育の母胎としての福祉」「福祉の方法としての教育」「福祉における教育的支援」「教育における福祉的支援」という教育－福祉の4つの連関のあり方を分析して、教育と福祉が別々の独立したものではなく相互に折り重なるものであることを示そうとした（これ以上の詳細は『教育福祉学への招待』序章を参照されたい）。

その後5年にわたり、教育福祉学の研究、学類での教育を遂行しつつ、「対象」の拡張、「支援・方法」の複数化のみならず、「視点（まなざし）」の複数化ないし「視座」の重層化を強調すべきだということに気づいてきた。図19-1で言えば、右上と左上から照射する矢印を、「教育的視点からのまなざし」と「福祉的視点からのまなざし」であると捉え直し、その複眼でもって人間社会の現実と課題を看取する。それは加算的な〈教育〉＋〈福祉〉で

第Ⅳ部　障害／健常といった線引きを超える教育福祉的アプローチ

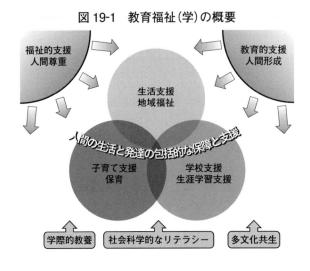

図 19-1　教育福祉（学）の概要

はなく、両者を掛け合わせる「〈教育×福祉〉の複眼的アプローチ」と表記できるだろう。

以下、その「〈教育×福祉〉複眼的アプローチ」の概要とその意義を明らかにしていく。手がかりとして、「教育福祉学概論」（1年次必修科目）において導入的な説明を行う際、学生たちにとって分かりやすいと好評である図式を紹介したい。

3．ニーズ階層説（マズロー）と複眼的な〈教育×福祉〉の視座

マズローのニーズ（欲求）の5段階階層説は、高等学校の「倫理社会」の教科書でも定番になっていて、大学新入生にも知られている。アカデミックには疑義や批判のあるところだが（廣瀬他、2009）、広く社会的に共有されるに至るだけの、一定の説得力を持つものである。これを用いて、「教育」が対応するニーズと「福祉」が対応するニーズについて、以下のような図式的な（図式がいつもそうであるように一定の粗雑さを免れないが）説明を試みる。

人の抱える生きづらさや困り感、すなわち生活問題に焦点を当て、それを軽減できるように支援する社会福祉は、図において下方の基礎的なニーズに対応している。水や食物、睡眠などを満たす生理的欲求、安心して住める場所、支え合うことのできる家族やコミュニティなど、人が人として生きていくうえでの土台をしっかり支えるのが福祉的支援。そのベースがあってこそ、自分自身をよりよく向上させ、他者や社会から認められ、さらには人格の完成や真善美の探究といった自己実現を目指す欲求も生まれて、そこに教育が求められてくる。「福祉の結晶としての教育」「教育の母胎としての福

祉」（小川・高橋、2001）と言われるゆえんである。

　差し当たりそれを、**図19-2**の左に付した矢印によって、福祉的支援と教育的支援のそれぞれが主として対応するニーズ階層のレンジを示した。このように図示することで、第一に、両者の課題意識の焦点が異なるとともに、それぞれが責任を負うべき応答範囲が補完的になっていること、第二に、福祉的なニーズがより基礎的で優先的であり、その前提のうえで教育的ニーズへの対応もなりたつこと、と同時に、しかし第三には、両者の分担範囲を明確に線引きすることは難しく、それぞれが自らの責務を全うしようとすれば、相手の担当範囲をも視野に入れるべきことが読み取れるだろう。この第三の観点を、図の右側に「〈教育×福祉〉の複眼的視座」として記入した。教育的視点と福祉的視点とは、一人の人のニーズを聞き取り対応する際、同じ方向を向きつつも、少し焦点の異なる位置にあって、その人の全体像を立体的に把握することを可能にする。このニーズ階層論は、下位階層のニーズ充足が上位階層の基盤になるという関係を示す一方で、マズロー自身が注意を促したように、100％充たされなければ上位ニーズが生じないというものではなく、逆に、下位のニーズを犠牲にしてでも上位のニーズを追求するケースも

図 19-2　ニーズ階層説（マズロー）と〈教育 × 福祉〉

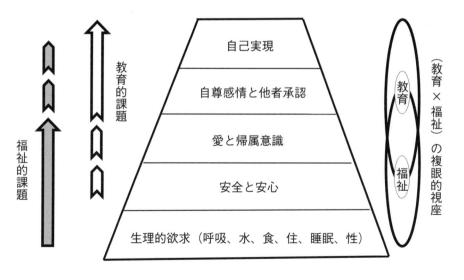

ある(マズロー、1954=1971)は、生理的欲求85％、安心安全70％、愛と所属50％、自尊心と承認40％、自己実現10％が一般的な充足率ではないか、と記している)。すなわち、福祉的支援を行う場合でも、教育的支援を行う場合でも、たえずその当事者がその時々にもつニーズの全体的なバランス傾向を見て取る必要があり、この階層図の「〈教育×福祉〉の複眼的視座」は、そのような立体的な把握のために有効である。

では、このような複眼的な視座による見立てが効力を発揮するような事象には、どのようなものがあるか。筆者自身の研究フィールドから、一つの事例をとりあげて、「〈教育×福祉〉の複眼的アプローチ」の意義を確認していこう。

4. 「ありのまま」／「もっとよく」
――「居場所／学び場」問題への複眼的まなざし

筆者は先に、いわゆる「学校」のもつ学び場的(教育的)機能と、ホーム(家庭)や児童養護施設、フリースペースなどのもつ居場所的(福祉的)機能を両極とする座標軸を用いて、不登校や「発達障がい」等にかかわる支援空間、さらにフリースクールやオルタナティブな学び場などをマッピングする見取り図を提案した(吉田、2013)。その背景には、普通教育を受ける多様な機会の確保をめぐって、「居場所」か「学び場」か、「福祉的まなざし」か「教育的まなざし」か、という二分法と、それに基づく線引き問題が、現実的に深刻な課題として浮上しているという状況があった。すなわち、ザックリと問題の輪郭を描けば、以下のようである。

学校の「教育的まなざし」は、児童生徒に対して、「もっとよくなる」ことを期待し、「もっとできるようになる」ための支援をしようとする。それに対して居場所的機能を重視する立場は、「ありのままでよい」ことを認め、受け入れる。「もっとよくなる」ことを求めるまなざしは、できなかったことができるようになること、何かしら価値ある方向への向上を求めるので、「評価するまなざし」を伴う。居場所的(福祉的)なまなざしは、できないのであればできないままをまず受け入れ、その個人ができなくても生きていける関係性、社会のありかたを求める(「障がい」を理解する個人モデルから

第19章 〈教育的まなざし×福祉的まなざし〉の複眼的アプローチ
― 「もっとよく」と「ありのまま」の間で―

社会モデルへのシフトに対応)。また、人は何かができるから価値があるのではなく、「ありのまま」に存在すること自体に意味を見出す。

　居場所的（福祉的）なまなざしで見れば、学校での教育的な評価するまなざしは、子どもが今のままでいることをよしとせず、今より多くのことができるように子どもたちを追い立てる。そこで疲れ切った子ども、自己肯定感が低くなった子どもにとって、ありのままでよいと受容され、安心して帰属できる居場所（ホーム）は重要である。

　他方、学び場的（教育的）なまなざしで見れば、ありのままを肯定する居場所だけでは、子どもたちの学びと成長を保障するには不十分である。「ありのまま」を受け入れられ、安心して自分の居場所を見出したとき、そこで充足するのではなく、何かしら自分にできることを求め、他者や社会から認められ、自分の持っている力を発揮できるようになりたい、すなわち「もっとよくなりたい」「もっとできるようになりたい」という願いが生まれるだろう。その願いに応えうるような学び場と、積極的な働きかけが必要である。

　この議論の筋は、ちょうど前節でみたニーズ階層説に対応している。安心と安全、自己を肯定してもらえる愛と所属、こういったニーズに応えられるホーム・居場所が、まずは優先的に重要であって、そのうえで、社会的承認や自己実現を目指す教育の場が、積極的に与えられるべきである。まずはそのような段階論で整理できるが、しかし現実的に課題となっているのは、その二つの機能を二つの場所に振り分けてよいのかどうか、という問いである。福祉的機能と教育的機能を、二つの場所に振り分けるのではなく、一つの場所で二つの機能を「掛け合わせて」担うべきだという立場が存在する。

　学校という場で、両方の機能を担うべきだとする立場の典型は、インクルーシブ教育の立場である。「障がい」のある子どもも「健常」な子どもも区別なく、多様なバックグラウンドをもつ子どもがともに同じ場で学び合うことを支えるのが公教育の使命である。問題は、学校において一元的な評価による教育的まなざしのみが支配的で、多様な子どものありのままを肯定する福祉的まなざしが弱い点にある。たとえできないことがあっても、そのできなさを支え合って生きる力を育む福祉的まなざしと教育的まなざしの両方

が必要とされるのである。たとえ例外的に避難場所として学校外の居場所を認める場合でも、学校に戻って皆が一緒に学ぶのが本来の形であるという原則を崩すべきではない。この立場がそのように考えるとき、学校というシステムの中で、教育に加えて福祉的なまなざしを包摂したインクルーシブな学校教育を目指しているのだと言える。

　他方、学校外の学び場で両方の機能を担うことができるとする、フリースクール等のオルタナティブ教育の立場がある。子どもの「ありのまま」を受けとめる居場所的な機能を優先するフリースクールでも、そこで子どもたちが現に生きて活動しているかぎり、何かができるようになり、何かしらの力を身につけ成長している。それは、学習指導要領で規定された学力で評価できるものではない。多様な子どもの個々のニーズやペースに対応した、個別的でていねいな学びの支援は、学校という標準化や制度化を避けられない全体システムにあっては限界がある。居場所的な機能に特化せずに、そこで学び成長する教育的な機能をも担う態勢を整えたオルタナティブな教育機関は、（一定の条件は必要だとしても）普通教育を受ける権利を保障しているのではないか。この立場がそのように考えるとき、学校というシステムの外で、福祉に加えて教育的なまなざしを強化した複眼的まなざしによる学び場の創出に挑戦しているのだと言える。

　こうしてみると重要なのは、学校の内部か外部か（インクルーシブかオルタナティブか）、という問題ではなく、子どもを支える働きとして「ありのまま」の存在を肯定する〈福祉的まなざし〉と「もっとよく」を目指す〈教育的まなざし〉との、どちらかだけに特化しない複眼的支援だということが理解できよう。とりかえしのつかない今を生きる子どもの立場から見れば、学校で両方が保障されていればそれでよいが、それが間に合っていないのであればその外で保障されるべきであるし、あるいは両方の場所を行き来することで補完的に両方が保障されるべきであろう。そのような柔軟な弾力をもった教育×福祉システムが求められている。

　以上、ここまで、不登校やフリースクール、学校の中と外での多様な教育のあり方という筆者の研究フィールドにおいて、「もっとよく」を目指す教育的まなざしと「ありのまま」を受け入れる福祉的まなざしとが協働する複

眼的なアプローチの意義を瞥見した。

5. 二つのまなざしが深まり結ばれる次元
  ―「存在のDignity」へのまなざし

　ここまで、〈福祉的なまなざし〉を、たとえできなくともできないままに、「ありのままに」生きていくことを支える視点に照準し、〈教育的なまなざし〉としては、できないことを少しでもできるようにして「もっとよく」生きていくことを支える視点に焦点化して、両者の相補的な関係をみてきた。これを今少し原理的に考えれば、この第Ⅳ部の論考で主題になった「障がい／健常」や「できる／できない」「弱者／強者」といった線引きのもつ意味の捉え直しにも通じる。単純にその区別は不要だと融合するのでなく、かといって、その分別を固定化するのでもない。分けたうえで、その二重性を複眼的に見るアプローチ。いわば「二重写し」にみるこの複眼的なまなざしについて、最後にもう一歩踏み込んで考察しておきたい。

　上述してきた二重性をめぐる課題は、振り返り見れば、人間にとって普遍性の高い問題としてさまざまな思想家によって取り上げられてきた。たとえば、エイリッヒ・フロムによる「獲得すること to have」と「存在すること to be」（Fromm, 1976）。たえず「もっとより多くのものを！」と獲得を目指す生き方と、存在することそれ自体で（ありのままで）価値のある生き方。近代の文明社会が、あくなきまでに前者の追求に駆り立てられるなかで、後者の価値を見直すべきだとフロムは警鐘を鳴らした。近代化を牽引する機関車としての学校は、彼が批判するような獲得競争を勝ち抜き、より多くを所有する文明の発展を担う人材の育成という課題を担う。そのような一面をたしかに学校は持っているが、しかし他面では、近代においてようやく人類が獲得した学習権を保障する機能を担うものである。つまり、子どもが所与の条件（生まれた身分家柄、貧富の格差など）に縛られずに、自ら学び獲得した力によって身を立て世に出る機会を平等に保障する機能、あるいはすべての子どもが各人の特性に応じて発達しうる（最大限にできることを増やせる）ことを保障する機能。それは、できなさをできなさのまま放置せず、弱者が弱者のまま放置されず、少しでもできることを増やし自立に向けて歩める機会

第Ⅳ部　障害／健常といった線引きを超える教育福祉的アプローチ

を保障するシステムでもあった。たとえば重度軽度の障がいを抱えても、最大限の発達を保障しようとする特別支援教育が公費で担われるのは、その意味で近代の教育の貴重な所産であり、否定されるべきではない。それは自立へ向けての支援であるばかりでなく、できなかったことができるようになることはそれ自体が喜びであり、教育という営みは、そのように人が自らを向上させ、関われる世界を広げていき、よりよい社会を築いていこうとする根本的な願いに応えるものである。より多くの「できること」を「獲得すること to have」自体に問題があるわけではない。

重要なのは、教育的まなざしを深めていくことによって、「もっとよく」を目指すことが、「ありのまま」を尊重することと対立しない次元が拓かれるということだ。いわば、「ありのまま」に根差した「もっとよく」、〈to be〉に根ざした〈to have〉という二重性を生きる在り方である。生きてたえず世界と関わり合いながら生成変容を続けている人間の動態にあって、もっとできるようになりたい（もっと世界を広げたい）、という願いをもつことは、むしろそれが、ありのままの姿ではないか。ありのままを是認し、支援することは、現状の姿を静態的に追認し固定化することではない。そうではなくて、どのような方向へ向けて次の一歩を踏み出そうとしているのか（発達の最近接領域）を看取し、その成長や変容を後押しすることではないか。

しかし翻って、この側面だけが強調されると、それもまた一面的である。社会福祉は、できなさを抱え、生きることに困難を抱えた人と向き合い、その克服を本人の自己責任に帰すのではなく、できなさを補い支えあう社会をつくる。弱くあることが弱くあるままでも否定されない社会。たとえ生産的な活動に従事できなくとも、生きているだけで人間として「存在すること to be」の価値が認められる社会。

つまり、福祉的なまなざしを深めていけば、その根底には、次のようなまなざしがある。それは、人は何かができるから生きている価値があるのではなく、仮にたとえ何もできなくなってしまったとしても、生（いのち）は存在しているだけで尊い。存在の、犯すことのできない尊厳（Dignity）。フロムが「存在 to be」の事例として引き合いに出すのは、「よく見れば　なずな

274

花咲く　垣根かな」と詠む芭蕉のまなざしである（Fromm, 1976）。何故なしに咲く野の花の、その慎ましい佇まい。何かもっとよいものであろうとするわけでも、何かの役に立とうとするわけでもなく、ただ自然本来の姿でありのままに在る。ただそれだけで、すべてがよしされる世界。そのうえでさらに翻って考えれば、「自然本来の姿」は、決して静態的ではなく、たえずダイナミックに生成し流転するのが命あるものの本態であり、たえず今とは異なる次の状態に向けて動いている。ありのまま、というのは、決して今ある現状での静止ではなく、生成・流転・変容しつつあるままに、それが本来そのようになろうとする方向へ向けた生成を促進するということになるだろう。そこでは、人間（子ども）の自然に即した成長促進を、教育という働きの根本理解とする〈教育×福祉〉的なまなざしが成立している。

おわりに―〈教育×福祉〉複眼的アプローチの提唱

本稿では論述の戦略として、「ありのまま」と「もっとよく」という二つのまなざしを対比的に、〈福祉的まなざし〉と〈教育的まなざし〉に振り当ててきた。議論の出発点では、マズローのニーズ階層説に依って、下方にある生存や生活の基本を支えるところに福祉の主たる関心を、上方の他者からの承認や自己実現を目指すところに教育の主たる関心を割り当てた。しかし、いま見たような生命の尊厳、生きて存在することそのものへのまなざしは、かのニーズ（欲求）の階層説からは、うまく説明できない。マズロー自身、自分自身をより成長させようとする「自己実現」について、下位の「欠乏欲求」に対して「成長欲求」であるとしつつ、それを「存在価値 the values of Being」であると説明している（Maslow, 1962）。他者や社会からの評価によって自分の価値を決めるのではなく、自分の存在に潜在する価値にしたがってそれを実現していくのが自己実現であるが、そのときそれは単に利己的なものではなく、真善美といった自己を超えた普遍的な価値を求めることになるというのである。ここでは、自分の存在（Being）をそのまま価値ありとすること（存在価値）と、よりよく生きようとすることとが、別のものではなく、一つのものとして捉えられている。フロムが To have or to be の著書のなかで幾度も 'well-being'（訳書では「福利」と訳される）の

第Ⅳ部　障害／健常といった線引きを超える教育福祉的アプローチ

本当の生き方を探求すると記しているのも、まさに'よく（well）-存在する（being）'という二つの価値が統合されたあり方を問うたのだとも言える。

それを言い換えれば、そのままで価値ありとする〈福祉的まなざし〉と、よりよく生きるために学び取ろうとする〈教育的まなざし〉が、その根底にある価値観で一つに結ばれる次元である。とすれば、教育的な「獲得すること to have」と福祉的な「存在すること to be」は二者択一ではない。各人にふさわしい比重において、その二重の価値を生きるのが人間であり、どちらかだけに一面化してしまわない社会のあり方が求められていると言えるだろう。

以上でもって、「〈教育×福祉〉複眼的アプローチ」の提唱としたい。

ところで、冒頭で述べた教育福祉学類一期生たちによる「おくる言葉」。そこで、卒業後も忘れず心がけたい「教育福祉」で学んだことを、

・他者とともに考え、学び合うことを大切にすること
・自分も相手も尊重されるべき一人の人として、向き合っていきこと
・ありのままの自分を出せる場をつくることであり、それを受け入れてくれる場をつくること

という3点にまとめていた。シンプルで素朴にもみえるフレーズだが、あらためて「〈教育×福祉〉複眼的アプローチ」で3つをセットにして読めば、その含蓄の深さやバランスの絶妙さに思い至る。この小論が、学生たちからのメッセージへの、筆者からのエールを込めたレスポンスとなっていれば幸いである。

引用文献

小川利夫・高橋正教編（2001）『教育福祉論入門』光生館
教福伝え隊（2016）『教育福祉シンポジウム「教育×福祉×自分　－この学び、学生の本気で伝えたい－」報告書』大阪府立大学教育福祉研究センター／コラボ支援推進室
廣瀬清人・菱沼典子・印東桂子（2009）「マズローの基本的欲求の階層図への原典からの新解釈」『聖路加看護大学紀要』No.35．3．pp.28－36
山野則子・吉田敦彦・山中京子・関川芳孝（2012）『教育福祉学への招待』せせらぎ

第19章 〈教育的まなざし×福祉的まなざし〉の複眼的アプローチ
－「もっとよく」と「ありのまま」の間で－

出版
吉田敦彦（2012）「序章 教育福祉学への招待 －人類史的課題としての「Edu-care」探究－」『教育福祉学への招待』せせらぎ出版、pp.5－21
吉田敦彦（2013）「人類史的な問いとしてのケア－ポスト個人化時代の立ち方とつながり方」『講座ケア3 ケアと人間 心理・教育・宗教』ミネルヴァ書房、pp.207-223
Fromm, Erich（1976）, *To have or to be*, Bantam books. 佐野哲郎訳（1977）『生きるということ』紀伊国屋書店
Maslow, A.（1954）, *Motivation and Personality*, Harper & Row. 小口忠彦監訳（1971）『〔改訂新版〕人間性の心理学 モチベーションとパーソナリティ』産業能率大学出版部
Maslow, A.（1962）, *Toward a Psychology of Being*, D. Van Nostrand Co. Inc. 上田吉一訳（1964）『完全なる人間』誠信書房
Maslow, A.（1971）, *The Farther Reaches of Human Nature*, Viking Press Inc. 上田吉一訳（1973）『人間性の最高価値』誠信書房

COLUMN

健康知識の間違いチェック －その行動は本当に大丈夫？－

吉武　信二

朝運動すると健康によい→△

　これは運動の種類によります。身体が十分にほぐれていない朝は、ストレッチ体操など身体をほぐすような運動は効果的ですが、激しく筋肉を動かす運動や、急激に心臓に負担をかける運動は、昼や夜の時間帯より事故やけがの発生率が上がります。中学・高校の部活動などで、朝練と称して行われているトレーニングは、内容をよく吟味することが必要だと思われます。

毎日欠かさず運動することが効果的なトレーニング→×

　これは明らかに間違いです。トレーニング効果は休養とセットで考える超過回復現象で説明されています。オリンピックに出場するようなトップアスリートでさえ、一週間に2日程度はトレーニングしない日を確保しています。2～3日続けてトレーニングしたら1日休養日を作るというサイクルで継続していくのが実は一番効果的と言われています。その意味では、案外3日坊主というのは理にかなった一面もあるかもしれません。

炭水化物抜きの食事はダイエットに効果的→△

　確かにこれは体脂肪の減少に大きく影響し、糖尿病の方や医師から指導が必要な肥満の方にとっては有効だと思われます。しかし、これは同時に脳細胞への栄養不足状態を招く危険性があることはあまり広くは知られていません。極端な例として、ダイエットの成功と引き替えに、認知症の発症を早める可能性も否定できないので、一般の人には基本的にお勧めできません。

発熱したらできるだけ早く解熱薬を飲むか、汗をかいて熱を下げることが重要→△

発熱の原因にもよりますが、かぜなどのウイルス性疾患の場合は必ずしもこれが効果的とは限りません。熱に弱いというウイルスの性質を利用して、実は人体が意図的に体温を高くしてウイルスを死滅させようとしている現象が発熱と言われています。病状にもよりますが、一定時間高い熱をキープすることでウイルスの多くを死滅させ、その後で熱を下げるのが理想的と思われます。よって、むやみに解熱薬を服用したり、意識的に汗をかく行動は慎重にした方がよいでしょう。

かぜなどで食欲不振であっても無理して食べた方がよい→△

食事でエネルギー補給することが重要なのは間違いないのですが、その際消化吸収に大きなエネルギー消費が必要となります。実は病気の時、ウイルスと戦うためのエネルギーを集中するため、消化吸収などその他の代謝でよけいなエネルギーを消費しないように食欲を減退させると言われています。なので、無理して食べるのは逆効果になる可能性が高いのです。ここは、消化吸収に負担の少ない食物や栄養分を補給しながら、回復を待つのが基本と考えましょう。

突き指したら、速やかにその指を引っ張ってまっすぐにするのがよい→×

昔からよく聞く対処法ですが、これは明らかに危険です。亜脱臼をしている可能性もあり、引っ張ることでそれがひどくなったり、新たに剥離骨折を発症することもあります。正しい対処法は、単純ですができるだけ動かさずに固定して、早急に医療機関に行くことです。

おわりに

山中　京子

　本書の出版企画の検討は、およそ2年前の2015年春にさかのぼる。しかし、その企画をあたためる時期があり、本格的に企画が動き出したのは2016年の春であった。2016年にこの出版企画が動き出したのにはいくつかの理由がある。

　2012年4月、大阪府立大学地域保健学域教育福祉学類は、さまざまな困難や課題を抱える一人ひとりが尊厳をもって生きられるよう支える社会福祉的支援とその一人ひとりが自己を実現し社会に関わり貢献する教育的支援の双方の視点を統合し、新たな人間支援を切り拓く学問的、実践的チャレンジを行う場所としてスタートをきった。その学類の創設から4年経ち、2016年3月教育福祉学類は初めての卒業生を社会に送り出した。

　その1期生たちは、第19章の吉田敦彦の論文にも述べられているように、卒業の前に「〈教育×福祉×自分〉この学び、学生の本気伝えたい」というシンポジウムを自主的に企画し開催した。そこでかれらは社会福祉的支援と教育的支援の双方の視点の統合を目指すチャレンジの場所で4年間で学んだことをシンポジウムで討論し、その後「おくる言葉」としてまとめて公表した。「おくる言葉」の具体的内容は吉田の論文をお読み頂きたい。このように学類の学生はこの4年間の学びに一定の総括を行う試みをし、それを教員に提示して見せてくれた。それを受け、教員もこの4年間のチャレンジをここで振り返る必要があるのではないかと考えたのは吉田だけではない。社会福祉的支援と教育的支援はどのように統合され、その結果としてどのように新たな人間支援を拓くことができるのかその答えを示す、いやその答えには簡単に至れないとしても答えを探求する試みを教員として示す必要があると考えた。これが本書の出版企画が2016年春に動き出した理由の一つである。

　そして、もう一つの理由がある。本学類の教育と研究にあたる教員の学問

的背景は多様である。教育学と社会福祉学はもちろんであるが、保育学、社会学、法学、経済学、哲学、性科学、ジェンダー論、心理学、保健学などである。また、その研究領域と研究対象も多様である。そのために時に教育福祉学類としての全体のまとまりが見えにくく、教員の個別の活動がばらばらに見えるだけであるというご意見をいただくことが重なった。各人がそれぞれの研究領域で培い、蓄積してきた個性豊かな研究を基盤としつつも、そこからもう一歩進んで、社会福祉的支援と教育的支援を統合し新たな人間支援を拓くチャレンジの全体像をもっと積極的そしてもっと目に見える形で示す責任が本学類の教員にはあると痛感した。それが出版企画が積極的に動きだしたもう一つの理由である。

　出版の企画を進めるにあたり、おのおのの研究テーマに一定の共通性を持つ教員がグループを構成し、その各グループでの何度かの話し合いを経て、最終的に本書の4つの部のテーマが決定した。そのテーマの下に各人が論文を準備し、その複数の論文で各部を構成した。

　各論文は一見すると変わらず個性豊かである。しかし、どの論文の根底にも、人権と多様性の尊重、人のウェルビーイング（well-being）や生活の質（QOL）の保障と追求、多様な人々の社会的包摂など各部がテーマとしている価値への深い関心と肯定が明確に読み取れる。その価値をめぐる問題に向かって、各論文が社会福祉的支援と教育的支援からの視線を投げかけ、全体で複眼的にその問題に迫ろうとしていると考える。自画自賛に過ぎるだろうか。

　学生を始め、上記に述べた各テーマに関心を寄せる方々、そして多様な研究領域の方々にご一読いただき、忌憚のない意見をいただければ、たいへん幸いである。また、上述した人権と多様性の尊重、人のウェルビーイング（well-being）や生活の質（QOL）の保障と追求、多様な人々の社会的包摂などの価値の実現は、現在の日本そして世界がそれを目指しつつ、なお葛藤し続けている課題である。この本がその実現を目指す議論や実践の一助となることを願いたい。

　最後に、本書の出版に際しせせらぎ出版の山崎亮一さんにはたいへんお世話になった。本書の企画意図をご理解してくださり、最後までていねいに粘

り強く対応していただいた。こころからの感謝を申し上げたい。

執筆者一覧（50音順）

伊井直比呂	大阪府立大学・地域保健学域教育福祉学類・准教授	（第1章）
伊藤嘉余子	大阪府立大学・地域保健学域教育福祉学類・准教授	（第14章）
小野　達也	大阪府立大学・地域保健学域教育福祉学類・教授	（第Ⅱ部について、第6章）
児島亜紀子	大阪府立大学・地域保健学域教育福祉学類・教授	（第2章）
嵯峨　嘉子	大阪府立大学・地域保健学域教育福祉学類・准教授	（第15章）
関川　芳孝	大阪府立大学・地域保健学域教育福祉学類・教授	（はじめに、第8章）
田垣　正晋	大阪府立大学・地域保健学域教育福祉学類・准教授	（第17章）
田間　泰子	大阪府立大学・地域保健学域教育福祉学類・教授	（第Ⅰ部について、第5章）
中谷奈津子	大阪府立大学・地域保健学域教育福祉学類・教授	（第12章）
中山　　徹	大阪府立大学・地域保健学域教育福祉学類・教授	（第7章）
西田　芳正	大阪府立大学・地域保健学域教育福祉学類・教授	（第Ⅲ部について、第13章）
東　　優子	大阪府立大学・地域保健学域教育福祉学類・教授	（第3章）
松田　博幸	大阪府立大学・地域保健学域教育福祉学類・准教授	（第16章）
森岡　次郎	大阪府立大学・地域保健学域教育福祉学類・准教授	（第18章、コラム）
山中　京子	大阪府立大学・地域保健学域教育福祉学類・教授	（第4章、おわりに）
山野　則子	大阪府立大学・地域保健学域教育福祉学類・教授	（第11章）
吉田　敦彦	大阪府立大学・地域保健学域教育福祉学類・教授	（第Ⅳ部について、第19章）
吉武　信二	大阪府立大学・地域保健学域教育福祉学類・教授	（第10章、コラム）
吉原　雅昭	大阪府立大学・地域保健学域教育福祉学類・准教授	（第9章）

●装幀——上野かおる

教育福祉学の挑戦

2017年3月15日　第1刷発行

編　者　大阪府立大学地域保健学域教育福祉学類
　　　　大阪府立大学21世紀科学研究機構教育福祉研究センター
　　　　関川芳孝・山中京子・中谷奈津子

発行者　山崎亮一

発行所　せせらぎ出版
　　　　〒530-0043　大阪市北区天満2-1-19 高島ビル2階
　　　　TEL. 06-6357-6916　FAX. 06-6357-9279
　　　　郵便振替　00950-7-319527

印刷・製本所　亜細亜印刷株式会社

©2017　ISBN978-4-88416-254-2

せせらぎ出版ホームページ　http://www.seseragi-s.com
メール　info@seseragi-s.com